岩 波 現 代 文 庫

被差別部落認識の歴史

異化と同化の間

黒川みどり
Midori Kurokawa

学術 430

岩波書店

凡例

一、引用文はもとより地名・人名にも、可能なかぎり新字体・常用字体を用いた。

一、本書に頻出する用語のなかには、「　」を付して留保を付けるべきものが少なくないが、読みやすさを優先させてできるだけ章・節のタイトル、または初出のみに限り、ほかでは「　」をはずして用いた。

一、引用文などの典拠として頻出する、資料集や新聞名などは略称を用いるなど簡略化している場合が多い。これらの表記法は初出箇所の注記に明示した。

目　次

はじめに

現在、部落問題のあり方は大きく変化を遂げつつある。杉之原寿一『部落の現状は いま――総務庁・全国同和地区調査結果』はその点を次のように指摘する。

もっとも困難な問題だといわれてきた結婚の問題についても、今日ではすでに「同和地区外との通婚」は決して珍しいことではなく、さまざまな障害を乗りこえて同和地区内外の若者たちが結ばれてきている。こうした「同和地区外との通婚」の増加は、数字のうえにも明らかに示されており、一九一九(大正八)年に行われた政府調査では、同和地区における結婚のうち「地区外との通婚」の割合はわずか三・〇%にすぎなかったが、その後一九五一年→一九六三年→一九八五年→一九九三年にかけて、八・二%→一一・八%→三〇・二%→三六・六%というように急増してきている。(1)

部落問題に向き合う際には、差別の実態を固定的に考えるのではなく、このような刻々と変化している状況を視野に入れなければならない。と同時に、なにゆえに今なお「地区外との通婚」が三分の一強にとどまっているのかということをも問題とせねばなるまい。三六・六%という数字は、被差別部落と部落外の人口比から推し量っても決して自然な状態から生まれたのではなく、その背後には部落差別という壁が厳然と存在していることを示している。

被差別部落の実態や部落差別の体験を綴ったルポルタージュの類はすでに数多くあるが、ここではまず、そのような部落差別がなにゆえに存在しているのかを明らかにしていく手がかりとして、若宮啓文『ルポ　現代の被差別部落』(朝日文庫、一九八八年)を取り上げてみたい。その「第一部　さまざまな差別」では結婚・利害・地域の三つの章が設けられ、まさにさまざまな差別の実態が報告されており、なかでも結婚にかかわる問題が、部落差別のより深刻でかつ本質的な面を示していることは改めていうまでもなかろう。

そのなかには、次のような事実が語られている。ある被差別部落の女性と、同じ町に住む部落外の男性が親の反対を押し切って同棲していたところ、男性の家族や親戚が「そんな娘と一緒になられては一族の血がけがれる」とばかりに女性のもとを訪れて別れてくれるよう説得し、ついに女性は別離を決意して自殺未遂にいたる。結局二人は、女性側の親族だけが出席して結婚式を挙げ、郷里を離れて東京で暮らしているという(二五〜二六頁)。

小学校六年生の少女のこのような訴えも紹介されている。「私の母は長野市の駒沢というところの「一般」の家に生まれました。二十五歳の時に被差別部落の父と、五年間の交際をして結婚したのです。そのころ、おじいさんは県の職員で、部落差別をなくすための仕事をしていました。ところが、自分の娘が被差別部落の青年と結婚すると聞いたら、顔色を変えて猛反対したのです。その理由は、家がらが違うということと、部落の青年と結婚すると家族や親せきの人の出世のさまたげになるというのです。おばあさんも、こんなおじいさんにさからうことができなかったのでしょう。やっぱり反対したそうです」。そしていまだその少女は、母方の祖父母には会えずにいるというのである(一一〜一二頁)。そして

また、結婚に際して部落差別を受けた側、差別をした側双方を執拗なまでに追跡して結婚差別の実態を明るみに出すとともに、差別する側の論理を明らかにすることによって、なにゆえに差別が存在するのかを究明しようとした、石飛仁・高橋幸春『愛が引き裂かれたとき　追跡ルポ・結婚差別』(解放出版社、一九九六年)がある。そこに登場する、息子の結婚に反対するある親は、部落の女性との結婚を認めると「この家の祖先に対して申し訳が立たない」(八二頁)といい、「昔からあの人たちはやっぱりおらたちとは違うんだとか、小さい時から聞いてました」(一〇九頁)と吐露する。親をはじめとする周囲の反対に挫けて被差別部落出身者との結婚を拒むようになった当の本人も、「同和地区に対しては『怖い、暗い』というイメージを抱いていました」(五〇頁)と告白し、「白い目っていうのは、(部落の人は)周りの人と違うし、自分もそういうふうに見られたくなかったし、もし子どもが生まれても、その子どもに迷惑掛けても困るなって……」(一一九頁)と本音を語る。

　さらに留意すべきは、あれほど頑なに部落を忌避した側も、そのほとんどがその理由を突き詰めて問われると、明確な理由を説明できずに答えに窮してしまうことである。結婚差別を受けた女性は、そのときの様子を次のように語る。

　「あんたはなんで差別するんや、なんで部落出身が嫌なんか?」って聞いたら、「世間の目とか、周りが私をみて部落の人やという目で見たら幸子さんが可哀相だ」と、私に

対する思いやりのつもりだと、「だから僕とは結婚しないほうがいいと思います」という説明なのよね。「僕は一般だから平気ですけども、幸子さんが一般の中に入ると苦労しますから」っていう。私はその理由が判らないから、なんで？　なんで？って何度も聞いていくと、本人も結局はわからなくなってきて説明出来ないんです。（中略）相手の母親が、うちの母親に「すみません、なんで今でも差別があるんでしょうか」って聞くんですよ。差別している人間がそう言うんです。「なぜ私は差別するんでしょう」ってことですよね。差別してるのはあなたでしょう。自分らが差別しておいて、何言うてんのやろ。本当にあきれてしまいます（一九四〜一九五頁）。

さらには、この例のように差別に合理的な理由を見いだしえないがゆえに、「中学、高校での「同和教育」は現実の前に何の力も発揮することはなく無力」であり（二二八頁）、職場の「部落解放研究会」に所属していたという男性ですら、自分自身が部落出身者との結婚に直面し両親の強い反対を受けるや、そこで学んできたはずの知識は、前述のような意識の前に何の効力をも発揮しなかったという事例も紹介されている（「第一章　ある〝好青年〟の「選択」」）。

このように、被差別部落と被差別部落外の出身である男女の前に部落差別という壁が立ちはだかり、結婚にいたらなかった、あるいは離婚を余儀なくされたという例は枚挙にいとまがないが、そこに共通するのは、部落外の側の家族や親戚の存在が障壁となっていることであり、それら反対する側が決まってあげるのが、「一族の血が汚れる」、親戚や生まれてくる子どもに累が及ぶ、結婚は「家と家のつながり」であり「家柄」に差がありすぎる、「怖い」、「きたない人」といった理由である。しかも彼らが抱いているそうした自分たちとは何かしら「ちがう」という感覚は、合理的な根拠をもたないが、反面そうであるがゆえに、差別の不当性を説くもっともらしい説明を前にしても、本音とたてまえの使い分けが行われ、本音が執拗に維持され続けるという性格をもっている。

そこには、今日にいたるまで日本社会に部落差別が存在し続けてきた原因を考える重要な手がかりが潜んでいると思われる。近代社会においては制度的に部落差別は存在しないはずであるにもかかわらず、これらに示されているような「家」へのこだわりゆえに被差別部落を排除したり、被差別部落出身者を「汚れた」「怖い」と見なす意識はいつごろ形成されてきたのであろうか。そしてそれを打破していくための展望はいかように存在するのか。それらを明らかにすることは、すなわち部落差別という問題を内包し続けてきた日本の近代社会それ自体の病理を照らし出す作業にほかならない。

従来の近代部落史の研究は、変革主体としての民衆に対する信頼を前提にするあまり、民衆の差別意識を不問に付し、権力や社会構造のみを標的としてきた。(2) 換言すれば民衆の差別意識はもっぱら権力に踊らされたものとしてとらえられ、そこでは〝踊らされる〟側の要因や意識は未解明のままであった。しかしながら、民衆の差別意識を巧妙に利用してきた権力の構造と同時に、そうした民衆の側の差別の論理と意識それ自体を明らかにし、同時にそれが日本の社会構造や精神構造といかに結びついているのかを解明していくことこそがいま重要なのではあるまいか。差別はいうまでもなく日本固有のものではないが、部落差別のありようは、日本社会の特質を如実に反映したものであり、部落差別を内包してきた日本社会の特質そのものが問われねばならない。

また、部落民衆に対する支配層の認識の変遷を明らかにすることは、支配層が民衆一般に求めてきた像を浮かび上がらせることでもある。たとえば日露戦後のように、民衆に求めたあるべき国民像が部落民衆からは得られないがゆえに差別されることもあれば、日中全面戦争からアジア・太平洋戦争下のように、部落民衆も丸ごと国民として包摂され、国民一般と同様の課題を担わされていく場合もあるが、いずれにせよそこには求められる国民像が反映されている。

したがってそのような問題関心からここでは、権力や融和団体などの政策主体の側と民衆の側双方の、被差別部落認識を対象にすえる。ここでいう民衆とは、被差別部落の外部のみならず、部落内部も含まれている。両者の民衆意識の変化や成長は、それら双方の認識の相互作用をつうじて存在するものであり、その点が見落とされてはなるまい。

その際に留意すべきは、これまでにもしばしば指摘されているように(3)、そもそも「被差別部落民」という概念が曖昧であるという点である。本書が被差別部落の「内」と「外」と表現するのも、とりあえず論旨を明確にするための便宜的な区別にすぎない。いうまでもなく部落問題の場合には民族や性による差別の場合とは性格を異にしており、「部落民」は他者から注がれる視線によって「つくられた」という側面が大きいがゆえに、「部落民」としての確固たる指標は存在していない。それゆえにこそ、部落差別からの解放を求めて立ち上がった先人たちの軌跡は、「差異」か「平等」かをめぐって絶えず模索を繰り返さなければならなかったし、今日なおその問いかけは止むことなく続いている。一方、それに対する国家の政策や民衆の側の論理も、差異の承認による排除・差別から、少なくともたてまえ上差異を否定しての平等から包摂にいたるまで、多様をきわめてきた。

本書では、それらを「異化」と「同化」という視角から分析していく。[4]「異化」「同化」には、おおよそ次のような場合がありうる。

まず「異化」には、のちに述べる「人種主義」に象徴される差別や排除を意味するものと、差異すなわち「部落民」としての独自性を認めたうえでの自立を意味するものが考えられ、現実の歴史過程に即した後者の内実は、主体性ないしは主体意識とでも置き換えられるようなものであった。一九八〇年代以後、マイノリティの対抗文化(カウンター・カルチャー)に着目する動きが顕著となり、その影響を受けて部落問題をめぐる研究領域でも、「部落民」としての文化や歴史的役割に対する誇りなどを軸に、「部落民」アイデンティティを打ち出そうとする方向性が現れた。それらは水平社創立に、誇りに裏づけられたアイデンティティ発揚の最高峰を見いだすが、実際には近代から現代への歴史過程を通じてそのような動きは微弱であり、水平社宣言でさえも、「異化」にもとづくアイデンティティの発現ばかりとは言いきれず、部落民衆の強烈な主体意識の発露であったと見なす方が実態に近いと思われる。

「同化」にも、必ずしも同等の権利の保障を伴わず「部落民」としての自覚や独自性を権力的に抹殺していく統合・包摂と、同等の権利の保障を前提とした平等の立場があり、それらを両極としての中間的な立場もありうる。さしあたり大別すると、運動側に代表される自発的な「同化」と、支配層の側に象徴される統合を意味する「同化」がありうるが、それらも一九三〇年代に典型的に見られるように、しばしば同じ地平に合流していくこととなる。また、たとえば「臣民的同化」と一口にいっても、そこには段階的差異が存するのであり、その点を明らかにしていくことも必要である。

これらの「異化」と「同化」は、一見まったく相対立しているかに見えるが、ある歴史的段階では、両者は同一の目的達成のためのアプローチの違いにすぎないこともありうるのであり、それらはそれぞれの歴史的段階において、多様でかつ複雑な様相を呈しており、本書はそれらの対抗を、「異化」と「同化」という視角を設定することによって歴史のダイナミズムのなかに位置づけることを意図している。

なお、「同化」というと戦前の融和とそれを継承する「同和」を想起し、それに対して水平社運動を「異化」の立場によるものと見なしがちであるが(5)、実態はそう単純ではない。本書で以下に詳しく述べるように、水平社運動にも多分に「同化」志向が孕まれており、またいわゆる融和運動と称されるもののなかにも「異化」の契機が存在することもありえたのであり、融和・同和＝「同化」、水平社＝「異化」という機械的な図式はまったくあてはまらない。したがって「異化」「同化」という軸を設定することは、従来の水平運動対融和(同和)運動(政策)、あるいは「被差別部落民」対「非被差別部落民」という構図とは異なるとらえ方を提示しうるものと考えている。

「同化」ということばには、戦前の日本が朝鮮や台湾の植民地に対して行った「同化政策」という語に示されるように、民族問題の印象が刻印されている。あるいは沖縄の問題を説く際にもしばしば用いられるが、それは「沖縄」という、少なくとも被差別部落に比べて明確なアイデンティティがあってのことであり、そのような対象に用いられる「同化」を部落問題に適用することには異論も生じてこよう。しかし、あえてここでそれを用いるのは、先に見たように、部落問題にも絶えず内包され続けてきた差異か平等かという問いに接近してみたいという理由によるものであり、部落問題をもそれらと同じ土俵に載せることにより、他の差別問題との異同を考える手がかりが見えてくるのではないかと考えるからである。

以上のような問題関心にそって対象時期を区分すると六期にまとめられ、本書はその時期区分に即して第1〜6章を構成している。

第1章「「文明開化」と伝統的秩序意識との対抗」は、「解放令」から一八七〇年代までの、開化政策の一環としての「同化」と旧習への固執による差別との対抗が存在した時期である。

第2章「「特殊化」の標識の成立」は、一八八〇年代から一九〇〇年代初頭までの時期で、この間に不潔・病気・異種などの被差別部落に対する新たな排除の標識が形成され、被差別部落を「特殊」な存在として差別する構造ができあがっていく。

第3章「「特殊化」と「同化」の併存」は、日露戦後の部落改善政策の開始から一九一八年の米騒動前までの時期で、当該時期には、第2章の時期に作られた標識を核に、民衆の「家」意識と結びつきながら、地方改良運動遂行過程のなかで被差別部落に対する人種主義的認識が浸透する。しかし一九一〇年代には、内務省も、被差別部落を「同化」・融和の対象とする途を模索しはじめたのに伴い、「帝国臣民」として「同化」実現をめざす運動がいくつか生起する。

第4章「「異化」と「同化」の交錯」は、一九一八年から二〇年代末までであり、米騒動と第一次世界大戦後のデモクラシーの高揚・水平社の結成を経て平等理念が認知される一方で、被差別部落に対する恐怖意識が新たに加わり、そのなかで運動側も、主体性を打ち出すことと「同化」に努めることのはざまで揺れ動いた時期といえる。

第5章「「国民一体」論と「人種主義」の相克」は、一九三〇年代から四五年の敗戦までであり、水平運動との対抗を経て国民一体論が、人種主義を温存したまま、部落内外民衆の意識を覆い尽くしていった時代といえよう。

第6章「戦後民主主義下における国民的「同化」の希求」は、敗戦後から一九六五年の同和対策審議会答申とそれにもとづく同和対策事業実施までを主に論じ、その後を展望する。

このような章立てにしたがって、以下に論じるが、とりわけ近代社会における部落問題を存立させている基本的な構造ができ上がっていくのが第3章の時期にあたる。それ以前の段階ではいまだ開化の理念と旧習を維持しようとする力と対抗が存在していたのに対して、しだいに被差別部落に対する不潔・病気、さらにはそうした実態認識のうえに人種起源説が加わることによって異種との標識が形成され、とりわけ異種という標識は、家意識の浸透と歩調を合わせながら、被差別部落に対する人種主義的認識の根幹をかたちづくっていく。

被差別部落認識という点からもう一つの重要な転機となるのが、一九一八、九年という第一次世界大戦後の、第3章から第4章への移行の時期である。第一次世界大戦後の世界的なデモクラシーの潮流のなかで、従来の臣民的平等論のうえに、さらに人類平等という普遍的価値が定立されたことは重要であろう。そこでは個人の人権という感覚は希薄であり、多分に秩序としてしか平等が認識されない傾向を孕んでおり、直ちに被差別部落に対する差別感を払拭することにはならなかったが、ともかくも、普遍主義に根ざした平等というたてまえが存在するようになったことの意味は大きいといわねばならない。またそれゆえに差別意識は水面下に押しやられ、その意識が、水平運動の成立とも相まって被差別部落に対する恐怖意識として表出しているという側面も見逃せない。

このような平等というたてまえと恐怖意識は、まさに今日の被差別部落に対する認識をかたちづくっている大きな二本柱でもある。その意味で現在に直接つながる被差別部落をめぐる意識状況、部落問題のありようの起点は一九一八、九年にあったといえよう。

本書は、以上のような問題関心と視角にもとづく、部落問題をめぐる思想史的考察である。先にも述べたように、そのような視点から当該時期を全面的に論じた先行研究はないが、本論においてかかわりのある先行研究については、そのつど言及していくことにする。

第1章　「文明開化」と伝統的秩序意識との対抗

1　「開化」＝平等理念と「旧習」温存とのはざま

形式的平等の実現

一八六八年の明治維新によって出現した近代国家は、その権力基盤を全国民にまで拡大し、全構成員の自主的自発的なエネルギーを調達するために、近世身分制を廃して天皇のもとに平等な臣民が結集するという「一君万民」の理念を掲げていた。それを体現する天皇像の形成が、王政復古の大号令や五箇条の誓文の発布、続く天皇巡幸などを通して行われていく一方で、一八七〇年の平民に対する苗字使用許可、翌七一年の華士族平民通婚自由などによって身分制の解体が実現していった。それらを通じて、天照大神の子孫であり日本国の父母、そして「神武創業之始ニ原《もとづ》」く「万世一系」の君主という天皇のイメージが、しだいに国民の間に浸透させられていったのである(1)。

一八七一年八月二八日、太政官からの布告として出されたいわゆる「賤民解放令」(「賤称廃止令」、たんに「解放令」ともいい、ここでは以下「解放令」を用いる)もまさにそうした

「一君万民」理念実現の一環としての施策にほかならなかった。たとえば堺県の告諭に、「斯《かか》ル難有御趣意ヲ奉戴《ほうたい》スルコトヲ熟考シテ、鴻恩《こうおん》万一ヲ報シ奉ランコトヲ忘却致間敷事」(2)とあるように、為政者が「解放令」の主旨を被差別部落民衆に説く場合にはほぼ決まって「天恩」「鴻恩」が強調された。また「勢州穢多《せいしゅうえた》村の輩、今度平民同様の御布告ありしに付、一日改て垢離《こり》を取、従前の罪を祓ひ、大神宮の前に参拝し、天恩の洪大なるを拝謝し」(度会《わたらい》県)(資料一―二七五)とあるように、被差別部落の民衆は「解放」の実現と引き替えに、しばしばそのような行為を強いられた。民衆の間に天皇崇拝が浸透していくにはさらに年月を要したから、それらは上から強制されたものか、または為政者が作為的に報じたものと考えられる。そのような操作を通じて被差別部落の民衆にも、のちに見るように、自らの「解放者」としての明治天皇に対する敬愛心や尊崇心が浸透させられていくことになる。

「解放令」についてはすでに一定の研究の蓄積があり、(3)それらをふまえつつ「解放令」発布にいたった直接の要因をまとめると、次のようになろう。

第一に、一八七一年四月に公布された戸籍法は、従来の身分別に人間を掌握する方法から地域別に把握する方法への転換を意味するものであり、そのためには、依然「臣民」として扱われず地域主義的把握の外にあった「穢多」「非人」等の人々をも一括して平民に組み入れる必要が生じてきたことである。

第二は、一八七三年より地租改正が行われることとなったが、賤民身分の人々は社会から隔絶され、居住地もおおむね「除地《よけち、じょち》」として免税になっており、転売の対象とならなかったことにある。地租改正は、農民の保有地に私的所有権を認め、そこから旧貢租額を維持しつつ定額の地租を得ることを意図して計画されたものであったため、賤民の居住地はそれを行ううえに重大な障害であると大蔵省によって認識され、統一的な近代的税制を確立するためには、少なくとも形式的な平等の徹底が必要とされたのであった。一八七一年八月二二日の大蔵省原案は、それから六日後に出された「解放令」のほぼそのままの原型となっており、大蔵省がそれを迅速かつ積極的に推進したことをうかがわせるその痕跡は、まさに大蔵省にとって「解放令」の発布が緊急に必要とされていたことを示すものである。大蔵省原案には、「穢多・非人の称廃せられ候条、一般平民に編入し、身分・職業共都《すべ》て同一に相成り候様取扱ふべし、尤《もっとも》地租其他除蠲《じょけん》の仕来りもこれ有り候はゞ、引直し方見込取調べ、大蔵省へ伺出べき事」と述べられている(4)。

第三に、明治政府は、廃藩置県により統治身分としての士族解体、および士族という族籍と職業の分離を意図しており、それゆえその一環として賤民身分の解体も企図され、そのことが「解放令」の発布にいたらしめる一因になったと考えられる(5)。

このような社会的要請によって発布された「解放令」の歴史的意義を概括するならば、第一に「穢多非人等」の近世賤民の呼称を廃し、第二に従来あった賤民に対する租税の免除規定廃止を告げるものであったこと、そして第三に賤民廃止は法的措置に限定されており、同年三月にはすでに、かつて穢多が持っていた斃牛馬《へいぎゅうば》処理権(穢多役)の剥奪が行われていたにもかかわらず、それらに代わる社会的・経済的措置はほとんど講じられなかったこと、の三点に集約できよう。すなわち「解放令」は、「一君万民」理念のもとに形式的平等を謳ったものにはちがいなかったが、問題はいかにその内実を獲得していくかにあり、その課題は、被差別部落内外の社会の構成員に託されていくこととなる。ここではその点を追究すべく、以下に、「解放令」が全国各地でどのように受けとめられたのかという点に視点を当てることによって、当該時期の被差別部落認識を明らかにしていく。

開化領域参入への代償

八月二八日の太政官布告を受けて、各府県では「鴻恩」を強調しつつ「解放令」を民衆に伝達していくこととなるが、その際の為政者側の姿勢から、次の三点を指摘しうる。

第一に、たとえば福山県の告諭に、「元来穢多・茶筅《ちゃせん》・非人抔《など》与申すもの、其祖先外国より来りしなと種々の申伝へあれとも、素より五体四肢を備へ、平民と同しく万物の霊たる人間に相違なく、人間たるものは互に親しく交るへきハ天然の道理にて、近頃世界万国の互に親むも全く此道理なり」(資料一―四九七)とあるように、「賤民」が平民同様の交際をすることを世界万国に共通する「天然の道理」と位置づけ、ひいてはそれを実践する日本の開明性を誇示する姿勢である。「開国和親」を掲げて「万国対峙」していくには、あえて維新政府の開明性を誇示していく必要があった。そのためには新政府は、版籍奉還、廃藩置県、職業自由の許可、人身売買・切捨御免・仇討ちの禁止、秩禄処分、華・士族・平民の新呼称の制定、廃刀令というような改革で、封建的身分体制の根幹をなす諸制度にメスを加えるに止まらず、人民のきわめて微細な日常行動様式まで、「御布告」によって開化を命じたのであり、(6)そのような新政府の政策のもとで、封建的身分体制解体の一環をなす「解放令」が、開化のシンボルの一つとして常に宣伝されたのは当然であった。なおここで、外国人起源説に言及がなされているが、この点についてはのちに詳しく見ることにしたい。

同様に姫路県でも、「従来、穢多と称し、人民中別種之取扱ニ相成候者、固より皇国未タ開化セサル時之事ニシテ、近来追々御取調相成申処、現在我が皇国人民ニ相違無之、天性智識平民異なる事も無之ニ付」(資料一―四〇〇、傍点、引用者)と、「皇国人民」としての平等の処遇と開化の有無とが直結されているのであった。

第二に、しかしそのような開化の理念とは矛盾する対応もとられており、その典型が、被差別部落民衆を平民に引き上げる条件としての「清祓《きよばらい》」の要求である。そのような事例はいくつか散見されるが、一例としてここでは土佐藩の場合を挙げておこう。「穢多の称、元来不浄を取扱ふを職業とし、人民一般信仰すべき神仏をも拝する事能はず、(中略)此次第を弁へずして猥《みだり》に平民と交際せんとするは、却て穢多の称を免かれざるべし、是に於て今般行はせらるる所の身滌の祭式に依り、謹みて男女老幼共に其貧富自然に応し、此滌祓を願出づべし」(資料一―五四〇)。新政府によって日本の開明性が示される一方で、このような「清祓」といったそれに相反する意識にもとづく行為が要求されているのは、被差別部落の人々を不浄あるいは穢れたものと見なす民衆の差別意識への迎合の所産であったと考えられる。

民衆の穢れ意識について、前近代史においてはすでに豊富な研究蓄積がある。網野善彦によれば、「ほぼ十四世紀を境として、「穢れ」の観念についてのかなり大きな社会的変化があった」とされ、一四世紀以前は「ある種の畏怖、畏《おそ》れをともなっていた」のが、「十四世紀のころ、人間と自然とのかかわり方に大きな変化があり、社会がいわばより「文明化」してくる、それとともに「穢れ」に対する畏怖感はうしろに退いて、むしろ「汚穢《おえ》」、きたなく、よごれたもの、忌避すべきものとする、現在の常識的な穢れにちかい感覚に変わってくる」という。「動物に対しても同様で、人の力でたやすく統制できない力をもった生き物という感覚がうすれて、「畜生」「四つ足」といういい方すら、江戸時代には定着してくるようにな」り、そのことが動物の死体を扱う人々に対する賤視を社会的にも定着させ、それを背景に、江戸幕府による賤民身分の固定化という事態がつくられていったと説明される。(7) それに加えて、野間宏と沖浦和光の対談のなかで指摘されている、「幕府権力は実際に牛馬を飼っている百姓から、その解体処理の権能を一切取り上げていたわけですね。そのオモテ向きの理由は、死穢の伝播を怖れ、不当な殺生を禁じ、皮革生産を一元的に統制するといいますか、うらみつらみはすべて部落民に向けられるような仕組みになっている」(沖浦)(8) という要素が作用して、少なくとも近代初頭にいたるまで穢れ観念が維持されてきたと考えられる。

明治政府は、一面で開明的な政策を打ち出して欧米列強に対抗する素地をつくることに励みつつ、もう一方においては、民衆の要求や意識をまったく無視しては統治をなしえないがゆえに、ときとしてそれらに迎合する政策を採った。しばしば維新政府の政策に対して「朝令暮改」との非難が浴びせられたことにも示されるように、そもそも維新直後の文明開化は、一八八四年頃の鹿鳴館時代のようなはっきりした目的意識を持った欧化政策と、完全に同視することはできないものであった。[9] そうした維新政府の首尾一貫を欠く対応はまた、文明開化政策を推進する一方で、途中で挫折したとはいえ天皇の神権的権威によって統合しようとする神道国教化政策を採用した二面性にも相通ずるものであった。そのような政府のもとで、被差別部落に対する政策も、「同化」のたてまえとは裏腹に、民衆統治に有効とあらば当初の平等理念は放棄され、差別を温存する方針に転じていったのである。

第三は、被差別部落民衆に対してしばしば生活の細部にわたる干渉が行われていることである。一八七二年の東京府の布達を受けて翌七三年には全国に違式詿違条例《いしきかいいじょうれい》が布告され、民衆全体に対して風俗改良が強行されていったが、賤視の対象であった被差別部落の民衆は、それに加えていっそう厳しい監視の視線に晒されることとなる。

たとえば姫路県庁では、「第一、朝夕ノ掃除ヲ能ク為シ、獣肉ヲ屠《ほふ》リ、獣皮ヲ取扱ヒ候節ハ、必ス改メテ身ヲ滌《すす》キ清メ候様ニ致シ可申、惣《すべ》テ身ノ臭気ニ注意シ、従来、平人ノ穢レト致シ来リ候事務ハ、急度《きっと》相改可申事、譬《たとえ》ハ布巾ヲ雑巾ニ用ヒ、厠ノ具ヲ竈所《そうしょ》ニ用ヒ、鍋ニテ手足ヲ洗ヒ、上圊《だいべん》シテ手ヲ濯《すす》ガズナト、固ヨリ神人相厭事《しんじんあいいとうこと》」（資料一―四〇〇）といったように、驚くほど事細かに生活習慣に立ち入って改善を要求している。このような生活の改善を求める運動が全面的に展開されるのは日露戦後のことであるが、当該時期には第二で述べた「清祓」の要求の場合と同様、被差別部落民衆の「同化」を実現する代償としてしばしば生活習慣の改善が上から提示され、実行を強いられた。たとえば度会県朝熊《あさま》村の場合には、「解放令」の達示と「人たる道を相わきまへ」ることとの具体的指示がまさに同時に行われており、後者の指示内容は以下のようであった。

一、火之気けがれ等之事ハ追て土地一般御改正もあるへく候得共、先ツ当分之内宇治山田平民之仕来り同様ニ相心得堅く相守候へき事

一、平民同様ニ相成る上は、是迄之竈を破り灰なと都《すべ》て新しく清浄ニいたすへき事(10)

ここに見られる指示は、前述の穢れ観に則ったもので、一四世紀以来のそれが近世・明治維新を経て、民衆の生活意識のなかに脈々と生きていたことを再確認させるものである。ただし、それが近代社会のなかでそれ以前とは別の意味づけを与えられ、機能し続けたことについてはのちに述べる(11)。

このような矛盾を内包していたとはいえ、総じていえば当該時期における被差別部落民衆の解放は、開化の領域に参入するという意味での「同化」を意味していたことをここでは強調しておきたい。そうして明治政府が一君万民と開化推進の政策の一環として打ち出す平等のたてまえは、それに抵抗する民衆の差別意識に遭遇しないかぎり、少なくとも当該時期においては一貫していたのである。

近年の国民国家論研究では、国民国家の抑圧性を明らかにすることに力点が置かれ、当該時期の開化政策はすべて否定的評価を与えられる傾向にある(12)。しかしながら、当該時期の被差別部落民衆にとって開化は、国民に「同化」し、賤民であることから解放されるという展望を与えるものにほかならなかったのであり、むろんそうであるがゆえに開化と不可分に創

出された一君万民理念に彼らは深く取り込まれていくことになるのであるが、開化の理念が形式的のみならず実質的にも平等を推し進めるうえに果たした機能は、もっと重視されてしかるべきであろう。それゆえに、次に述べるように、「解放令」後一八八〇年代前半ごろまでの差別をめぐる被差別部落民衆と部落外民衆の対抗は、開化と旧習の対抗図式として現象する。

2　「同化」の希求と「旧習」墨守との対抗

被差別部落民衆による開化の受容

「解放令」にいかなる限界が孕まれていようとも、ともかくも被差別部落の民衆が、それを歓喜して受け止めたであろうことはほぼまちがいない。一村で被差別部落を形成している大阪府西成郡渡辺村では、「当廿二日ハさま宮祭り、殊ニ此度平民ニ成し祝として、村中太鼓を出しおとり〱て、其よろこびかきりなし。是を見んと町家ゟ《より》行人多し」というありさまだったという(資料一―三七二)。

しかしすでに指摘したように、彼らの解放は無条件に実現されたのではなかった。被差別部落民衆は、かねてからの悲願であった解放を獲得するために、さまざまな条件を甘受せねばならなかった。これまで「賤民」であった彼らが部落外の民衆と同様と見なされるには、その証となる行為を敢えてなさねばならなかったのである。

その一つが、斃牛馬処理などの「賤業」と見なされている業務を、生業として重要な位置を占めているにもかかわらず以後拒否することであり、部落ぐるみでそのような申し合わせを行った例は数多い。

大阪府下田村では、「此度従御上様我等共平民ニ被為成下候間、一同難有仕合与奉恐入候」と「御上」への謝意を記したうえで、以下の四つの取り決めを行っている。

一、死ニ牛馬痛《ママ》死牛並四ツ足類、亦者毛物類ハ一切取扱致間敷事
一、商売之儀者、沓皮類ハ一切売買致間敷候事
一、そり・わらじ之儀ハ、小売仕度者ハ風呂敷ニ而売買可致候事
一、他村へ出候時者、銘々風体相心得可申候事（資料一―三七六）

ここでは、「そり・わらじ」の売買そのものを禁じるのではなく風呂敷に包めば可としていることや、他村へ出るときの風体に気を配っていることに明らかなように、とりきめの眼目は、賤視されまいとすること、すなわち他者の視線にあったことに留意せねばならない。それをさらに徹底させて、「死牛馬其外四ツ足類」の売買のみならずそれを食用にすること、さらには「寺入用掛リ」の遅滞をなくすこと、「大酒・喧花《ママ》・口論」の禁止、博打・宝引き等の勝負事の禁止までを申し合わせている例も見られる（資料二―三七三）。

これらは賤視され差別されないための防衛策であったが、部落民衆は、「同化」＝開化実現のためのより積極的な行為に出る場合も少なくなかった。埼玉県木曽良村の部落住民五名は岩槻郷学校に献金を行い、「従前ハ穢多にして人外の如く言し者も、平民同一たらしむの至

仁を奉戴し且開明日新の事務を弁へ、従来の豪農農民に先達て出金の挙ありしハ、感ずべく賞すべき奇特の儀とて、県庁賞詞ありしと也」と報じられている(『東京日日新聞』一八七二年八月一二日、資料二―八六)。このように、部落外の民衆に先立って献金や献身を果たすことで、賤視から脱しようとする行為はまれではなかった。

学制のもとでの就学奨励が、学校の設置・維持費や授業料が住民の負担としてのしかかったために、民衆の激しい反発が起こり、全般に就学率も低位にあったことは周知であるが、等し並みの地位や処遇を与えられてこなかった被差別部落民衆の場合には、就学が文明開化の基礎をなすものであるがゆえに、そのなかにあってそれに乗り遅れてはなるまいとむしろ積極的にそれを受け入れようとする動きも見られた。長野県更級郡の被差別部落では、二年も前から就学の嘆願を出しているにもかかわらず放置されてきたため、「文明開化之折柄賤等幼童而已《のみ》文盲ニ相成候而は、甚以歎ケ敷次第与一同歎緬仕候」(資料二―二二)との嘆願書を出して就学の即時実現を訴えている。部落内に小学校の存在しなかった奈良県西之阪町の部落の人々が、近隣の小学校に部落外の児童と共に通学することをあえて拒み、県庁に願い出て町独自の小学校開校にこぎ着けるという例もあった。それを報じる『日新記聞』(五号、一八七二年七月)は、「フルキ隔ノ御取払ヲ蒙リ、又新タニ大ナル隔ヲコシラへ、互ニ相怨視スルモノトソノ得失何トイワンヤ」とその行為を否定的に捉えていたが(資料二―三七七)、西之阪町の部落民衆にとっては差別を甘受して近隣の小学校に通学するよりも、独自に自らの町に小学校を設け、十全に勉学をする環境をととのえることこそが、開化実現に向けての第一歩を踏み出すことにほかならなかった。

このように、開化が優位の価値として唱道される状況のもとでは、被差別部落民衆にとっても、自らの臣民としての「同化」は開化とほぼ同義のものとして受け止められた。それゆえ彼らは政府が打ち出す開明性・合理性に依拠することによって、平等な臣民の資格を勝ち取ろうとしたのである。

しかし先にも少し触れたように、開化＝平等政策は徹底したものではなかったため、解放への期待や喜びと入り交じりながら、早くも「解放令」の理念と矛盾する差別的処遇に対する不満が表出することとなる。そうした状況の一端を示すものとして、度会県一志郡田村では、「元穢多」より「元平民之上旧習今以相退不申、今日之有様ニては実ニ嘆カハ敷次第之旨」村役人に申し出がなされたことが報じられている(資料一―二七六)。長野県加増村でも、八満村正眼院で説教の聴講が行われる際に「新平民方」は「少隔付聴聞《ちょうもん》ニ参リ呉候ハ、可然与存申聞被下」との差別的指示がなされたことに対して、部落の一部から「斯御時節柄ニ相成、へだて等相附られ候而ハ不参」との抗議の声があがっている(資料二―二一四)。

こうした紛争は、おそらく各地でおこっており、ここに挙げたような事例はたまたま記録に残された氷山の一角にすぎないといえよう。また、「皮田村」「革田村」といった被差別部落と一目瞭然判る村名の改称を願い出る動きも徐々にではあれ、すでにいくつか生じはじめていた(資料二―三四二・三四四、等)。

旧習への固執

しかしそれに抗する部落外民衆の姿勢は、強硬であった。たとえば篠山県のある村では、「穢多之者共」が村にやって来て人家に立ち寄るとその住民までもが同様に穢れてしまうため、九項目にわたる申し合わせを行ったという。それは、「穢多男女共、日雇之義者一切相雇申間敷事」「穢多難渋之もの村内へ立入候共、何事ニ不限聊ニ而も施し致間敷事」といったように、被差別部落の人々との交わりを一切排除することを詳細に取り決めたものであった。さらにそれにとどまらず、「惣社並村社氏子ニ差入候儀得不仕候事」「穢多村庄屋組参会並免割ニ不立合候事」、あるいは「戸籍帳面一村立之分者是迄通　但し本村付之皮多者本村戸籍帳之奥ニ一枚白紙ヲ除ケ置可然、尤肩書ニ穢多与相記し可申事」といったように、「解放令」以前のままの徹底した差別的な処遇を要求する嘆願書が篠山県に出されている(資料一―三九六・三九七)。

そこにはすでに見たような、被差別部落の人々と交際をすることによって自分たちも穢れてしまうという、前近代の延長線上にある意識が存在しているにはちがいない。しかし、一方ですでに、「天性智識平民異なる事も無之」といった開化＝平等の理念が鼓吹されており、にもかかわらずそれに抗して民衆が「穢れ」に固執し続けたのは、そこに、平等というたてまえの受容を意図的に拒否する意識が強くはたらいていたからにほかなるまい。それは、ユダヤ人として差別を受けてきた自らの経験に照らして「人種差別」について論じたアルベール・メンミが、「われわれの内には、ちょっと気をつけないでいると、たちまち人種差別主義の種子を受け入れ、芽生えさせるような素地がある。われわれの特権、財産、あるいは安全が脅かされていると感じるたびに、人種差別主義者として行動する危険性がある」[13]と分析しているように、封建的身分制度のもとで自らよりも絶対的に下位にあった人々が浮上し、自らの地位をも凌ぎかねないことへの恐怖感と反発によるものであり、そのような伝統的秩序維持への願望を正当化するものとして穢れが持ち出された側面の方が大きいと見るべきであろう。

同様の反応は、「新民ノ子供ニ至テハ之ヲ忌ミ嫌ヒテ、未タ入塾ヲ許サ、ルアリ」(資料二―四一四)といった島根県の事例や、生野県において五八か村の百姓代・年寄・庄屋がやはり差別的処遇を継続するよう嘆願を行うといった例にも見られる。生野県五八か村の嘆願は、貴賤の別を歴然と保ってきたその習慣は容易に変えうるものではなく、強行すると秩序に動揺を来す恐れがあるから、旧習を維持するようにと訴えたものであった。すなわち次のようにいう。

素穢多之義は往古より貴賤之別正敷歴然と相立候義は、御上様にも兼て被為知食候通、別火は勿論平民宅ゑ参候砌《みぎり》は土間にて取扱候義、尚又、穢多共においては、数代平民之恵を請、飢渇之難を凌候不レ少、其他分別之廉々難尽筆紙義も御座候処、今般御一洗之御布告に相成候ては乍恐小前一同承状行届兼候体、自他御管轄無差別、平民一同忘寝食苦心胸焦之色相顕、拋身命を赤心之歎願仕候に付、村役共においても誠に差傯罷在候、尤朝命の重御趣意は飽迄奉戴仕候得共、積年之旧習迚も変革難行届、万一人気動揺を醸

し候様之事件に立至り候ては実々奉恐入候間、御寛典之思召を以、従前之通被為仰付候様只管奉歎訴候(資料一―四七九)

倉敷県でも同様で、二三か村が連名で、「一体旧習洗捨いたし難きは僻陬頑愚之常ニて御座候得共、今度之事件は格別弁別不仕、私共説得不相届心配罷在候」と述べ、「非人穢多之義は千古不易定格有之、確乎として尊卑之筋相立、上下礼を尽し来候義ニて、今更、平民と同様たるへく被仰付候ては、忽然迷惑、長生養老之甲斐も無之様一途ニ被存」と、「解放令」に関しては「旧習洗捨」も例外としたい旨を訴えるのであった(資料一―四八〇)。

このような被差別部落の人々との識別化への固執は、自らが被差別部落と同一視されかねないような村名の改称を要求するという動きをも生んだ。兵庫県では、「四隣遠近他邑ニ出テ川尻村ヲ唱フレハ新平民ト思想シ、蔑視スル等ノ事ヨリ、終ニ議論ヲ醸ス等無キ能ハス迷惑仕候ニ付」、川尻村という名称を改めるよう願い出ている(資料二―三六九)。

民衆は、被差別部落の人々を、「穢キ者」(資料二―二五七)、「礼義モ人情モ弁ヘサリシ」(資料一―四八七)、「兎角旧穢多ハ忌嫌ノ風習モ有之」(資料二―二〇九)といったように、旧来からの部落民像の延長線上に位置づけ、しかもすでに見たように「積年之旧習迚も変革難行届」と、あくまでそこから脱しえないもの、変わりえないものとしてその枠内に閉じこめることによって、差別化を維持しようとしたのである。開化は、被差別部落民衆には無縁の存在と考えられていた。

また、当該時期の被差別部落民衆に対する呼称に着目することによっても、当該時期の差別の基軸が「旧習」にあったことが浮かび上がってくる。この時期の部落民衆の呼称は、おおむね「旧穢多」「元穢多」「新平民」「新民」「新平」といったもので、それらはいずれも旧身分に由来するものであった。

　そのように民衆が旧習によって被差別部落の人々を日常生活から排除した状況の一端は、「市街のもの旧習に泥《なじ》ミ、常に之と交際するを厭ひたれば、湯屋に至り入浴すれば、浴客為に避散して跡を払ひ、煮売屋に就て飲食すれば、復た其店にて食物を購求するもの無に至らんを恐れ、湯屋、煮売屋の亭主ハ、新平民の来るのを見れば、固く断て肯せざるの悪弊なりし」(『大阪日報』一八七七年七月四日、資料二―四一七、傍点、引用者)と伝えられている。「平民ニハトカク旧習ヲ墨守シテ御趣意ヲ沮格シ、元穢多ノ方ニハ従来ノ積鬱ヲ一時ニハラサント忽チ倨倣《ママ》ノ心ヲ生シ」(『日新記聞』五号、資料二―三七七)との記述は、奈良県西之阪町の状況を示したものであるが、それこそまさにこの時期の被差別部落と部落外双方の民衆の対立の構図を象徴的に表したものであったといえよう。

　そうしてそのような対立が頂点に達したのが、ほかならぬ「解放令」反対一揆であった。それは、学制反対一揆や「血税」反対一揆などの一連の新政反対一揆の一環として起こったもので、新政が自らの生活に対する抑圧と感じる民衆は、伝統的秩序の破壊に抗して立ち上がったのであり、開化＝平等のたてまえにもとづく「解放令」の発布も、自らの地位を脅かす、まさにそうした一連の抑圧政策の一つなのであった。「解放令」反対一揆は、「解放令」発布後から一八七七年までに二一件の発生が明らかになっており、そこでは、「解放令」に反発する民衆が被差別部落を襲撃し、流血事件となって多くの犠牲者を出した。なかんずく最も被差別部落の犠牲が大きかった北条県の一揆は、被差別部落二六三戸が焼失、五一戸が破壊され、一八人が死亡、三八人が負傷した。さらに九か村の部落が、被差別部落民衆の部落外民衆に対する態度が不遜であるということを理由とする部落外民衆の詫状要求に応じている。(14)

北条県で発生した「解放令」反対一揆を報じる『東京日日新聞』(一八七三年一一月一七日)は、「解放令」反対に立ち上がる民衆を評して、「文明開化ナド云物イヅレノ地ニ在ルヤ」と記しており(資料二―四七九)、このような「解放令」を事実上空文化するような意識と行動は、当該時期においてもまさしく文明開化の対極物として認識されていたのである。しかし先にも見たように、「解放令」の発布者である維新政府の側が、常に開化＝平等のたてまえでそのような民衆の差別意識に臨んだかというとけっしてそうではないところに、「解放令」が容易に実体化されていかない一因があったといえよう。政府はその後むしろ民衆の差別意識の強固さに押され、「解放令」反対一揆のような事件の拡大を怖れ、多数派を構成する部落外民衆の差別意識に迎合することによって、既存の支配秩序を維持する途を選んでいく。一揆の要求を容れて、県レベルで「解放令」を撤回したところもあり、(15)一八七二年に出された高松県の「当県下是迄に穢多・非人共御主意振取誤り、自ら尊大に相成、積年の鬱屈を一時に散ぜん為め、種々妄言曲触れ、動《やや》もすれば諸人を凌轢致候様之者共有之趣、以之外の事に候」(資料二―五一四)という布達や、「御維新の御趣意にて民籍へ編入なし下されし有難さにあまへ、自己の程を忘れ、たかふりおこれるより、人々のにくしみをうけ、おりおり争論をおこし、遂に政府を煩ハすこと恐多き事にあらすや」(資料二—五〇七)という一八七三年の広島県布達は、対立の原因を被差別部落民衆に帰せるもので、「解放令」によって提示されたはずの平等のたてまえの否定にほかならなかった。

在野知識人による開化主義の貫徹

そのような政府に代わってあくまで開化のたてまえを貫いたのが、在野の開化派知識人たちであった。一八七一年一一月、岩倉使節団が日本を出発したころ、すなわち「解放令」発布とほぼ同時期にはじまり、一八七三年から七五年にかけて高潮に達した文明開化は、その当時から意味内容に種々違いが含まれていたが、西欧文明をモデルにしながら、たんに生活様式の近代化にとどまらず、新しい政治思想や倫理意識によりつつ、封建時代の権威や秩序、因襲を打破する役割を果たしたものと、およそとらえることができよう。しかもそれは、「とにかく奇怪な事などを説かれて、驚かさるゝ人は、(中略)文明開化の人とはいはれぬ、何事にもせよ、我心に得心せぬ事は、よくよく其理を推究めて、なる程左様あるべき道理じやと、みづから弁別がついてから、信ずべき事は信じ、信ずべからざる事は信ぜぬがよいじや」(16)というように内的な理性を判断基準としてそれに徹する一貫性をもっており、丸山眞男をして、「もしこうした合理主義が新たな伝統として内面化し、あるいは正しい意味において「止揚」されていたならば、「第三の開国」における天皇の人間宣言という悲喜劇も不用であったろうに！」[17]と言わしめるものであった。

それら文明開化を支持する主張のなかで、身分差別問題に言及したものの一つに、西村兼文『開化之本』がある。それは次のように記している。

抑穢多は何れの時より起原せしを知る人更になかるべし、富家語談は、久安年間の語録なるにすら、燕の太子丹三千人の臣下を率ひて、本朝《にっぽん》に帰化せしを、丹波国に住しめ給ひしに初り、穢多は、燕丹の訛りなりといひ、又水戸の儒安藤為章の年山記聞には、鷹の餌取《えとり》の誤音なりとす、其名称すら斯く分明ならず、其外、近く夷俘考の一紙、また国史に因つて推窮し、異類穢種の陋見を除き払はしめんとす、今や、これをして平民に伍し、忽開化の良民となるに到る、文明の大恵《みめぐみ》といふべし、(中略)同じ天地の間にありて、情合同じき人民なれば、貴族なりとて恃むに足らず、卑賤の人時に顕達し、新しきものは旧きに代る、人世の盛衰は常ならず、西洋の各国には、屠者の立身せし多くありて、文明開化の第一等は、貧賤をして富有ならしめ、卑しきをして貴ときにおよぼすにあり[18]。

ここでは早くも、のちに広範に主張されることになる人種起源説や「蝦夷」起源説を採り上げてそれを「陋見」として断固否定し去ったうえで、あくまで「貧賤をして富有ならしめ、卑しきをして貴ときにおよぼす」との姿勢を貫いた。

横河秋濤『開化の入口』も同様で、そこでは被差別部落の人々が、徐福が秦氏を名乗って帰化した際の子孫や崇神天皇のときに無頼の民として罰せられた者の子孫、あるいは神功皇后三韓征伐にお供して皮細工を習わされた者の子孫である、といった説は誤りであると否定し、以下のようにいう。「実は皇国の旧史に、新羅の孚何百人を某地に置き蝦夷の孚何百人を某の国に置くと言ふ事が往々書て有る。今の穢多は全く是等の子孫かと思はれ升《ます》ノサ。何にもせよ、人類に相違もなし、今日人道を弁て忠孝の片端をソコ〳〵に行へば、何も其の様に隔をつける訳は決してないノサ。（中略）無理に彼を隔て我身を立てるは、それこそ天理人道に背けて居るから却て穢多と呼れても仕方はないノサ」と。[19] すなわち横河は新羅の子孫との説を採るが、重要な点は、それがのちの時期のように、けっして被差別部落を劣ったものと見なしたり排除したりする理由とはされていないことである。そうした「差異」も「人類に相違もなし」という普遍主義によって打ち消され、「無理に彼を隔て我身を立てるは、それこそ天理人道に背けて居るから却て穢多と呼れても仕方はない」とまで言い放っているのである。

秩序の安定を望む政府の側が民衆の意識に迎合することにより開化のもとでの平等の原則を貫けなかったのとは異なり、このように在野にあって自由な立場にある開化派知識人たちは、近世からすでにあった人種起源説に言及しながらも、むしろ民衆意識に密着することなく啓蒙的姿勢を貫いたがゆえに、かえって合理主義的規範にもとづく因襲否定の立場に徹し、人種起源説を論拠に差別を肯定するような姿勢はとらなかったといえよう。

とはいえここでは、のちに差別化の論拠となる人種起源説が、この時期にしばしば登場する背景を考えておく必要があろう。一八七九年から八〇年代にかけては、国家形成期のナシヨナルな意識の高揚のなかで、日本民族起源論への関心が高まった時期であった。一八七七年のモースによる大森貝塚発掘を嚆矢として、日本民族起源論をめぐる科学的研究が開始され、一八八〇年代になると、坪井正五郎・鳥居龍蔵・黒川真頼らの人類学者によって研究成果が生み出されていく[20]。当該時期においては、部落問題が問題として独立に社会的関心を集めるまでにはいたっておらず、したがってそのような日本民族起源論への関心の高まりの一環のなかで、被差別部落の起源にも視線が注がれたものと考えられる。

　すでに挙げた開化派のもの以外では、松沢求策が、被差別部落の人々は秦の始皇帝の時代に日本にやって来た徐福の子孫で、諸獣の毛皮・肉の生産に従事していたと述べており(「作文草稿集」一八七五年、資料二―二一九)、また『新潟日報』(一八七九年八月一〇日)紙上では、佐渡の神原清典なる人物が「新平民ヲ救護スルノ策」と題して、「穢多人種」「我佐州ノ新平民人種」は「依然乞丐《かたい》人種タルノ軽視免レスシテ」、各町村へ一～二戸を分散移住させ、道路溝渠などの清掃にあたらせるべきことを説いている(資料三―五三六～五三七頁)。とりわけ後者の主張は、人種ということばを用いて被差別部落民衆を明瞭に区別する視点をもっており、しかもそのような認識を前提に、被差別部落の移住分散を主張している点で、のちに顕著となる「人種」による差別化の先駆が見られる。この点については、第4章で詳述することにしたい。

第2章　「特殊化」の標識の成立

1　「異化」の定着

排除の常態化

「解放令」発布からおよそ一八七〇年代末までは、開化をよりどころとする平等論と旧習＝差別温存論が拮抗していた時期ととらえられるのに対して、以下に述べる一八八〇年代は、しだいに後者が前者を凌駕し、旧習保持という要因に加えて、新たに被差別部落を識別化し排除する標識ができあがっていった時期と見なすことができよう。

前述のような共同体からの排除の実態は、一八八〇年代に入っても依然改善に向かうことなくむしろ常態化していった。なかでも被差別部落民衆に対してなされた湯屋における入湯拒否や小学校入学拒否は、「解放令」直後の早い時期から問題化し、かつまた各地で頻発した事件であった。入湯拒否に対しては、一八八八年に静岡県の被差別部落住民が静岡治安裁判所に入浴差別解除の訴えをおこし勝利を収めたとの記録があり(『東雲新聞』一八八八年一二月二〇日、資料三―一四六頁)、部落民衆側に有利な状況も芽生えてきてはいたが、就学については、開化の実現によって「同化」を達成しようとする部落民衆にとって重要な要件であるにもかかわらず、依然としてそれを受け入れる側の抵抗は大きく、滋賀県の矢橋村のように、「矢橋村の学童は彼の新平民が日々登校して席を同じうするを太《はなはだし》く悪《にく》んで之を避け偶々出校するものあれば土穢多の一言を以て圧制するために終に目下一人も出校せざるに至れり」(資料三―一六四頁)と報じられ、部落外民衆の拒絶に遭って、被差別部落児童の通学は事実上不可能に陥っているところが少なくなかった。しかし部落の側も、財力の点からしても独自に学校を設けることは容易ではなく、このような事情が一つの大きな要因となって被差別部落は教育から疎外されていくこととなる。村政においても排除の実態は同様で、「村民ハ是迄夷狄禽獣《いてききんじゅう》視したる者と同等同権になりしかと思へハ嫉妬弥増《いよいよまし》」、ついに分村してしまったという愛知県の事例も報告されている(資料三―一五二頁)。

　被差別部落の人々との結婚についても、「縦令《たと》ひ遣《つかわ》すにも身分にこそ因れ新平民にヲメ〳〵と遣す馬鹿が世にあろふかと一跳付に中人ハ泡を食つて早〳〵《ママ》に帰」った(『愛知新聞』一八七九年一〇月二五日、資料三―一四九頁)という話が紹介されるなど、結婚は論外といった状態が定着していったが、翻《ひるがえ》ってみれば、そのような話が採り上げられることは、「四民平等」のたてまえが存在するようになったがゆえに、身分制が貫徹していたそれまでの時代とは異なり、結婚忌避自体がそのたてまえに矛盾するものとして一問題を成り立たせるにいたったことを示すものにほかならない。結婚にかかわって、「貧窮元士族の娘」の次のような話も紹介されている。「親類には開化過る人ありて今は四民の同権にてそんな頑固なを言ツて居ては家内も飢へ一代つまらぬ夫より穢多が乞食でも金さへあらば娘を任せ」(傍点、引用者)といわれて母親が決断し、結婚させたものの、それを父親が知り離縁をさせてしまったという。しかも「娘は一旦身を穢し家名に泥を塗りたれば家相続は及もよらずと一切家へ戻さぬ」といって、父親は娘を松本へ芸妓にやってしまうのである(『東海新聞』一八八五年二月二〇日、資料三―一五四頁)。

「開化過る人」も存在するようになった一方で、やはり総じて部落の人々との結婚の障壁は高く、結婚の問題は民衆の「家」意識と結びつくものだけに、親・親戚縁者という当人の判断以外の要素が加わり、さらに家や血統は永続的なものと見なされていたから、いっそうその忌避は根深かったといえよう。「家」制度が確立するのは明治民法の成立を待たねばならなかったが、伝統的な家観念は、祖先崇拝や「いえ」永続への願い、そして血統・家柄への依拠といった形をとってすでに民衆のなかに受け継がれていた[1]。

同時期に、慶応義塾出身の福沢諭吉の門下生で当時『時事新報』の記者であった高橋義雄という人物が著した『人種改良論』という書物があり、そこでは被差別部落の人々との結婚問題に触れ、日本の「婚姻法」の弊害について次のように述べている。

> 第三血統ノ良悪ヲ顧ミザルコト　第一章遺伝ノ一節ニモ記セシ如ク遺伝ノ効力ハ実ニ大切ナルモニシテ最モ之ヲ択マザル可ラズ然ルニ今日ノ実際ニ於テハ案外ニ之ヲ顧ミルモノナシ我邦ニテ目下新妻ヲ迎フルモノハ先ツ其容貌ノ美醜ヲ問ヒ次ニ其家計ノ貧富ヲ問ヒ然ル後始メテ世系血統ノ穿鑿《せんさく》ニ及フヲ常トスルガ如シ往日封建ノ世ニハ士農工商穢

多非人各階級ヲ立テ、容易ニ相婚スルヲ許サズ穢多非人ニ至テハ之ト火ヲ一ニセズ況ンヤ結婚ノ沙汰ニ於テヲヤ(中略)今日ニテハ旧時ノ穢多非人モ既ニ平民ニ列シテ人間並ノ交際ヲ為スニ至リタレバ此輩ノ血統モ亦社会ニ広マル可キナリ特ニ下流ノ人民中ニハ癩病遺伝ノ家少ナカラズ識者ノ説ニ拠レバ癩病ハ子孫五世ノ後ナラデハ絶滅セズト云フ故ニ能ク血統ヲ正サズシテ悪疾遺伝ノ家系ト結婚スルガ如キコトアラバ独リ一家ノ血統ノミナラズ親戚姻娅《いんあ》幾多ノ血脈ヲ穢スノ恐レナキヲ得ズ(2)

すなわち「穢多非人」は「癩病遺伝ノ家」と並んで「悪疾遺伝ノ家系」とされているのである。しかし、高橋の啓蒙的合理主義の立場からのこの主張は、被差別部落の成立起源に対する事実認識の誤りにもとづくものであり、そのような誤認に発する偏見を前提にして、「人種改良」という目的に照らして提起されたものであった。むろん、それが差別を正当化する結果をもたらしたことは否定しえないが、それは、被差別部落や「癩病遺伝ノ家」の排除＝差別自体が目的になっていたのとは異なり、「悪疾」であるという排除の前提となる認識さえ改められれば、必ずしもそれらの排除にこだわるものではなかったと思われる。高橋の主張に、社会ダーウィニズムの立場に立って被差別部落が「特殊」な社会集団であるとの認識を植えつけていった先駆を見、その点を近代において部落差別が温存されてきた要因として重視する見解があるが、(3)部落差別が維持されてきたより根元的な要因は、差別自体に意味を見いだすような意識や行為、すなわち具体的にはこれまで見てきた範囲でいうならば、自らの地位を脅かし凌いでしまうことへの恐怖感ゆえに旧習を維持しようとする民衆の意向にあるのであり、それこそを重視すべきであろう。

一八八〇年代前半までは、まだ前章で見たような開化ゆえの平等というたてまえが残されていた。たとえばそれは、京都の九条家が祖先の墳墓の土地所有を証明する地券を出願しようとしたが、その地の戸長が被差別部落住民であったため、「之を永世に遺すに旧穢多の手を経るは好ましからず」として地券出願を見合わせたという話に対して、『朝野新聞』(一八八一年一〇月九日)は、「四民同等の今日に於て何の忌み嫌ふことかある斯ることをいふ者こそ社会の忌み嫌ふ所となるべけれ」とのコメントを付しているところにも現れている(資料三―一七七頁)。あるいはまた、住吉神社の祭礼で神輿を被差別部落住民が担ぐのを拒否したことに対して、『大阪日報』(一八七九年一〇月二二日)はその差別的行為を「不開化」と称して報じた(資料三―二九一頁)。また部落民衆による「同化」実現のための風俗改善の努力に対しても、当時の『朝日新聞』(一八八一年一月一四日)が大阪府渡辺村について、「人民の悪弊を洗滌し以つて開化の民たらしめん」ため、町会議員や消防大頭らが率先して「純粋無欠人に対して恥ざるの民にせばやとて配下の消防人足等へ従来の悪弊を去り成丈品行を良正にすべき様頻りに説すゝめて居る」(資料三―二〇八頁、傍点、引用者)と報じたように、いまだ開化という価値基準に照らしてとらえる風潮が残されていた。

ところが一八八〇年代後半になると、自由民権運動の敗退と軌をいつにして生じてきた国家主義的風潮の高まりと、さらにそれに、後述するような社会的・経済的差別により部落民衆の開化が容易には進展しないという実態が相まって、部落差別の抑止に一定の機能を果たしていた開化＝平等というたてまえもしだいに消失していく。またそれとともに、これまで「旧穢多」「元穢多」「新平民」といったように乱立していた被差別部落に対する呼称のなかで、年代を経るにつれ「解放令」以前の旧身分に由来するところの「旧穢多」といった呼称が後退し、「新平民」が定着していったことも、注目すべき動向の一つであった。すなわちそのような一定の呼称の定着は、社会的差別の定着の一つの指標であったといえよう。

開化による抵抗

しかし被差別部落の民衆にとっては、依然開化は臣民としての「同化」を実現するための実行可能性をもった有力な武器であり、彼らは開化の領域に参入することによって差別に抵抗しようとした。一村で被差別部落を構成している堺県南王子村では、民衆の教育に対する強い欲求を背景に村民の寄付を募り必要な土地を手当てしたうえで、一八七九年一二月に「学校建築御願」を出している(資料三―二〇四)。また、部落の児童が部落外児童と同じ学校への入学を許されたため、彼らはそれに歓喜して大いに勉学に励み、部落外児童を凌いで首位を占めるようになったという事例も報告されている。すなわち、「新平民をも共に入学せしむる事と為したるに新平民等の歓喜大方ならず父兄は勿論本人どもに於ても穢多の児なればと云はれんは残念なりとて非常に心を用ひ子弟等皆な熱心に学業を励むより驚くばかりの上達にて今は各級とも其の首席は彼等の専占する所となりたるにぞ」とある。ところがそれがゆえに部落外の側から反発が募り、「村民中設《ママ》ひ学問の進みたればとて斯く一般人民の上へ出しては村内万般の事柄に付て彼等の増長せんも計りがたければ新平民の子弟は必らず各級最末席に列せしめられたしなど教員へ申込む者あ」ったという(『新潟新聞』一八九二年五月一〇日、資料三―一二六頁)。ここにも、常に部落民衆を下位に押しとどめ、自らの地位の安全弁にしようとする構図の一端が示されている。

このような状況に対して、開化の理念に依拠しつつ積極的に運動を起こすことで平等を勝ち取ろうとの動きも生じてきた。当該時期においてその際のよりどころとなったのが、自由民権運動であった。自由民権運動も、その理念においては西欧政治思想に依拠しており、広義に解すれば開化の範疇に属するものと見なせよう。

自由民権運動と部落解放運動とのつながりを示す事例は数多くはないが、一八八一年に福岡県において結成された復権同盟をはじめ、いくつかのものが知られている。復権同盟は、「四民同等ノ権利ヲ復スル自由ヲ与エラレタ」のであるから「復権ノ実効ヲ奏セン」として、福岡県・熊本県・大分県の被差別部落の有志が立ち上がったものであった(『部落解放史ふくおか』創刊号、資料三―三八五～三八八頁)。新藤東洋男の研究によれば、それは九州改進党の結成に呼応した動きであり、その後にもさらに大阪における全国大会開催が予定されていたという(4)。同様に自由民権運動の影響下に現れた動きとして、「後日事あるに当ては日本自由党の一部分に加はり共に国家に尽力する事あらん」と日本自由党との提携を謳い、「第一平等ヲ主義トシ自由ヲ拡張セント欲ス」との主張を掲げて一八八三年に高知県小高坂村有志によって結成された平等会(資料三―三七八～三七九頁)や、「自由論」(中川斧太郎)と題して、「穢多乞食ノ禽獣同様ニ遇セラル、如キハ固ヨリ天理ノ当然ニ非スシテ将軍侯伯モ人ナリ穢多乞食モ亦夕人ナリ何ソ彼此アランヤ」(資料三―五三九頁)と、部落問題の非合理性に言及した評論などがあった。またそれよりやや遅れての一八九一年初めには、福岡県に九州平民会という結社ができており、それは「至仁至徳なる我天皇陛下は夙《つと》に此の陋習を打破し」たにもかかわらず、「尚ほ我々を遇すること異人種のごとく」であるといった状態を訴え、さらには「新平民諸子は依然として旧来の陋習に安んじ更に此の文明の社会に身を投じて以て天賦の自由と固有の権利とを伸暢せん事を企画せざるは抑《そもそ》も亦た何の故ぞ」と、部落民衆の喚起を促した(資料三―三九〇頁)。「天賦の自由と権利」に依拠しつつ平等社会の実現を訴えるその論法は、やはり自由民権思想の影響下にあったものと見なすことができよう。

自由民権運動のなかで部落問題に対する最も透徹した視点を示したものとして、中江兆民の「新民世界」を挙げなければならない。周知のように兆民は自らを「渡辺村　大円居士」と称して被差別部落民衆の立場に立ち、その地点から、貴族主義を攻撃しつつも差別を行う「平民」主義者の欺瞞性を喝破した。そうして「旧時の民」とは異なり最底辺に生きる「新民」こそが変革の担い手たりうるとしたのである(5)。すでに見たように「新民」は被差別部落の人々に対する差別的呼称の一つであったが、それをあえて用い、しかもそこに自負を見いだすという発想は、「エタであるゝ事を誇り得る時が来たのだ」と謳った、のちの水平社宣言に見られる思想の先駆をなすものであったといえよう。

兆民の寄稿が掲載されると、たちまちそれを載せた『東雲新聞』に四つの投書が紹介され、兆民の主張をめぐって賛否両論が展開された。(6)「在西京　鷗村漁客《おうそん》」は「答大円居士」と題して、「政府ガ法律ヲ以テ之ヲ補保シ識者カ道理ヲ以テ之ヲ扶持スルニモ関ハラズ依然旧態ヲ存シ固陋自甘ンズ是レ渠等《かれら》ガ気力ト智力ニ貧ナルニ非ズヤ嗚呼渠等ハ社会ガ之ヲ排擠スルニ非スシテ即チ渠等各自ラ社会ヨリ排擠セラルルノ種子ヲ下ス者ナリ且夫渠等ハ啻《ただ》ニ渠等ノ無気力無智力ナルノミ」(『東雲新聞』一八八八年三月六日、資料三―五五八頁)と述べ、部落民が社会より排斥されるのは彼らの「無気力無智力」に原因があるのだとした。それにはすぐさま「渡辺村　北村寿平」が反駁し、鷗村漁客が部落民衆の側の「言語ノ転訛」や「動作ノ野鄙」「行状ノ乱暴」などを排斥の理由として挙げたことについて、「漁客ハソノ己レガ社会ニ於テ忌ムベク厭フベク嘲ルベク笑フベキモノノ多キヲ省ミズシテ却テ吾等ガ仲間ヲ忌厭嘲笑スルモノノ如シ何ゾ其レ誤謬ノ甚ハダシキヤ」と述べており、それは、「新民」を差別する「旧時の民」こそが自省してしかるべきであるとして価値の転倒を唱える兆民と同じ論法によるものであった。さらに北村は、今日は「自由平等ヲ貴重スルノ開明世界ナリ」として、やはり自由平等と開明に依拠しながら「慣習ノ悪鬼ニ捕捉頑弄」せられるべきでないことを訴えた(『東雲新聞』一八八八年三月九日、資料三―五五八～五五九頁)。開明ないし開化という価値は、往々にして、文明の名によって「言語ノ転訛」「動作ノ野鄙」や「行状ノ乱暴」を断罪する方向に作用することのみを我々は想起しがちであるが、このように、自由平等の精神に徹することによって、部落に刻印された既成のそのような評価を覆す新たな視点を生み出す力をもっていたことに留意せねばならない。

不潔・病気・異種という標識の形成

一八八〇年代後半以後、『朝日』(大阪)などをはじめとして急速に部数を伸ばした新聞は、[7]そのような自由民権運動の影響下にある思想や運動を広める重要な役割を果たしたが、その一方で、しだいに露骨な差別的記述が掲載されることも多くなり、それによって社会にいっそう部落に対する差別意識を蔓延させるという役割を果たしていく。それは、被差別部落民衆を「一種野卑なる風習ありて」(『土陽新聞』一八八九年五月四日、資料三―三八三頁)と評したり、「頑民暴挙」と題して「新平民の頑固なるは何国も同じことゝ見え」(『京都滋賀新報』一八八二年九月一〇日、資料三―一七八頁)と報じるなど、その性情が特異であるかのごとく宣伝したり、「新平民爆発弾の嫌疑」との見出しで被差別部落において爆弾製造の嫌疑があったことを報じて、被差別部落に対する恐怖心を煽ったりするものなど(『土陽新聞』一八八九年一一月二八日、資料三―三一四頁)、枚挙にいとまがなかった。

そのような新聞報道を媒介としつつ、一八八〇年代後半から九〇年代にかけて、従来からの旧身分に由来する賤視意識と旧習保持の願望に加えて、新たな差別・排除の標識が形成されていった。その背景には、次のような要因が考えられる。

第一に、「解放令」によって経済的保障を得られなかった被差別部落の経済的困窮が、一八八一年以後の松方デフレの下で著しく進行したと考えられることである。『日出新聞』は京都府下の被差別部落の状態を、「其細民の状態を穿つ時は実に酸鼻に堪へざるものあり故に年々地方税。《ママ》疎水工費の戸数割の如き免税を願出るもの平均百五六十名あり(8)」と伝えており、同じく京都府の愛宕郡柳原町でも、「本村ハ天保時代以来、皮革商及ビ雪踏《せった》・下駄・沓・履物表等ヲ以テ生活ス。特有物産山漁・川漁・船乗等無レ之。旧穢多職ハ安政已来漸次隆《さか》ンニシテ、慶応・元治ヨリ明治初年頃ニ至リ其極度トモ云フベキ有様ナリシガ、同十二・三年頃ヨリ衰微ノ兆ヲ顕シ、十六・七年ニ及ビテ其甚敷惨状ハ見ルニ忍ビザルナリ(9)」と、一八八〇年代に急速に部落の窮乏化が進行したことが報じられている。また三重県飯南《いいなん》・飯高《いいたか》の両郡においても、「各町村共貧者十ノ六七ニ居ル就中《なかんずく》旧穢多ノ聚落ハ闔村《こうそん》貧者ノ巣窟ニシテ風俗殊ニ良シカラス(10)」というありさまだったといい、このような報告は、当該時期の各地の部落に見られた。さらに一八九〇年におこった最初の本格的な恐慌においても、被差別部落の受けた打撃は大きかったと見られ、奈良県の被差別部落では、『朝日新聞』(一八九〇年五月一日)に「貧民県庁に昇る」という見出しで、「米価次第に騰貴しては日々の生活もつかず加ふるに職業さへ暇なれば其の困難は日一日より甚しく此程迄は慈善家の救助により僅に飢餓を免れ居りしも限りある」ため、生きながらえるために「救助米下附の儀を県庁へ願出んと一昨日数十名の貧民等襤褸《らんる》を纏ひしまゝ出掛け行き主務官に会ふて目下の情況を申立て」たと報じられている(資料三―三二二〜三二三頁)。

　第二に、明治期にしばしば発生した「コレラ騒動」などの伝染病の流行が、とりわけ被差別部落の固有性と結びつけて認識されていったことである。『土陽新聞』(一八八五年六月一三日)は、高知県の被差別部落でたまたま伝染病が発生すると、あえて地名のあとに「新平民部落」との注記をつけ、さらには「汚物はみな之を前の小川(中略)に投棄するを以て汚物はみな川下へながれゆくを以て下流の町村其疫毒に感染するは必定の訳ならんと」と、あたかも被差別部落が「疫毒」蔓延の源であるかのごとくに報じた(資料三—三八〇〜三八一頁)。また、「吾川郡長浜村のうち□部落は新民の住居する所にして(中略)此□村新民は八分通り困窮者にして発病の原因と云ふも日々口腹を養ふべきものなければ不得止不良の食物なりとも一時の命繋きにと之を食らひ或ひは日中食ふべきものなく空腹に耐えざる所夕方に及び漸やく稼ぎて食物を手に入るや其良否を択ぶに遑《いと》まあらずして暴食する等のことありしより忽ち悪病を発するに至りしものにて爾後本村人民とは往来交通を遮断せられ」(『土陽新聞』一八八六年八月二八日、資料三—三八一頁)というように、そうした被差別部落での発病は、貧困ゆえに当然との認識も登場する。

前述の渡辺村の場合も同様で、「西成郡内尤も不潔の処にて同病(コレラ—引用者)の盛なりし渡辺村」(『大阪朝日新聞』一八八五年一一月二一日、資料三—二三〇頁)と記され、愛知県の被差別部落で三名がコレラに罹ったことが報道される際にも、『愛知新聞』(一八七九年八月二六日)は、「従来同町は穢多の輻輳地《ふくそうち》ゆへ」に発生したと、部落とコレラの発生を因果関係においてとらえた(資料三—一四七頁)。このようにして、「本年(一八八六年—引用者)コレラの猖獗《しょうけつ》を逞《たくまし》うするに当り其根本は重に不潔人民の群集せる所にあるを以て旧穢多等の居住する町村は向後最も清潔にすべき方法を立てざるべからず」(『朝野新聞』一八八六年一〇月三日、資料三—二三三頁)というような、被差別部落がコレラ発生の温床であるかのごとき印象が決定づけられていった[11]。

さらにそのようなコレラや天然痘などの急性伝染病に加えて、部落において「先づ第一着の改良を要すべきは眼色なり」(『自由新聞』一八八四年六月四日、資料三―一八四頁)というように、トラホームの蔓延が部落を病気の巣窟と見なす認識に拍車をかけた。こうして被差別部落は、病気との、実態を遥かに超えた密接なつながりをもつものとして社会に印象づけられていく。

このような貧困、そして病気発生の温床という認識は、不潔という標識をも生み出していく。たとえば、神戸の宇治川は「食品ハ愚か衣服一枚をも洗ふ事なき程なるに御用地を隔つること僅かに十丁余り上流なる宇治野村と云ふ新平民の部落にて毎日獣皮を晒し又ハ不潔の物を洗ふゆゑ」困ったものだ(『朝野新聞』一八八六年九月一一日、資料三―三一四頁)、といった新聞報道のされ方がそれであり、このような記述はほかにも数多く散見される。

フランスの研究者ジュリア・クセルゴンによれば、「不潔さは、退化した肉体に宿る衰退した不活発な心のありようを示すまごうことなき兆候として、十九世紀の衛生学者＝道徳家の目に、肉体と精神の双方の異常を示す指標と映る」ようになっていったといい、また当時の衛生学者は「怠惰、痴呆化、悪意、盗みなどの悪徳が好んで住みつくのは、不潔な村や農家である。清潔さの欠如は肉体の純潔にとって害があるばかりでなく、心の純潔にとっても有害である」と説いたというが[12]、同様の状況が一九世紀終わりの当該時期の日本社会においてもすでに存在していたといえよう。すなわち、不潔であることがさらに「悪徳」という新たな性癖を連想させ、それが差別意識を支えていったと考えられる。そうした認識の広がりは、日露戦後の部落改善政策の展開過程のなかでより顕著に現れてくる。

第三に、依然肉食に対する偏見が根強く、ひいてはそれが被差別部落に対する差別につながったことである。前出の横河秋濤『開化の入口』をはじめとする文明開化の書物の多くは、肉食の勧めを説いた。しかし実際には、肉食は日常の生活のなかには浸透せず、民衆が牛鍋を口にするのはせいぜい外食、すなわち〃ハレ〃の食事としてであり、都会には牛鍋屋が流行する一方で、「一部における肉食忌諱の観念にはかなり根強いものがあった」といい、文明開化は肉食に対する偏見を解消するにはいたらなかった。(13)後述するように被差別部落異民族起源説を粉砕したことでも知られる歴史学者の喜田貞吉は、「去る大正三年に八十三歳で没した父の如きは、恐らく一生涯牛肉の味を知らなかつたようであるし、今なほ健在の母も、多分まだ之を口にしたことはなからうと思はれるほどであるから、自分の此の一家庭の事情を以て、固より広い世間を推す訳には行かぬが、少くも維新前後までの一般の気分は、大抵そんなものであつた。随つて肉食を忌まなかつた旧時のエタが、人間でないかの如く思はれたのにも無理はない」(14)と、一九一九年に書き記している。一八八六年の『読売新聞』に掲載された論説の、「兎に角従前肉食を擯斥《ひんせき》するの風盛なりし頃には、此一事も新平民が度外視されたるの一原因たりしが如し」(「新平民論」『読売新聞』一八八六年六月五日、資料三―五五一頁)というのはたんに過去の話にとどまらず、実際に、「我邦維新以前に於て穢多即ち新平民の輩は肉食するを常とすれば、其性質自から活発にして且つ忍耐力に富むと云ひ伝へり」(「革俗一家言第六項」『読売新聞』一八八六年一月二三日、資料三―五四九頁)というような認識がいまだ広く流通していたのである。

こうして、被差別部落に対して、貧困、そしてそこから生じる不潔・病気、さらにはそれらの認識の集積のうちにしだいに「異種」という認識が成立していったと考えられる。京都府柳原庄における懇親会の開催を伝える際の、被差別部落を指しての「種族」との表現(『京都日報』、資料三―一九四頁)や、前述の肉食の習慣について述べた際の「此一種族の人民」(前掲「新平民論」)という表現にそれが示されている。あるいは、「該村(柳原庄―引用者)の如きは或る遺伝の特質を一般人民の心裡に印しをる」(『日出新聞』一八八八年九月九日、資料三―一九〇頁)という認識や、被差別部落は「風俗人情等の異なる」ゆえ、三戸五人からなる被差別部落の同じ村への合併を拒否した(同上、一八八八年九月九日、資料三―一九〇頁)というものなど、直截に異種認識を示した記載も少なくなかった。

「天涯茫々生」の「新平民社会の状態」というルポルタージュも同様で、それは、被差別部落の人々は「法律の上にこそ四民平等なれ、実際は依然として一般人民と風俗、人情、習慣を異にす」との認識を前提に「職業」「家庭」「性情」について観察したものであり、「社会の孤児」となった結果「其の容貌、言語、応対の荒々しきに反して、内実極めて臆病なることとなり、小胆なり無遠慮なるが如くにして極めて細心なる廉《かど》多く、しかも最も著しきは猜疑心に富み、甚だ邪推深きこととなり」(『太陽』一八九九年一〇月、資料四―八五〜八七頁)であると猟奇的に報じた。『大阪毎日新聞』(一九〇二年一一月二一日)に掲載された冷生「屠畜場の観察」でも、屠場の克明な記述とそれがゆえに強調される残忍さが大阪の西浜地区の部落と重ね合わされ、被差別部落の残虐性や穢れ意識を強調する結果をもたらした（資料四―二〇四〜二〇七頁）。

また前述の人類学研究の立場に立つ鳥居龍蔵は、兵庫県の被差別部落に出向いて部落住民八名の調査を行った結果、「マレー諸島、ポリネシヤン島の土人「マレヨポリネシヤン」種族に比するに尤も酷似し絶へて蒙古人種の形式あらず」と述べたといい[15]、藤井乾助も、「全体穢多なるものゝ我同胞の一部分でありながら殊更に擯斥さらるゝ所以は職として元来祖先を異にするの人種ならざるべからず而して亦穢多の他一人類と行為身上の異なる点は穢多は古来日本人が肉食を嫌厭せし当時より肉食せしと眼球の赤色を帯ぶるもの二事は之れを研究すべきの点なり。（中略）依て思ふにこの三韓より帰化したる人民こそ今日穢多と云ふ人種の祖先なるべし[16]」と述べて、異人種を起源とすると断じた。さらに金子徴も「エッタハ越人《エッド》ニシテ元兵ノ奴隷トナリタルモノナル事及ビ其他ノ事ドモ」（傍点、原文）と題して元の国の兵士の捕虜がそもそもの起源であると論じており（『東京人類学会報告』一三号、資料三―五五四〜五五五頁）、あいつぐこれらの主張は、被差別部落民衆に対する「異化」を学問的に支える機能を果たすこととなる。

人種起源説が登場するのは幕末期のことといわれているが[17]、当該時期には、不潔・病気に加えて人種起源説にもとづく異種との標識が形成され、そうした恒久的な線引きが行われつつあった[18]。

2　「国民」化の模索

「部落改善」による国民化の希求

一八八〇年代から九〇年代にかけては、被差別部落の一部で、主として部落上層部が発起人になって、部落ぐるみでそのような線引きを取り払おうとする動きが生じてくる。具体的には、部落の生活習慣や風俗を改めることで自分たちに向けられた前述のような社会の視線を覆そうとするものであり、それらは部落改善運動として知られている。

部落改善運動勃興の背景としては、一つには、すでに見た松方デフレ以後の経済的困窮によって、風紀の退廃といった問題が顕在化するようになったこと、そしてその一方で没落した農民の土地を集積して寄生地主として成長したり、あるいは旧来型の部落産業に代わる新事業によって経済的地位を確立した新たな指導層が台頭してきたことが、従来の研究から明らかとなっている。その事例は、馬原鉄男が三重県阿山郡城南村の場合において示しており、それによれば同村の被差別部落では、明治初年以来の皮革経営が明治三〇年代から四〇年代にかけて没落し、その経営者は寄生地主に転身する一方で、皮革経営に依存しつつ麻裏草履・雪駄《せった》・下駄表・鼻緒作りなどの伝統的部落産業に従事してきた大半の部落民衆は、「土方、ボロ買い、くず拾い、そして時には物貰いなどで漸く糊口をしの」ぐという状態に陥っていった。それに代わって近代的機械設備と分業形態を採り入れて洋靴製造を行ってきた経営者が急激に上昇を遂げ、一九〇四年、部落改善団体改栄社を設立して風紀改善にのり出し、同時に傘骨削りや経木《きょうぎ》真田編みの新事業を導入していく。(19) そのような新たに台頭してきた部落の指導層にとっては、部落内での自己の支配的地位を安定的に確保していくうえにおいても、弛緩した風紀を改め、部落内の秩序を立て直すことが緊急の課題であった。

いま一つは、そのような部落内部の実態に加えて、前節で見たような不潔・病気・異種といった被差別部落に向けられる外側からの視線が、とりわけそうした運動の陣頭に立つ指導層にはことのほか鋭く意識されたであろうと考えられることである。貧困に起因する不潔・病気は、経済的に比較的恵まれていた彼らにはおおむね当てはまらず、彼らは、自分たちを除く部落民衆が抱えているそれらの問題こそが自分たちを差別的境遇に貶めている原因であり、直ちに払拭すべき対象であると認識していたにちがいない。とりわけ不潔という標識については、前節で述べたような精神の堕落と結びつけた認識が存在する一方で、「貧困は人々を怠け者にし、不潔さは投げやりな態度をつくり出すが、貧しい人々でも、つねに清潔を心がけさえすれば、こうした貧困や不潔さから遠ざかり、労働という至高の法へといたることができる。そして、こうすることによって、怠惰を克服し、悪しき情熱やそこから派生する反抗的態度を回避できるのである。いいかえれば、清潔さへの気遣いがあれば、不幸な人間も精神的にとはいわなくとも少なくとも物質的には豊かになり、貧者も階級社会と妥協するようになるのである」(20) と一般にいわれているような期待がここでも生まれ、それに向けて努力がなされていったと考えられる。

「開化」という武器が効力をもちえていた段階では、部落民衆に対する差別を「不開化」であるとして断罪する言説が少数ではあれ存在していたが、開化が自由民権運動のなかに完全とはいえないまでも実体化されていったのを最後に、文明開化も終焉を迎え、(21)そのようなかで部落民衆の開化実現による差別からの解放という構想自体が展望を失っていった。それに代わるものが、文明化に立ち後れ、格差を強いられていった部落という集団に付与された標識を取り払い、その周囲に築かれた境界を不可視なものとするという方法であった。

一八八九年に制定された三重県飯高郡「鈴止《すずとめ》村大字矢川規約書」は、四章三九条と附則五条からなる詳細なもので、この年に市制・町村制が施行されたことに伴い、矢川村・西岸江村・東岸江村の三つの被差別部落が合併して鈴止村が誕生したことが、このような規約がつくられた直接の契機になっていると考えられる。この三村は従来、被差別部落以外の二か村を含む五か村で一行政単位を形成していた。被差別部落三村はいずれも大多数の貧困者層から成り、三村のみで独立して自治行政を遂行しうるかどうかすら危ぶまれる状態にあったが、それにもかかわらず、被差別部落を排除しようとする部落外二か村の民衆の意向に則って、三村のみの合併が強行されたのである。「合併に関する事由」では、次のように記されている。

村内ニ貧民多クシテ独立自治ノ力ラ能ハザル旨ヲ陳《のぶ》レドモ、旧穢多ノ多キ村ニシテ隣村ヲ合併スルトキハ人民ノ折合ヲ失スルハ必定ナルヲ以テ、其望ミヲ達セシムル能ハザル事情アリ(22)

しかも三地区のなかでも矢川は、明治二〇年代に耕地の他村地主への売り渡しが盛んに行われており(23)、規約第一三条に、地所・建物を他町村へ売買譲渡するには「大字矢川組頭一統へ協議ヲナスヘ」きことを定めているのは、そのような状況への対応にほかならなかった。すなわちこのような根底からの経済的基盤の動揺に加えて、独立した行政村たりえていかねばならないという二重の課題への対処としてつくられたのが、この規約書であったといえよう。

規約書は、「従来ノ悪習ヲ洗滌シ以テ人心ヲ改良シ道徳ノ心ヲ厚クシ人心一和協合シ相互ニ離叛セズ利益ヲ図リ権利ヲ拡張スル」ことを「本旨」とし、他町村からみだりに流入する者を厳しく取り締まることを謳って秩序維持をはかるとともに、賭博に対しても警察署・巡査への密告を促してそれを禁じた。また、家屋の内外や道路の掃除の励行や、獣類の屠殺・獣皮の製造禁止をあげているのも、たんに住人の衛生や健康上の理由だけではなく、そこに注がれる外部の視線を強く意識したものといえよう(24)。ちなみにここにも一部見られるように、部落改善運動においては、しばしば警察官や村長等の被差別部落外の権力者の協力が求められたが、それらと部落の指導層との間には、支配秩序の再建・維持をはかるという点において利害の一致を見ていたのである。

静岡県浜名郡吉野村の場合は、一八九五年ごろ「村民ハ専ラ草履下駄ノ緒或ハ皮革ノ製造ヲ業ト為シ概ネ遊惰ニシテ風紀乱レ賭博盛ニ流行シテ家道衰微シ為ニ倒産スルモノ続出シ村ノ前途ヤ転《うた》タ憂慮ニ堪ヘサルモノアリキ」というような状況にあったため、同村の北村電三郎・長谷籐市という人物らが中心になって消防組を結成し、さらにそれが母体となって一八九八年には風俗改善同盟会ができ、部落改善運動へと発展していった。北村は一八七二年に村の資産家に生まれ、日本法律学校・東京専門学校の校外生として法律政治経済を学んだという被差別部落にはまれな高学歴を身につけており、のちに、役場書記・村会議員・助役等を経て一九一〇年に村長に就任する。(25) 長谷もまた村長を務める、村の上層部に位置する人物であった。彼らによって担われた風俗改善同盟会の規約第一章の第二条にも、「本会ハ弊風ヲ矯正シ良風ヲ発揚シ節義道徳ヲ強固ニシ温和善良ナル家庭ヲ作ラシム為メ左ノ各項ヲ実行シ向上スルヲ以テ目的トス」と記されており、(26) やはり彼ら村の指導層にとって差別の原因と映る風紀の頽廃を改めることが、ひいては国民としての同等の資格を勝ちとることになると理解され、そこに「同化」への期待が託されたのであった。

部落民衆に付与された「異種」という標識については、むろん彼らもそれをまったく意識に上せていなかったわけではなかろう。しかしこの段階ではいまだ、それすらも道徳や風俗の改善によって消滅しうるものとの、願望とない交ぜになったオプティミズムが彼らをとらえていたと考えられ、それ自体を取り除くための方策は打ち出されていなかった。

このような部落改善運動と称される動きは、ほかにも和歌山県伊都郡端場《はしば》村の青年進徳会などをはじめ、各地でいくつか起こっており、それらを背景に、その地域の指導者たちが結集して、部落改善運動に立ち上がる地域の全国的連絡組織として結成したのが大日本同胞融和会であった。この会は、一九〇三年七月二六日、前年に和歌山県で起こった西本願寺布教師差別事件がきっかけとなって大阪で大会が開かれたもので、それに参加した、端場村の青年進徳会の指導者である岡本弥《わたる》は、「本会の目的について、外に対《むか》つての解放運動の機関たらしむべきであると主張するものと、現在としては内部の自覚運動に主眼を置く機関でよいといふ二派に別れ、甲論乙駁火花を散らしたが、結局本会の目的は道徳の修養、風俗の矯正、教育の奨励、衛生の注意、人材の養成、勤倹貯蓄、殖産興業等を以て目的とすることにした」(27)と当時のようすを回顧している。そこには、「外に対つての解放運動」と表現された、自らに付与された差異の自覚のもとに社会の側の変革を訴えようとする萌芽がすでに存在していたが、いまだそれは、自らの側が変わることで国民たりえようとする方向を凌ぐだけの力とはなりえていなかったのである。

しかしながら同会の「趣意書の大要」には、「夫れ文化隆盛の光輝を発揚し、以て欧米諸国に対峙し、益々我帝国の懿徳《いとく》を表彰せんと欲せば先づ同胞の融和を確保せざるべからず」(28)とあり、それには従来の各地域の部落改善運動が部落対部落外社会という構図のみを視野においていたのにとどまらない、新しい方向性が孕まれていた。すなわち彼らは、「同胞の融和」を実現して国民が一致団結しなければ「我帝国」の繁栄はありえないとして国民のナショナリズムに訴え、帝国意識を発揚することにより、それを被差別部落民衆の国民への「同化」の正当化根拠としたのである。「我帝国」というナショナルな意識にからめ取られることにより、そこから疎外されている自己の存在が浮き彫りにされていったのであった。大日本同胞融和会の活動自体は、その後行われた形跡はなく、発会式を挙げたのみで立ち消えになったものと思われる。「同胞の融和を確保」しない社会の側の矛盾が自覚されていても、

「外に対っての解放運動」たりうることを否定して部落の側の修養・改善にとどまろうとするかぎり、地域の枠を越えた横断的な結合の必要はさほど生じなかったといえよう。しかしながら、日清戦争を経て日露戦争に向かうなかでしだいに形成されつつあった帝国意識をよりどころにして、国民ないしは帝国臣民への「同化」を訴える手法を採ったという点においては、のちに見る一九一〇年代の大和同志会や帝国公道会の運動の先駆をなすものとして位置づけられよう。

もう一つの帝国臣民化の途——移住・移民

部落民衆のもう一つの「国民」化の途として提示されたのが、移住・移民であった。それは部落改善運動の勃興にやや先んじて論壇に登場し、以下に見るようにやはり帝国意識の振興と軌をいつにしていた。その代表的なものに、すでに帝国主義的移民論を代表するものとしてこれまでにもしばしば紹介されてきた杉浦重剛の「樊噲《はんかい》夢物語」(一八八六年)や、それと同時期に『読売新聞』(一八八六年七月三日)に掲載された「新平民諸君に檄す」という論説、そして、維新の変革が行われたにもかかわらずひとり部落の人々のみが「境遇依然として革《あら》たまらず、室に入り席を並らぶるのも許されさるは抑々何うや」との人道主義的義憤のもとに、部落の人々の「祖先と其擯斥の由来」を明らかにしたうえで救済策を提示した柳瀬勁介の著書『社会外の社会穢多非人』(一九〇一年)などがある。(29)

ここではまず杉浦重剛のそれを採り上げてみよう。杉浦は、被差別部落の起源を三韓の俘虜や蝦夷、さらには太閤遠征の際に明韓から連れて来られて屠獣に従事してきた人々の集団に求めたうえで、部落民衆の移民の必要を以下のように説く。

一は以て吾党の永居と為すに足り、二は以て日本の光輝を添ふるに足り、三は以て興亜の策略を助くるに足る、之を一挙三得と謂ふ。其地は即ち台湾を距《へだ》る遠からず、太平洋の西、印度洋の東、支那海の南、大洋州の北、数多の島嶼《とうしょ》相群れる中に在り(30)。

すなわち、そもそも進出の対象地としてまず朝鮮と中国が着目されながらも、それらはいまだ日本が我が物顔に移民を送り込める地ではないとの現実的判断から、大西洋・インド洋などの諸島があげられ、侵略の尖兵に被差別部落の民衆を充てることで部落問題の解決とアジアにおける日本の覇権確立が同時になしうるとしたのである。ちなみに部落の起源に対する関心は、杉浦に限らず以前にもまして高まりつつあったが、一八八〇年代後半の内地雑居問題を契機とするナショナリズムの高揚がいっそう日本民族起源論への関心を掻き立て、そのなかで被差別部落の起源にも視点が及んでいったと考えられる。

そのような起源をもつとされる部落民衆が、なにゆえに杉浦の挙げる三つの役割をまずもって任じられるのかといえば、彼らは、「常に牛馬の肉を食し労働に従事し来りしを以て体力骨格の一点に至りては他の華、士、平民の三族に対し聊《いささ》か自負するに足るものあり」という身体上の強健さを買われてのことであり、さらに「律法の力は遥かに以て慣習の力を動かす能はず(31)」というように、永年の排斥の「慣習」は一片の布告にも勝り、彼らが日本を離れることでしか解決しえないものとして認識されていたからである。起源と肉食の習慣、さらにそれに外側から作られた排斥の慣習の三つが合わさって、そこには前出の「異種」という標識とほぼ同じ認識が作り上げられていた。

　社会の側の排斥はいうまでもなく後天的・人為的なものであるにもかかわらず、柳瀬勁介もまた「習慣は第二の天性といへり」(32)と称して「擯斥の習慣」を変えることへの断念を示したように、「擯斥の習慣」は「個人の恣意では変えられない」という「天性」との共通性を見いだすことによって、しばしば異人種と見なす際の指標にされていったのである。そうして人種概念自体も、前述したような曖昧さをもつがゆえに、そうした要素をも取り込んで機能していったのである。それはまた、すでに開化の理念も消失し、差別の不当性を突くために一君万民のたてまえしかもちえない状況のなかにあって、「擯斥の習慣」を変えることがそれほどに困難であったことをも示しているといえよう。

　こうして異種に等しい標識を与えられた部落民衆に対する差別は、少なくとも日本国内における短期間での解消は不可能なものとして、彼らを日本の外に出すことが構想されたのであり、そこで彼らは「日本の光輝を添」え「興亜の策略を助くる」ことによってはじめて、大日本帝国の繁栄を支える帝国臣民としての役割を認められるのである。すなわちここには、M・ボーダッシュが、後述する島崎藤村の作品『破戒』における主人公のテキサス移民という結末について、「日本を出国したとき初めて、丑松《うしまつ》は日本人になり得るのである」(33)と指摘したと同様の逆説が存在する。ちなみに作品中には、テキサスに行くことを誘われる場面は存在するが、それを承諾したという記述はない。丑松が「身の素性」を告白したあとに向かったのは東京であった。その意味で、移民は国民＝帝国臣民化のもう一つの途なのであった。

　柳瀬勁介の場合も同様で、彼は名称・起源・状態・排斥の原因について詳細な考察を行ったのちに、救済策として「道徳智識品格を高むる事」と「擯斥の習慣を去る事」の二つをあげ、すでに述べたような後者実現への障壁の高さゆえに「彼等が取るべき唯一無上の針路」として「住居の移転」とりわけ台湾への移住を勧めるが、それは実現の暁に、「斉しく亜細亜人なり、大日本帝国の臣民たる也」と称しうるためにほかならなかった(34)。

　被差別部落民衆の放擲の場は国外のみならず、柳瀬も推奨しているようにしばしば北海道にも求められた。北海道は沖縄とともに「内国植民地」とも称されるように、「日本」の〝周縁〟として植民地と同様の機能を併せ持っており、少なくとも部落民衆の放擲という文脈においては、まったく同じ位置づけを与えられていたといえよう。

　清水紫琴の著した部落問題をテーマとする小説「移民学園」(一八九九年)において、〝部落民〟であることを妻から告白された今尾という大臣の主人公が、移民学園を建てて「新平の子女を我手に贖《あがな》ひ得つ」べく、妻を連れての再出発の地として選んだのは北海道であった。〝部落民〟の妻をもつがゆえに大臣の地位を追われた今尾とその妻が、北海道に脱出することによってはじめて〝同じ日本人〟として堂々と奉仕活動に従事しうるのである(35)。

　部落民衆の北海道移住が本格的に政策として日程に上るのは一九一〇年代になってからのことであるが、当該時期にもすでに、部落民衆の生活苦からの救済という視点に立って北海道移住を提唱した、松本五郎「新平民救済策」のような論説も出現する。そこでは部落問題の実態が比較的等身大かつ内在的にとらえられており(資料三―五四七頁)、当該時期にはまだ、後述する日露戦後のように人種起源説に立った「異化」＝排斥論一色ではなく、さまざまな視点の置き方が存在していたことに留意する必要があろう。

同じ国民になりたいがゆえにその方策を移住や移民という日本からの脱出に求めるという選択は、被差別部落のなかからも生じてきた。『朝野新聞』(一八八六年五月二五日)の報じるところによれば、静岡県下に散在する被差別部落では、生活の糧としてきた草履・雪駄等の需要が減少して生活苦に陥ったため、「今度同地の有志者が申合せ此の新平民を小笠原島に移住せしめ彼の活発豪毅なる田中鶴吉氏の牧畜業を補助せしめん」との計画がなされているという(資料三―一四六頁)。美作《みまさか》における「解放令」反対一揆で死亡者を出したという岡山県の被差別部落でも、「今日に至るも猶ほ彼等を軽蔑すること止み難きにや兎角穢多々々と呼ばりて与に歯せざるにぞ新平民の者共は切歯に堪へず巽省五郎なる者の発起にて一同北海道移住の儀を其筋へ出願せんと目下相談中なりと云へり」と、差別からの脱出を求めて北海道移住が議論されていたことが報じられている(『自由新聞』一八八四年八月一三日、資料三―三四七頁)。それらの計画が実現されたのか否か、あるいはどの程度現実的に計画されていたのかも明らかではない。しかしそのようないくつかの事例の報道は、「擯斥の習慣」を変えることが困難とされる状況のもとで、被差別部落の人々にとって、北海道移住が少なくとも、同じ〝日本国民になる〟という部落問題の解決への光明を与えるものであったことをうかがわせる。

3 「異種」認識と「家」意識との結合

結婚問題の浮上

これまで述べてきたような「異種」との認識を支え、「擯斥の習慣」を容易に変わりえないものにしていた重要な要因の一つに、「家」の存在がある。一八九八年には明治民法が施行され、近代における「家」制度が成立するが[36]、なかでも、①個人ではなく「家」という集団を日本社会の基礎としたこと、②しかもその「家」は血統主義によっていること、③戸主が「家」の成員の自由意思を阻んだこと、が部落差別のありようにとくに大きな影響を及ぼしていったと考えられる。明治政府は、一八八四年に華族令を制定してあらたに華族を増やし、公侯伯子男の五つの爵位を与えて身分として固定化した。これは来る一八九〇年の帝国議会開設にあたって、貴族院議員の供給源として準備されたものであったが、このような「貴」の身分の新たな確定は、「貴」「賤」にまつわる身分意識――しかも個人ではなく「家」単位の――を助長し、平等社会の実現に逆行するものにほかならなかった。

そのような状況を背景に、一九〇〇年前後には、被差別部落人種起源説が「家」――血統意識と結びついて論壇や、しだいに民衆のレベルにも流布し、「家」意識の根幹をかたちづくっている結婚の問題を浮上させることとなる。

前述の大日本同胞融和会結成を報じる新聞記事にもすでに、「日本に新平民なる一種族あり、同族相婚し、尚且他族との交際を疎隔せらる、均しく同一の性情を具し、相倶に平等の権利を有するものにして、何が故に斯くも互ひに疎隔せるや」(『大阪毎日新聞』一九〇三年八月二日、資料四―三七頁、傍点、引用者)と記して、婚姻において疎外された状態にあることを指摘しており、さらに一八九六年の「再帰熱調査報告書」でも、「香川県ノ再帰熱」について次のように述べている。

　而シテ此諸村ト雖《いえど》モ他ノ士民ヲ侵サスシテ殆《ほとん》ト全ク新平民ノ部落ニ限レルコト最モ注目スヘキノ現象タリ(中略)此種族ハ他ノ士民ト隔離シテ各々一部落ヲ成シ通常士民ト全ク交通ヲ絶チ別ニ同種族ノ間ニ於テ親密ナル交際ヲ有シ婚嫁皆同族内ニ於テ之ヲ為スヲ以テ此等ノ部落ハ孰《いずれ》モ親戚ノ関係アラサルナシ故ニ一タヒ病毒ノ此部落ニ侵入スルヤ速ニ各村ノ同族間ニ拡リ而シテ普通士民ハ其厄ヲ危《おそれ》ル(『内外雑報』四二号、資料四―七〜八頁)

すなわち不潔・病気などの表層部分の指摘のみならず、「同族結婚」と「同種族間」の「親密ナル交際」という〝特異な〟共同体結合のあり方を有し、またそれがゆえに「病毒」の侵入も部落という境界線の内側にとどまるとする部落を、社会から隔絶された特殊な集団と見なす認識がここにも示されている。

　その後も被差別部落について、「今尚ほ同種族とは飲食を共にせず且つ縁組等をなすもの殆んどなし」(『紀伊毎日新聞』一九〇七年五月九日、資料四―二六八頁)といった新聞報道や、「新旧民の間には踰《こ》ゆべからざる城壁あり、互に結婚縁組を為さゞるは勿論、甚だしきは茶湯を饗し煙草の火を与るさへ仍ほ之を厭ふ」（和田健児「新民論」『海南新聞』一九〇七年一月六日、資料四―四七五頁）といった結婚問題に触れた評論があいついだ。それらの大半は、部落に対する結婚忌避という実態をやむをえぬこととして是認してしまうものであったとはいえ、少なくとも結婚差別を〝問題〟として明るみに出すという効果をもったが、なかでもその点に対する社会の関心を喚起するうえにより重要な意味をもったのが、一九〇二年におこった広島県「婚姻取消請求控訴事件」であった。

この事件は次のようなものであった。一九〇〇年二月、徴兵召集で広島に来た男性が下宿先の女性の婿養子となったが、それから二年後二人は不仲となる。折から女性側は、その男性が結婚前に、「実家は血統正しく維新前苗字帯刀を許され来りし旧家豪農なる旨を語」っていたのは偽りであり、実は「旧穢多」であることを人づてに聞いたため、親族を男性の出生地に遣わせて確かめたところ「旧穢多に相違ない」ことが判明する。またそのことを男性本人も認めたため、女性側は婚姻取消請求を行ったところ、一九〇二年一二月九日、広島地方裁判所よりそれを認める判決が下った。男性側はそれを不服として控訴するが、広島控訴院は同年一二月一七日、「被控訴人の請求を容れたる原判決は相当にして控訴は理由なし」として男性側の訴えを棄却したというものである。

ここで注目すべきは、広島控訴院が男性側の控訴を棄却した理由として、以下のように述べていることである。「抑《そもそ》も旧穢多は往古より最も卑賤の一種族とせられ一般人民と歯するを得ざりしものにして維新後其名称を廃せられ一般人民と同等の位地に立たしめられたるに拘はらず因襲の久しき今日に至るまで之と婚姻を交ふるを嫌忌するは旧穢多にあらざる者の普通の情態なることは顕著なる事実なるに付反証あらざる限りは被控訴人もまた控訴人が旧穢多の家に生れたるものなることを知悉せしならば控訴人は結婚せざるべかりしものと推定すべく而して旧穢多の家に生れたる者にてありながら其事実を告けさるに止まらすして実家は維新前より苗字帯刀を許され来りし血統正しき旧家豪農なりと称するが如きは詐欺たるを免れざること勿論なるに付」と(『法律新聞』一九〇三年三月一六日、資料四—二七八～二七九頁)。すなわち裁判所自らが、男性が結婚に際して被差別部落出身であることを明示しなかったことを「非」として公然と認めたものであり、それは「解放令」による穢多身分等の廃止を国家権力自らが無に帰す行為といわねばならない。少なくともこれに関するかぎり、部落差別は民衆の意識や生活実態のレベルにのみ残存しているのではなく、「旧穢多」という社会的身分として法的にも厳然と生きていたと解せざるをえないが、そのような司法による判断が行われたのは、判決理由に述べられている、「旧穢多」との結婚を嫌忌するのは「旧穢多にあらざる者の普通の情態」との認識があったからであり、ここでも国家権力は、率先して「解放令」の主旨を貫徹する姿勢を示すのではなく、むしろそれを曲げてまで民衆の意識に追随していったことが明らかである。

これに類似する事件として一九三三年に起こった高松差別裁判闘争があり、それは広く知られているが、当該時期のこの判決については従来の研究史上で等閑に付されてきた(37)。しかしながら、この時期にそのような司法による判断が示されたことは、以下に述べるような意味においても、もっと注目されてよいのではなかろうか。

この判決が出たあと、それが報じられたと同じ『法律新聞』紙上において賛否両論が展開されたが、そこでは、民法第七八五条に照らして詐欺に相当するか否かという点と並んで、「穢多」という血統があり得るのか否かが論点として提起された。判決を真っ向から批判する「空哉　高橋修一」は、「旧穢多の家に生れたるものにてありながら其事実を告げす血統正しき云々と称するが如きは詐欺たるを免れざるものなりと説明したるは穢多と其職業とを分離し穢多は穢多性の血統なりと論断せると毫も異なる所なし」(「穢多法理論」『法律新聞』一三二号、資料四―四五〇頁)といい、「穢多」は一個の職名ないしはせいぜい系統であり、断じて血統ではないことを強調し、判決を当然として支持する見解に論駁を加えた(「再論穢多」『法律新聞』一三六号、資料四―四五三頁)。それは、当該時期に形成されつつあった、被差別部落を異種と見なし血統と結びつけてとらえる認識に対して、全面的な批判を投じたものとして注目されてよいだろう。

しかしながら判決文が繰り返し述べるように、「血統正しき」家柄か否かが多くの人々の結婚の際の判断基準になっており、さらに被差別部落出身の男性があえて「家柄血統の正しき豪農」であると偽ったことは、まぎれもなく民衆レベルへの「家」意識の浸透を意味するものであった。判決は、「旧穢多」との結婚を嫌忌するのは「旧穢多にあらざる者の普通の情態」という。そうした「旧穢多にあらざる者」の「血統正しき」家柄の頂点に「万世一系」の天皇家が存在しており、民衆はその「貴」のピラミッドの末端にあって少しでも上位に連なろうとする志向をもつがゆえに、対極にある「賤」の象徴であり、劣等かつ異種と見なされる被差別部落の人々を、家柄や血統・血筋を汚すものとして、結婚の対象から排除したのである。そこでは個人の資質や努力は度外視され、もっぱら家格すなわち「家」という集団の単位で評価され排除されたことに、部落差別のあり方の特徴の一つがあるといえよう。このように、被差別部落に対する異種認識と、それとほぼ軌をいつにした「家」意識の浸透によって、これ以後部落問題は、「家」と密接不可分の関係をもつものとして存在していくこととなる。

上野千鶴子によれば、「家」意識の浸透に伴い民衆レベルで結婚の形態が変化していくのは、明治末から大正期にかけてのことであった。これまで民衆の間では、若者組・娘組のなかで行われている「ヨバイ」による恋愛結婚が主流をなしていたのが、しだいに若者組・娘組が力を失い、「ヨバイ」が禁じられていくなかで、個人の意志とは別に血統による家柄を問題とする見合い結婚へと移行していくという[38]。むろん、「ヨバイ」による恋愛結婚の時代においても、そもそもの交流の段階で家格がまったく度外視されていたとは考えにくいが、恋愛結婚から見合い結婚に転じていくにつれて、結婚の局面での「家」にもとづく差別がいっそう顕在化していくこととなる。

異種認識の浸透

このように部落問題が社会問題の一つとして浮上してくるなかで、文学の領域においても部落問題を主題とする作品が数多く現れてきた。ここではそのなかでも、大倉桃郎『琵琶歌』(一九〇五年)と島崎藤村『破戒』(一九〇六年)を、前述のような「家」意識と「異種」認識の結合という当該時期の部落問題のありようを如実に映し出したものとして採り上げてみたい。

日露戦争終結の年に刊行された『琵琶歌』は、以下のような筋書きからなる。主人公荒井三蔵の妹里野《さとの》は恋愛の末、被差別部落外の男性武田貞次《さだじ》と結婚するが、その後貞次の父が里野に性的関係を迫っていたことが貞次の母の知るところとなり、そのような行為に走った夫への怒りをすべて里野が部落出身であることに転嫁させて解決を図ろうとする貞次の母は、「此家は人間の住居《すまい》だから畜生なぞは置く事は出来ないのだから」と里野を罵り、里野は貞次と別れてふたたび兄三蔵のもとに帰らねばならなかった。このような貞次の母の惨い仕打ちに対して、三蔵もそして当人である貞次も親の前にはまったく無力であって抵抗する術を知らず、それゆえに里野は貞次を想って果ては発狂し、三蔵も日露戦争で軍人として戦功を立てることしか差別者を見返す途はないのであった。三蔵に残された途は、一級の帝国臣民となるという「同化」のコースであった。

ここでは現在の地点から作者の被差別部落認識のいかんを問うのではなく、その描写からそこに映し出された当該時期の社会の部落観を抽出していきたい。「人間」ではない「畜生」として「婚家」から追い出されるという筋書きの背後に、被差別部落の人々に対する、漠然としてはいるがしかし執拗な穢れ観・賤視観があり、それを背後から支えているのが人種起源説であったと考えられる。しかし貞次の母は、夫が里野に性的関係を迫ったことを知るまでは里野を「嫁」として受け入れていたのであるから、そのような感情は里野個人に付随しているものではなく、ひとたび好ましからざることが生じたときに里野の出自ゆえににわかに頭を擡《もた》げ、それにともなって想起される血筋に対するものであったといえよう。そのような感情は、その執拗さとは裏腹に、内実がきわめて曖昧でとうてい論理的説明に耐えうるものでないがゆえに、具体的に示すことができず、貞次の母をして「畜生」という極端な表現をとらしめたと考えられる。

いま一つは、婚姻の継続か解消という岐路に際し、「家」制度のもとで当人同士の自由意思が阻まれており、それが、貞次の母の言動に見られるような、部落差別を打ち破っていくうえの大きな障害となっていることが見てとれよう。この小説は、部落問題をめぐるそうした二つの障壁の上に成り立っていた。

藤村の代表作の一つである『破戒』も、その翌年に発表されており、『琵琶歌』とほぼ同時期のものであるが、やはり当時の被差別部落認識のありようを反映していた。

そのなかに主人公瀬川丑松《うしまつ》の勤務する学校の教員仲間の間で丑松が部落出身ではないかとの噂が立ち、丑松の師範学校時代からの友人である土屋銀之助が、丑松の出自を知らずに丑松をかばって次のようにいう場面が存在する。「僕だっていくらも新平民を見た。あの皮膚の色からして、普通の人間とは違っていらあね。そりゃあ、もう、新平民か新平民でないかは容貌《かおつき》でわかる。それに君、社会《よのなか》からのけものにされているもんだから、性質が非常にひがんでいるサ。まあ、新平民の中から男らしいしっかりした青年なぞの産まれようがない。どうしてあんな手合が学問という方面に頭をもちあげられるものか。それから推したって、瀬川君のことはわかりそうなものじゃないか」と。その会話のなかにいた「尋常一年の教師」も、「穢多には一種特別な臭気《におい》があると言うじゃないか――嗅いでみたらわかるだろう」と、「まぜ返すようにして笑った」という。[39] これらの会話の前提となっているのは、被差別部落の人々には傍目に歴然と判る身体上の特色があるということであり、それは「まぜ返すようにして笑っ」てすませるほどに自明のことなのであった。部落の人々に向けられたこのような視線による社会的抑圧の強さゆえに、丑松が〝部落民〟であることを告白する場面において、土下座をするという設定が現実味を帯びてくるのである。

ボーダッシュも指摘するように、藤村自身も、「新平民」には「high class」と「low class」の二種類があり、前者は容貌・性癖・言葉づかいなど何ら変わるところがないのに対して、後者は顔つきが異なり、「著しいのは皮膚の色の違つてる事だ。他の種族とは結婚しない、中には極端な同族結婚をするところからして、一種の皮膚病でも蔓延して居るのではなからうかと思はれる」と記していた。[40] このうち猪子蓮太郎や丑松は前者に該当すると考えられるが、後者がすなわち銀之助いうところの「新平民」像にそのまま重なりあうものであった。ただし後者の場合にしても、渡部直己の指摘にあるように、そこで外観上の「徴」がことさら強調されるのは、その根源にあるとされる血筋なるものが実は目に見えないものだからこそであり、それゆえに血筋によって現れる「徴」をつくり出さねばならなかったのである。(41)『破戒』はそのような認識を前提に展開されており、それはとりもなおさず人種起源説が、すでに民衆の間にある程度共有されていることを示すものであったといえよう。それがさらにより底辺にまで浸透していくのが、このののちに展開される部落改善政策をつうじてであった。

第３章　「特殊化」と「同化」の併存

１　「人種主義」の拡大

部落改善政策における人種主義の浸透

部落問題が社会問題の一環として注目されるようになってきたのに伴い、日露戦後には政府もようやくその対策に着手することとなった。その先鞭をつけたのが、県内に二一六の被差別部落を有する三重県であり、三重県は内務省の政策のモデルケースとしての役割を果たしていくことになる。したがってここではまず、その三重県の政策とそこに現れた部落問題認識について見ていきたい。

三重県の部落改善政策の推進者は、一九〇四年一一月に内務省警保局長から三重県知事に転出した有松英義であった。有松は本省時代から、一九〇〇年に内務官僚を中心に結成された貧民研究会に属しており、警察官僚としての立場から貧民問題や犯罪問題一般を注視し、そのなかの一つとして部落問題にも関心を寄せていたが、内務省に先んじてのいち早い部落改善政策の開始は、そうした有松個人の関心のあり方にのみ起因するものではなかった。三重県では有松の前任知事古荘嘉門のもとで、すでに一九〇四年から神社統合が開始されており、それも日露戦後の地方改良運動の一環として全国的に行われる政策の先駆をなすものであった。また後述するように、三重県の部落改善政策の指導者となる竹葉寅一郎との接触もすでに古荘のもとで始まっていたのであり、そのような地方改良運動総体の先取りが古荘によって行われつつあり、それを有松が継承したと見るのが妥当であろう(1)。

一九〇六年一〇月一六日、有松は度会郡四郷《しごう》村の被差別部落に立ち寄り、部落住民を前にして行った講話のなかで、同等の選挙権を有し兵役の義務を果たして「国家の大事」に尽くしているにもかかわらず差別されるのは不幸なことだとしつつも、「一面統計の上に於て比較的此部落に犯罪者の多きが為めに勢ひ社会の警視を免れざるなり(2)」との指摘をしている。

また、有松が知事を辞めてふたたび警保局長に戻ったのちに書かれた次のような記事もある。「現警保局長有松英義氏は有名なる穢多村改善論者にして多年熱心に之れが研究しつゝあり、有松氏が曩《さき》に三重県知事たりし頃、県下各警察署を巡視して重犯者の性質を調べたる処が驚くべし諸種の重犯者中九分九厘迄は新平民なりしを以て治県上深く茲に留意、氏は一計を回《めぐ》らし基督教の牧師竹葉寅一郎氏を招聘し宗教の力に依て改善せんと試みたり」(『中外日報』一九〇八年一二月八日、資料四―一四九頁)。これらから、有松が犯罪の多発という観点から部落問題に着目するにいたったことが明らかである。

一九〇五年五月、有松は、ここに名前の挙がっている竹葉寅一郎を招いて、被差別部落の調査を開始する。竹葉は、一八八六年、愛媛県の醸造を業とする豪農の家に生まれ、成人後は東京品川で煙草工場を経営して産をなした人物であった。一八九九年には東京四谷バプテスト教会で受洗し、その信仰心から、東京最大の被差別部落である浅草区亀岡町に学校を設立して社会に奉仕することを思い立つが、周囲の反対にあって挫折し、折から三重県の部落問題と出会うことになる。ちなみに竹葉と、後述の帝国公道会の中心人物大江卓の妻同士が姉妹であったことも、竹葉をして部落問題に関心を持たしめた一因になっていると考えられる(3)。

のちに内務省嘱託として部落改善政策を指導する留岡幸助の述べるところによれば、竹葉は、一九〇一年ごろに木曽・揖斐・長良の三大河川改修工事で耕地を収用されて途方に暮れていた三重県桑名郡楠村(現桑名市)ほか二か村の村民を救済するために三重県を訪れたことがきっかけで、以後しばしば三重県を訪問し、被差別部落とのかかわりも芽生えていく(4)。竹葉が初めて部落改善のために同郡の被差別部落を訪れたのは一九〇三年のことで、その後竹葉は、村長とともにしばしば部落改善のための講演をも行ったという(5)。一九〇七年には、これまで揖斐川の氾濫に悩まされてきたその被差別部落において、耕地整理が行われたことが報じられており(『伊勢新聞』一九〇七年六月二二日)、それにも竹葉の関与があったことをうかがわせる。

竹葉は、一九〇四年にはすでに津市に居を移し私費を投じて部落改善に取り組んでおり、前述の古荘知事のもとですでに吏員心得として若干の月給を与えられていたが(6)、有松の知事着任後の一九〇五年五月三一日に県書記心得に採用され、さらに一九〇六年四月一日には慈恵救済員となって県の対部落政策の推進役を担っていく。[7] このような、竹葉の個人的な献身と、犯罪防止の観点から部落問題に着目した知事有松の意向とが合致し、三重県を部落改善政策の先進県に押し上げていったと考えられる。

部落改善政策を三重県下に行うにあたって県が調査をし、それをまとめた報告書が『特種部落改善の梗概』(一九〇七年)である。その記載項目には、祖先・人情及道徳・風俗と職業・衣食住・語調容儀・宗教・教育・衛生・前科者・改善規約があり、それらは、被差別部落の民衆をそうした点において「特種」と見なすがゆえに設けられたものにほかならない。ここでは被差別部落の集団を指して「種族」と称し、「祖先」という項目欄には、「本県に於ける此等の祖先を調査せしめたるに西北の部分は神功応神帝の御宇《ぎょう》韓土《かんど》より帰化したる秦韓王及漢王の臣にして当時靴履《かり》、鞍具、衣服を製する者を手人と云ひ又久礼羽登利《くれはとり》、倶礼羽《くれは》と唱へ其南部は日本武尊の東夷征討の際俘虜となりたる者にして即ち蝦夷なり而して北畠氏の臣にして侯家滅亡の際此の群に投したる者及滋賀県大津附近の普通民にして落魄《らくはく》したる者亦之に加はりし形跡あり其部落の多きは往古処々に配置せられたるものと認む」(二～三頁)とあるように、県当局が公然と人種起源説を明記したものとして注目すべきであり、報告書の表題にある「特種」とは、まさにそうした「人種」を起源とするがゆえに生じるとされる性情や生活習慣・生理を内実とするものであった。[8] 確かに当時は、野口道彦が指摘するように「種族」という用語ですら「同一の性質や体質をもつグループを指すものであり、民族・人種という意味での用法はマイナーなものであった」が、ここで用いられている「特種」が、野口のいうごとくたんに「血筋、家柄、身分」による「生得的属性」だけではなく、[9]人種起源説と表裏一体のものとして機能していることにこそ力点をおいて考えるべきではなかろうか。のちに述べる、生殖器官がちがうとまで言い切る賀川豊彦や留岡幸助らの認識は、それらの「生得的属性」を内実とする種姓観念だけでは説明できない。

そもそも「人種」とは、他の人種とは区別された「純粋な人種」が存在し、各集団間、集団を構成する個人間に重要な生物学的差異が存在するとの認識に立ち、それが明確な科学的根拠に立脚したものでないことはすでにこれまで指摘されてきたとおりである。[10]そのような人種という概念が用いられるのは、酒井直樹が指摘するように、「人種は、しばしば生理的外観を指標としつつ、社会集団の区分を本質化する言説の構成体」であり、「ひとがある社会集団に帰属することが自然に帰せられ、その意味で、そのひとの身体に刻印された個人の恣意では変えようのない集団の運命のように受け取られる」ものだからである。[11]その際に重要な点は、予め部落民衆は身体的特殊性を身につけているとの前提のもとに、部落外民衆を不問に付したまま、ひたすら部落民衆の「特殊性」がいわれることであった。[12]それによって、被差別部落の民衆は、被差別の集団への永久帰属を運命づけられ、かたや部落外の民衆はそれに組み入れられる可能性がないことの永久的保証を得て安泰たりうるのである。[13]

加えて、韓国併合に向けての動きや、日露戦争を経ての「一等国」意識の浸透に伴い、朝鮮をはじめとする民族差別の意識が部落差別と結びついて、朝鮮人と同じ起源をもつ人種と見なされ、そのことが被差別部落に対する負のイメージを形成するうえに大きな要因となっていたことも重要である。

　こうした被差別部落に対する認識は、たんに行政当局の内部にとどまらず、ここに記載されたとほぼ同じ内容が新聞を通じて紹介され、そのような認識が民衆レベルに浸透していった[14]。たとえば『日出新聞』(一九〇七年八月二三日)は、『特種部落改善の梗概』の記載をほぼそのまま要約する形で、「戸数の割合に人口の多きは此種族の体力骨格共に強健にして随つて其繁殖力の大なるが故なるべし」「生来嘗《かつ》て入浴せしことなく又一個の大便所に三人四人も而《しか》も男女ともに□□すると云ふ有様ゆえ其汚穢なるを譬ふるに物なし然ればトラホーム、肺病患者、瘋癲《ふうてん》白痴の徒頗る多し」(資料四―一四六)と記した。

　竹葉の認識も同様で、「殊に此特殊部落と云ふものは私が申すまでもございませぬ、全く今日まで一小別天地に棲息して居りまして、我々の方面から其中へ這入つて見ますると大変違つて居ります、私は能く人に申します、幸にして近年多少たりとも御客様が大抵毎年二三十人はあります。其人達は何と言はれますかといふと、先ず部落の一部を見て直ちに改良が出来るもの ゝ 如く思はれますから、私は申します、特殊部落の改良に付ては二度吃驚《きっきょう》をしなければならぬ、なぜかといふと、最初始めて此部民《ママ》に親しく話をしますと、存外是まで聞いたより一段進んだる《ママ》人物である、是ならば自分共が熱心に世話をするならば、喜んで而も早く実績を見ることが出来るであらうといふ感じが起ります、所が段々進んで行きますと、今度はさて〳〵どうも頑固な、義理も恥も知つたものでないと云ふて驚く」と述べ、さらに部落で行われている皮細工についても、「それであるから内に入つても、外に出ても臭気で以て堪らない、それで香水を始終携へて髭から鼻に拭つて這入る、それでもなか〳〵堪へられないから清心丹などを持つて這入る、それでも嘔吐を催ふして困るのであります」[15]と語って、部落改善運動に献身した先駆者の認識の限界をはからずも露呈したものとなっている。

これらに明らかなように、このような部落認識は血統を核としつつ風俗・衛生・習慣などの実態が周縁に位置して形成されているものであり、実態の劣悪さがほぼ決まって人種的特殊性によって説明されていることに留意せねばならない。ただし、そもそも日本では、「人種改良」自体に遺伝だけではなく、修養という環境的要因を見いだす傾向が強く[16]、それゆえ後述するように、地方改良運動が展開されるなかで部落改善政策が行われ、部落民衆の修養が喚起されたのであろう。とはいえ、やはり部落の内包する問題を人種的特殊性に起因する問題ととらえる以上、ひとたび行き詰まりが生じれば改良への展望はいきおい絶望的とならざるをえず、被差別部落は、町村が競って改良の成果を示すうえでの桎梏となり、統合と排除[17]のジレンマに立たされていくこととなる。

統合と排除の境位

三重県では前述のような認識にもとづいて、被差別部落の一部に部落改善団体が設けられ、罰則や密告を奨励した「規約」のもとに、多くは警察官が主導して改善運動が励行されていった[18]。このような三重県の政策は、行政が行う部落改善の先駆としてその後の各地での展開のモデルとなった。京都府紀伊郡柳原町の改善を行うに当たって、京都府警部吉村盈は、

「三重県の例に倣つて町長と相談の上「柳原矯風会」といふを設けるの腹案を立てた」[19]と述べており、三重県名賀郡の部落改善に従事した巡査黒沢精一はその功績を評価されて和歌山県に転出し、そこで部落改善の指導に当たった[20]。

一九〇七年には内務省も部落改善政策に着手し、翌年からは内務省の督励を受けて、全国各地で部落改善に向けての取り組みが開始されていった。それらの報告書類や事例の紹介等を一瞥すると、以下の三点が指摘されよう。

まず第一に、政策を実施する前提となる被差別部落認識が、ほぼいずれも三重県のそれを追認したものであり、画一的であるという点である。たとえば内務省の命を受けて調査を行ったという愛媛県の報告「新平民の状態」(上下)も同様であり、社交状態・生業及副業・宗教・衛生といった項目を立て、やはり部落民衆を「種族」と称し、「今仍ほ新平民若くは穢多の称呼を用ふるものは、是れ畢竟彼等が往古より各村至る処一区域内に其生活を限局し、矮陋汚穢の家屋内に住居して賤業を営み、言語の普通人と異なるのみならず、其容儀の賤劣にして道義を辞せず、且つ貧賤に安んじて生業を励精せざる等遂に彼等の通性となり、自ら地位を卑下して社交上の障壁を作り去るの素因に外ならず」と記している(資料四―二八六～二八八頁)。当時奈良県内務部長であった小原新三が『国家学会雑誌』(二四巻一〇号)に寄せた「奈良県下ニ於ケル特殊部落改善ノ方針」も三重県の認識を下敷きにしたものであったが、そこには、「普通民」と「特殊民」の峻別のもとに後者の欠点を列挙するなど、三重県のそれ以上に露骨な「特殊」観と侮蔑意識が現れていた(資料五―三五七～三七四頁)。こうして被差別部落の欠点をあげつらい、差別の原因をそれに帰する態度は、いっそう強まっていく。

第二は、被差別部落に設けられた規約等を通じて、生活細部への事細かな干渉が行われていることである。たとえば、高知県の永野□□矯風会は、部落青年を委員に当てて、「家屋内外の清否」の監督や、「衣服の破綻を来し又は汚点を附着せるものに対し之が修理洗滌せしむる」といった任務を課し、会長のもとでそれの励行に努めた。部落在住者が遵守すべき項目は、裸体の禁止はもちろんのこと、「見苦しからざる衣服」を着用し必ず帯を締めること、男子は斬髪・女子は結髪といったことまで謳われており、三日に一度の入浴や便所の設置の仕方などにも干渉が及んだ(資料五―三二六～三二七頁)。それは前述のように、そもそも日本における人種主義が環境的要因を重視するものであったことに加えて、容儀や生活習慣の差異が人種主義を周辺から補強していたため、それらを改めることによって、少なくとも地方改良運動の目的遂行のための障害とならない程度にまで差異を埋めることができると考えられていたからである。

第三は、先にも述べたように、三重県での部落改善政策の開始後、「特種部落」と「特殊部落」の双方の表記が入り交じりつつ、それらの呼称が一般化していったことであり、それは同時にすでに述べたような、それらが含意する人種主義的な被差別部落認識が広まっていくことを意味していた。

そもそも政府が部落改善政策に着手した意図は、次の三点にあったと考えられる。各地の規約等に明らかなように、一つは、被差別部落がそれ以前からコレラなどの急性伝染病やトラホームの温床と見られていたことから、衛生状態の改善をはかることであり、もう一つは、被差別部落は経済的に低位にあるために税の滞納が多く、滞税矯正という地方改良運動のねらいを徹底するためにも、税の滞納をなくすことは重要課題の一つであった。たとえば、徳島県の各地につくられた青年会をはじめとする部落改善団体の規約を見ても、「風俗ノ改良」「屋内ノ掃除」「宅地ノ掃除」「道路悪水路」といった章がほぼ一様に設けられており、また納税に関しても、同じく徳島県那賀郡のある部落に組織された青年会支部の「申合規約」には、「第二章　貯蓄及納税」が立てられ、「一、勤倹貯蓄ノ美風ヲ養ヒ共同貯金及個人ノ貯蓄ヲナスコト　二、納税ノ期日ハ必ズ之ヲ怠ラズ速ニ納付スルコト」が謳われている[21]。

そしてもう一つのねらいは、すでに三重県知事有松の場合に見たように、犯罪防止にあり、「比較的教育ヲ受クルモノ少ナク適当ノ生業ナキ為メ犯罪者ヲ出スコト多キカ如シ[22]」というように、犯罪の有無は教育の程度と結びつけてとらえられていたため、犯罪防止は、地方改良運動の重要課題の一つであった就学率を上げるという政策に結びつけられていった。

『刑事法評林』(一九〇九年三月)に載った「新平民の改善と犯罪の減少」は、全国的な部落の犯罪動向を「普通民」と対比したものであった(資料五―一〇頁)。それによれば、漸次減少という結果となって効果があがってはいるものの、全般的には、「細民部落ニハ由来犯罪者ヲ出スモノ少カラス故ニ此ノ種部落民居住ノ近隣ニ於テ犯罪事故ノ生スルアレハ警察ハ先ツ其ノ部落内ノ捜索ニ着手スルカ如キ傾向アリ。事実上亦犯罪者ヲ検挙セルノ例鮮ナカラサルカ如シ[23]」とあるように、被差別部落は犯罪の温床であるとの認識が定着していった。

地方改良運動一般にそうであったと同様に、当該時期に展開されたような精神主義的改善運動では、一時的に効果を上げたかに見えるところはあってもそれが抜本的改善とはなりえず、依然部落外との格差が存在していたのは当然であった。それゆえに、「今日地方農村に於て最も厄介視されて居るものは此特殊民であつて納税の義務は怠るは、村の風紀は紊《みだ》るは、村治の当局者は折角好成績を挙げんと黽勉《びんべん》努力して居ても、之れあるが為めに殆《ほとんど》治績の全部を減却されてしまふ。特殊民を有する町村は到底模範村になれないと断念して居るものが尠くないと聞さりとは洵《まこと》に気の毒の至である」[24]といった評論に見られるように、町村間の競争を煽る地方改良運動のなかで、被差別部落はその障害物としての新たな位置づけを与えられることになり、ここにそのような被差別部落を「特種(殊)」なものとして排除する新たな要因が付加されていったのである。部落改善政策は、その名のとおり、被差別部落の「改善」を期待したものにちがいなかったが、一方で部落民衆が「特種(殊)」な民族であるゆえに所詮改善はそれほど期待しえないとの認識をも生じさせることとなり、まさに被差別部落は、「異化」を前提としつつも、そのうえでの統合と排除＝差別の微妙な境位に置かれていた。

屠場の発展と偏見の拡大

被差別部落の就業構造には部落改善政策はおおむね未着手であり、依然、「細民部落ニ於ケル職業ハ牛馬ノ屠殺肉類ノ販売製革業及日雇稼業ヲ主トシ副業トシテハ麻裏竹皮及藁草履製造ヲ営ムモノ多ク又地方ニ依リテハ農業ニ従フモノアルモ其ノ職業ノ範囲ハ殆ンド限定セラレ各自欲スル処ノ生業ヲ自由ニ選択スルヲ得ザル如シ」(25)といわれるように、農業が総収入維持に占める割合はわずかで、屠畜・肉類販売・皮革製造・日雇いなどの広範な雑業に従事し、加えて副業として草履製造などを行うことで生計を立てていた。表1にしめした三重県桑名郡深谷村の被差別部落のように、総戸数一五〇余りのうち農業従事者は一軒を除いてほかになく、ほとんどが下駄直しと鼻緒製造・雪駄《せった》作りで生計を立てているというような場合

表1　三重県桑名郡深谷村の戸口と職業(1911(明治44)年10月作成)

戸数及人口

戸数		人口			前年中の人口の増減									
42年末	前年末		42年末	前年末		出生	入寄留	計	死亡	出寄留	出稼	移住	計	増減
150	154	男	430	447	男	29	0	29	10	3	0	9	12	17増
		女	406	420	女	19	0	19	7	1	0	4	5	5増
		計	836	867	計	48	0	48	17	4	0	13	17	31増

備考　一ヶ年ノ死産数二人, 入寄留ナシ
出寄留処　東京市下谷区, 愛知県名古屋市, 岐阜県海津郡今尾町, 同県同郡城山村大字□□, 同県恵那郡中津町, 同県養老郡多芸村大字□□, 同県揖斐郡本郷村大字□□, 長野県諏訪郡下諏訪町, 福井県坂井郡本庄村.
移住地名古屋市

職業及収入

	専業	副業	収入(1ヶ月)		
			上等	中等	下等
農業	0	1	0	4円	
工業	0	0	0	0	0
商業	3	0	0	25円	0
漁業	0	0	0	0	0
力役	0	0	18円	0	0
其他	151	15	最上35円	12円	9円
備考					

	上等	中等	下等
生活費(1ヶ月)	15円 最上25円	10円	9円
平均一戸ノ労働能力	121円		
当部落ノ生産額概算	28,660円		
当部落ノ消費額概算	26,000円		
備　考			

職業ノ細別

一，鼻緒製造	11戸	一，靴製造	1戸
一，下駄表編	家族ノ婦女子ニテ戸数ニ関係ナシ	一，筆毛	1戸
一，麻裏製造	3戸	一，洋燈商	2戸
一，靴雪駄	2戸	一，青物商	3戸
一，雪駄	7戸	一，下駄直シ	123戸
一，護謨裏麻裏	1戸		

注）深谷村役場『部落調査書類』(写)(三重県厚生会編『三重県部落史料集 近代篇』1974年，96頁所収)より転載．数字は原史料のまま．

もまれではなかった。

なかでも、これまでにも述べてきたように「牛馬ノ屠殺」に従事していることへの忌避の感情は、社会の側に根強くあった。たとえば益田佐兵「岐阜県土岐郡屠殺沿革」によれば、徐々に入手しやすい馬肉が普及し、当地方における養豚業の発達に伴って低価格の豚肉需要もこのころからようやく増加しはじめたが、やはり「古来因襲の久しき食肉嫌忌の弊依然として存し食肉は神仏の祟りを招き且つ食肉を以て蛮的行為の如く思惟し他人に擯斥せらるゝの状態なりき」という実態は変わらずにあったという(26)(『肉と乳』三巻五号、資料五―二〇四頁)。明治後期になって肉食はしだいに普及していったが、それに対する民衆の根強い偏見は完全に払拭されたわけではなく、また肉食を採り入れたからといって、現在と同様、屠場労働や精肉作業に対する偏見の解消には直結せず、そうしたことが屠場の仕事にかかわる被差別部落民衆に対する差別・偏見につながっていた。さらには屠場のイメージが肥大化し、屠場の仕事にはかかわりを持たない被差別部落の人々までをも一緒くたにして、屠殺に纏わる忌避観が被差別部落全体を覆っていった。慶応大学の加藤正人が「穢多観」と題する一文のなかで、「餌取《えとり》」は「太古に生存して屠殺を生業とした階級であつて、穢多の起原である」(『雄弁』二号、資料五―四一四頁)と記しているが、このような被差別部落の「餌取」起源説は、このころ以後部落の起源論に頻繁に登場している。

肉食に対する忌避が薄れつつある一方で、「肝肺胃脾は内容物洗除の上特種部落の者の需用に供す、(中略)腸は細切して脂肪を煮沸折(析)出し其残渣は是れ又特種部落の需用に供す、(中略)又た特種部落以外に於て僅少の需用あれども到底数字を以て表はすこと能はず」[27]とあるように、肉食一般に替わって内臓物を常食とすることに対する偏見が浮きぼりになってくるのもこのころであった。

肉食の普及に伴い、日露戦後あたりから各地の屠場では、その拡大・発展が見られた。岡山県津山屠場では、「明治三十八年中従来の屠場を村営とし、規模を拡大にし、設備を完全に行ひ、更に彼等正業なき者をして屠夫又は販肉行商たらしめ、以て生計の途を立たしむるに至らば、彼等一個人の利益のみならず、公安の保持、風俗の改善等に非常なる助力となると同時に、村経済上大なる利益あり、又一面公衆衛生上に貢献する所少なからざるべきを思ひ」それに着手したと記されている(『肉と乳』一巻一〇号、資料五―二八七頁)。村営屠場には、部落民衆の就労対策をなし、ひいてはそれが部落改善につながり、さらには村財政にも貢献することが期待されていた。

屠場にそのような役割を託す傾向は、一九〇六年の屠場法の施行によっていっそう加速され、各地で現象している。屠場法は、「政府は従来の不完全不整頓なる屠場の公衆衛生上至大の弊あるを認めたるを以て明治三十九年屠場法を発布し四千有余の屠場の整理を断行して現在四百余の稍々《やや》完備せる屠場となし、以つて公衆衛生の保全を企図し」たといわれているように(『肉と乳』四巻一号、資料六―九五頁)[28]、これ以後、衛生対策上から屠場数に制限を加えるという意図をもって施行されたものであり、従来からある屠場が整理されて村営に移行し、整備拡大がはかられていく。たとえば一九〇九年に村営屠場として開業にいたった三重県三重郡神前《かんざき》村でも、「此儘《このまま》放任スルトキハ或ハ他ニ屠場ヲ奪ハレ部落民ガ困難ニ陥ランコトヲ恐レ本村ハ決シテ村立屠場ヲ設立シ以テ特種部落ノ援護ヲナスト共ニ一ハ本村自治ノ財源ニ充テンコトヲ期シ」たという(29)。

しかし、「屠獣者の多くは――否な殆ど総ては――動物に対して同情の念なきものなり、人類生活の為めに犠牲に供せらるゝ彼等に対して一滴の涙だも濺《そそ》ぐ能はざるものなり」といったような、屠場労働者に対する偏見は厳然としてあり、ゆえにそれをいくらかでも緩和するために屠獣の追弔法要の必要が説かれたのである（『中外日報』一九一〇年三月一九日、資料五―四一三頁）。実際に神前村では、一九二二年二月一五日、村内をはじめ近隣の村長・県警察部長・四日市桑名両警察署長らそうそうたるメンバーの臨席のもとに、「屠畜ノ大追弔会」が催され、その『記念帳』が立派な装丁で作られている（神前村『大正十一年二月十五日　屠畜追弔法会記念帳』）。しかし一方でそのような偏見ゆえにやがてその神前村においても、「最早今日に於ては自覚せる部落民は職業改善の上屠畜業喜ばざる模様なれば、同屠畜場の移転にして相当の報償方法講ぜらるるならば、移転を肯諾せんとするの意向あるものゝ如く」（『伊勢新聞』一九二〇年一〇月二五日）というように、屠場を村から移転しようとの動きが生じてくることとなる。

人種主義認識の流布

このような経緯を経て、人種主義認識は社会に流布し、浸透していった。それは被差別部落に対する観察のさまざまな局面に現れる。『海南新聞』(一九一二年二月二五日、一九一二年七月一七日)は、「特殊民の苗字」「特種民の言語」と題する記事を載せ、歴史的な環境に「特殊」である要因を求めつつも、とりわけ後者では、「全体特種民と云ふと何処の特種民も一種特別の言語を使つて居て一寸聞くと一向何の事やら分らぬ事がある」と述べるなど、「特殊化」を固定する指標形成に加担し人種主義を煽っていった(資料五―三二一〜三二二頁)。

次節で述べる細民部落改善協議会における兵庫県の代表者の次の発言は、そのような認識が民衆の間に定着していった状況の一端を伝えるものである。「先づ都会の地にはありませぬが、極く田舎へ這入りますと教師其者が特殊部落の子供に対して彼等は特殊であると云ふ頭を以て教育する。それが為めに児童間でも普通部落の児童は彼等は擯斥すべき特殊民であると云ふことを自然頭に有つて居ります」(内務省『細民部落改善協議会速記録』資料五―九二頁)。さらには、当該時期の新聞にも、「固より特殊部落といへる字義は、唯だ一般の生活状態と異なれるを意味するに止まり、必ずしも旧来呼称せし穢多部落を直指せりとは云ふべからず。然れどもこれ単に字義上の解釈のみ。実際の意味は一般生活と離れたる特殊の状態が、直ちに世人の脳裏に残存せる過去の慣習的観念と連結せしめ、嫌悪、軽侮の感情を呼び起すを免れず」(『土陽新聞』一九一〇年四月二八日、資料五―四一六頁)といった記事が現れており、それらはまさしく当時の状況を言い当てていた。

すでに見たように、そこには身体的「特殊性」も含意されていた。しかしながら藤野豊が、「被差別部落の住民には、「血族結婚」を繰り返してきたことにより、遺伝的に身心に異常があるという偏見」に着目し、それがハンセン病と結びつけてとらえられている点に留意しながら、そうした偏見を生み出してきた要因を社会ダーウィニズムに求めることには疑問なしとしない。確かに藤野も指摘しているように、三重県飯南郡の被差別部落の改善状況を報じた当該時期の新聞記事においても、「此種族は勢ひ近親婚の多きに拘はらず非常の繁殖力を有して居る」(如文生「特殊部落の研究」『伊勢新聞』一九〇九年二月一六日)という一節が見いだされ、のちに本稿でも触れるように、そのような認識は存在していた。[30]

実際上においても、滋賀県伊香郡木之本村(一九一八年より木之本町)の被差別部落における結婚の実態について、大正中期生まれの男性は次のように語っている。「わたしらきょうだいの場合は、このむらからのね、結局、結婚話ばっかりであったです」。息子のときには被差別部落外の女性との結婚が現実のものとなり、それゆえに結婚差別にも直面することになったが、親の時代には部落外との結婚は論外で、通婚範囲はその「むら」(被差別部落)のなかに限られており「結婚差別さえ起こりようがなかった」。部落によっては、他の被差別部落と頻繁に交流し、通婚も盛んに行われている場合も少なくないが、この地区は「他の特定の部落ととくに密接な交流関係はもっていなかった」といい、やはり同じくその地区で一九一四年ごろに生まれた男性は、「自分たちや自分のきょうだいのころは「このむらからの結婚話ばっかり」で、被差別部落以外からの結婚話は「夢にも思わなんだ」」と語る。それより以前の日露戦後期においても同様であったことは推測に難くない。またやはり時期はやや下るが、一九一八年における奈良県の被差別部落の結婚のありようを示したものが**表2**で[31]

表 2　奈良県被差別部落の結婚状況

郡市名	部落数	現住		部落内婚姻数	部落外住民との婚姻数
		戸数(戸)	人口(人)		
奈良市	4	353	1,757	108	4
添上郡	5	474	2,926	24	0
生駒郡	7	939	4,944	437	10
北葛城郡	6	864	4,391	860	5
南葛城郡	8	981	5,281	908	3
宇智郡	3	366	1,889	9	6
吉野郡	4	262	1,430	14	0
高市郡	3	468	2,330	326	1
磯城郡	9	743	3,893	724	9
宇陀郡	18	575	3,010	327	4
山辺郡	5	336	1,695	311	1
合計	72	6,361	33,546	4,048	43

注）吉田栄治郎「大正前半期奈良県の部落調査について」(奈良県立同和問題関係史料センター『研究紀要』5 号，1998 年 3 月）所収の「(B—I)「調査 III」県・郡別集計」より一部転載．原表は「部落調査表」(1918 年）による．

あり、「部落内」が他地区の被差別部落をも含むのか否か判然としないが、少なくとも配偶者の大半が被差別部落住民に限られていたことが明らかである。

しかしながらそうした通婚圏の狭さは被差別部落に特有のものではなく、部落外の農山村においても、およそ明治末から大正期までの時期は、被差別部落の場合とほぼ同様であったことがこれまでの研究から明らかである。すなわち、ムラの支配層と小作人以下の階層を除く土地持ちの自作農の息子・娘は、それぞれ若者組・娘組に属し、「ヨバイ」の慣行によって結婚にいたっており、それはムラの男女の間だけでお互い通婚が可能なように、厳格な村内婚規制(ビリッジ・エンドガミー)のもとに置かれていて、通婚圏はひじょうに狭く、村落共同体内部での村内婚を繰り返してきたのである。同一階層という制約付ではあれ、そうしたヨバイによる共同体内の恋愛結婚が、共同体の枠を越えた見合い結婚へと徐々に変わっていくのは、政府によって若者組・娘組が解散させられ、青年団・処女会へと再編されていった明治末から大正期にかけて以後の時期であった。その見合いの相手を選ぶ際の基準は「家格のつりあい」であり(32)、誇りをもって固執するだけの家格をもたない小作人以下の階層の人々にあっては、より長期にわたって共同体内の結婚が維持されてきたと考えられる。

一九一五年の調査にもとづく『奈良県風俗誌』を分析した竹永三男の研究によれば、奈良県の村々では、大字が基本的婚姻圏と観念されていたといい、そのことは自ずと「一村落の多くが親族であり、その結果として「親族間に行はるゝ結婚最も多し」となる」ことを想起させる。もっとも、実態的にはこの頃になると大字外との婚姻が増加していたというが、むしろ民衆に一般的に大字内が望ましいと考えられていたことこそが重要である。そうであるとすれば、民衆の大半は、部落の通婚圏が狭く「血族結婚」を繰り返していることを主たる理由に被差別部落を排除をするという行為にはいたらないはずである。しかも、大字または村内を基本と考える理由は、「「冗費をはぶかんが為め」という経済的理由」に加えて、「「本人……さては父母、兄弟、親族等」に至るまでの「種姓、血統、家風、資産」の確認のためでもあった」といい(33)、そこで問題とされるのは、配偶者となる当人の資質のみではなく、

「種姓、血統、家風、資産」といった家格に収斂されていく要素が大きな比重を占めていた。

そのような民衆の結婚の実態を重ね合わせるとき、血族結婚が精神病者や身体障害者を多く生み出すという見解は医学者や一部知識人等の論壇では自明のこととされていても、それが民衆のレベルに浸透するにはいたっていなかったことが明らかであろう。自らも近親婚を繰り返している民衆が、被差別部落との通婚を忌避するというのは、たんに藤野がいうような「「生存競争」に勝ち残れる「人種」を創造するため、遺伝的に「優種」な男女の結婚・繁殖の奨励と、その一方における遺伝的に「劣種」な男女の結婚禁止・断種を求めていく」(34)という社会ダーウィニズムの論理をもってしては説明しえない。民衆は、「生存競争」に打ち勝つ優種を生み出すという、競争原理に則ったある種の合理主義的な論理で動いていたのではむしろなく、すでに見てきたように、「不潔」といった現象面や「異種」であることから生じる忌避の感情によって被差別部落を排除しているのであり、また、民衆が頑なに守ろうとするのは、遺伝的な資質とは無縁の家柄・家格であり、個人の資質よりもむしろ「家」の継承に力点のある血筋と称される、優生思想による科学主義・合理主義では説明できないものなのであった。本書の冒頭で述べたような非合理な意識のもとに、今日にいたるまで結婚差別が存在してきたのであり、被差別部落に対するそのような忌避感情と、民衆の非合理な「家」・血筋意識の結合にこそ、当該時期の差別の根幹を見るべきであると私は考える。

2 「特殊化」の修正

「同化」策への転機――大逆事件

しかし被差別部落を「特殊」な存在として排除することに対する批判も、少数ではあったが存在していた。たとえば『土陽新聞』(一九〇九年六月七日)紙上で長岳山は、「同じ人間に生れ特殊民として特殊扱ひさる。必ずや境遇の致すあらん。彼等は歴史上の産物なり。彼等を改善せんとする者よ、彼等の現状を調ぶる可なり、なれど進んで歴史上より之を観察せよ、(中略)之れ或は彼等に悪習汚風の革《あらた》まらざる点あらんかなれど、之を同化し得ず益々其悪風を助長し、今尚ほ特殊の名を附すは旧民の罪なり」(資料五―四一一頁)と論じた。

さらにそのような排除の姿勢に、外部から反省を余儀なくさせる事件が発生した。一九一〇年におこった大逆事件がそれであり、事件に連座した医師大石誠之助と僧侶高木顕明が和歌山県新宮の被差別部落とつながりをもっていたことから、とりわけ社会主義と被差別部落との結びつきが危険視されることとなったのである(35)。翌一九一一年五月には恩賜財団済生会が設立され、政府は貧民の施薬・救療に乗り出していった。また都市部では感化救済事業が推進され、農村部では、地方改良事業の一つとして被差別部落の改善のために国庫より奨励金が出されることとなった(資料五―五二、および四五頁)。『都新聞』(一九一一年五月二三日)は、「内務省にては大逆事件以来庶民教育に重きを置く事となり敬神思想の普及に努むる外貧民の調査公益団体の調査特殊部落の改善策講究実行の筈」と、大逆事件が契機となって広範な施策が開始されていったことを報じている(資料五―三五頁)。また、『中外日報』(一九一一年六月二〇日)が、「地方改良に熱心なる内務省にては今年の事業として全国四千有余の特種部落に在住する八十万人の改善に全力を挙げ地方事業講習会を開催しては彼等に其改良すべき急務を教へ」、東西両本願寺を動員したと伝えるように(資料五―四一頁)、内務省は、「我が本山に何か事でもあれば一町総出にて駆けつけて手伝つて呉れる」(同上、一九一一年六月二七日、資料五―四一頁)というような西日本の部落と浄土真宗との密接な結びつきを利用して、東西両本願寺をはじめとする宗教家をも動員して部落改善政策を強化していった。

この時期、内務省嘱託(一九一〇～一四年)としてそのような政策を主導していたのが留岡幸助であった(36)。留岡もまた、「此国家に犯罪を減ずるに就ては、どうしても特殊部落の改善感化をやらなければならぬといふことを深く感じまして、監獄改良即ち犯罪人を減少する上から之を研究もし、又同情をも有つて来た訳であります」(前掲「細民部落改善の概要」資料五―六三頁)と自ら語るように、北海道空知《そらち》集治監教誨師《きょうかいし》時代に犯罪と被差別部落のかかわりに注目し、それをきっかけにして部落問題に関心を向けていった一人であった。

しかし部落改善にいち早く目を向け、それを推進したにもかかわらず、竹葉寅一郎も人種主義認識に立脚していたように、留岡もまた、それとほぼ同様の部落観に立っており、政策が本格的に開始されたとはいえ、政策推進者のそのような被差別部落認識は以前のままを継承していた。内務省嘱託に就任する以前に三重県阿山郡城南村の被差別部落を訪れた留岡は、そのときの印象を次のように述べている。

何是嫌厭《いや》がるゝかと云ふに、昔より此部落の者は罪悪といふ罪悪は犯さゞるものなく、その近隣の町村は云ふを俟《ま》たず施《し》いて近県の人々までも苦しめ、而かもその性質兇悪にして事の善悪を顧みず、己れの意志に背く所あらば直に党を結びて良民を襲撃し、警官之を鎮静せんとすれば反抗して止まず、(中略)彼等の生活は恰《あたか》も台湾にある生蕃の其れと酷似して居るのである。(中略)彼等の多くは遊惰にして業を好まざるが故に、其人口の三分の二は赤貧洗うが如く、五、六の比較的富めるものなきにあらずと雖も更らに他に対して同情の念なく、緩急互に相救ふが如き美風は夢にだに見ることの出来ないのである。(中略)何故に新平民は双生児を他と比して多く産むかと云ふと、その解答は甚だ六ケ敷《むつかし》い。新平民は普通民と比較して生理機関を異にしたるか、兎に角長き日月の間普通民と生活状態を異にして居りしが為に、自ら其生理機関に異状を生じて、他と比して多くの双生児を産むに至りたるならんか、研究を要すべき問題である。(37)

まず留岡が、日本の植民地支配のための征服の対象であった「生蕃」すなわち原住民と被差別部落民衆との類似性を見ていることも注目される。そして、このような被差別部落の人々を身体的にまで「特殊」と見なす強い差別意識は、神戸の新川に居住して被差別部落の人々と起居を共にした賀川豊彦にも影響を与えており、賀川もやはり、「彼等が不潔なるも、眼病の多きも(中略)皆一種の人種的意義を持つてゐると云へば云へるのである」「彼等は即ち日本人中の退化種——また奴隷種、時代に後れた太古民族なのである(38)」と断じて憚《はばか》らなかった。部落問題を傍観する者のみならず、他に先んじて部落問題に積極的に献身していった人々にしてこのような認識であったこと、しかも竹葉・賀川ともに被差別部落の人々と密な交際をしているにもかかわらずその認識が修正されないままであったことは、被差別部落に対する偏見の根深さという点で改めて考えるべき課題を投げかけていよう。留岡・竹葉・賀川の三者ともにキリスト教徒であり、彼らは被差別部落民衆に対する〝同情〟を基底にもちつつ信仰に根ざした〝献身〟によって対象に向き合っていったのである。一段高見に立ったところからの献身の選択は、しばしば対象への差別性と表裏一体であった。一つには、当該時期においては政策が開始されたとはいえ、住環境の根本的改善にはいたっておらず、いまだ被差別部落と部落外の居住環境や生活実態に大きな格差があったことも、そうした認識を支える要因と考えられよう。明治期に論陣を張った中江兆民のような一部の存在を除いて、部落問題に正面から向き合う者は、前述のような問題を内包しつつもいまだそのような宗教者に限られていたのであり、それは被差別部落がまさしく「特殊」な集団として高い障壁におおわれていたことを示している。

排除の見直し

このように被差別部落を「特殊」な集団として排除することに対する反省と修正の動きは、大逆事件から二年を経てようやく現れる。内務省は一九一二年より、従来の「特種(殊)部落」に代わって「細民部落」という呼称を用いる試みをはじめる。しかしそれも留岡が、

「特殊部落といふ文字が良くない文字でありますから、内務省は細民部落と書きましたが、是も余り適当な文字でありませぬ」(前掲「細民部落改善の概要」資料五―六一頁)と告白しているように、あくまで試行錯誤の一環としてであった。

内務省がそのような模索をはじめた背景には、被差別部落の内部から「特種(殊)部落」という呼称に対する不満の声が噴出しはじめるという動きがあった。

一九一二年八月二〇日、東京帝国大学卒業後奈良市西之阪町の部落で精肉店を営む松井庄五郎を会長に、奈良県知事・奈良市長らの後援を得て結成された大和同志会は、機関誌『明治之光』を刊行して支持基盤を拡大し、近畿を中心に全国的運動へと発展していったが、その『明治之光』誌上では、「特種部落」という呼称に対する憤懣が直接間接に表明された。大阪府泉北郡南王子村の村長で、大和同志会の中心メンバーの一人でもあった中野三憲は、「従来特種部落の名称を附せられしは遺憾に付小生其の原因を調査せし処内務省は種々苦心の結果特種の二字を附したる旨三重県竹葉氏より承知せし故大々的不平を唱へ其筋へ交渉方依頼せし所今回内務省も大《おお》いに悟り細民部落と称するに至れり」(「美挙を祝す」『明治之光』一号、一九一二年一〇月、一五〜一六頁)と述べており、部落内部からの不満に対応すべく、内務省が「細民部落」という呼称を採用するにいたったことの一端がうかがわれる。また、「近来内務省が社会政策の一つとして初めは矯風会なるものを各地に開きだしました、所が矯風会なるものは特種部落人民を改善するのだと云ふ事が知れ亘《わた》つたので遂に矯風会なるものは近頃叉々下火になりかゝつて居る」(「僕の事業」同上、一六頁)といった和歌山県の岡本弥の報告や、

「今や特種部落なる文字は不潔物の代名詞になっておる之を改善せんとする必要なる事は何人も拒むことは出来ますまい」(「所感」『明治之光』二号、一九一二年一一月、三頁)という大和同志会理事を務める前田龍の主張からも、被差別部落内部からの不満がいかに強く現れていたかを知りうる。

また、奈良県南葛城郡では矯風地方委員会が行われた際に、「打合会終了後掖上《わきがみ》村阪本清俊ナルモノ郡視学ニ向ヒ該方針中彼等ノ文学(字か)ハ特種部落ヲ指スモノニシテ県及郡当局者ノ斡《あっ》旋《せん》モ形式的ニ止マリ其効ナカルベシト申出」たといい(資料五―二五八頁)、「特種部落」という呼称のもとに行われている矯風事業(部落改善事業)の内実に対する疑問も呈されていた。

「特種(殊)部落」に替えて内務省が用いた「細民」なる呼称は、「茲では便宜上扶養の義務ある学齢児童をして普通の形式にては義務教育を受けしめられぬ生活程度の者又は之と等しい経済的関係にある者と定めます」(39)とあるように、「貧民」よりは経済的に上位に位置する階層をさし、そもそも本来被差別部落を特定するものではなかった。内務省も苦肉の策であったと推察されるが、そのような被差別部落の枠組みを越えた階層をさす呼称を冠したのは、上述のような「特殊部落」という呼称に対する不満の声が大きかっただけに、あえてあいまいなものを採用してそれをかわそうとしたためではないかと考えられる。

前述のような治安対策上の危機感もあって、一九一二年一一月七~九日、内務省によって細民部落改善協議会が開催された。そこでは、「国家の基礎を鞏固にすると云ふのは、其国に一つの貧村なく又一人の窮民のないと云ふことが必要なことであります」(前掲『細民部落改善協議会速記録』一〜二頁)という水野錬太郎地方局長の訓辞に明らかなように、一方で前述の留岡幸助に典型的に見られたような人種主義的部落観を底流に保持しつつ、「国家の富強」を実現するために被差別部落に生じる問題の軽減・解消をはかることを意図していた。大逆事件という外部からの圧力があったとはいえ、このように「特殊部落」から「細民部落」に呼称を改め、さらに全国的規模で部落問題対策を協議する会議を開催したことは、従来からの被差別部落を「特殊」なものとして「異化」する対応に対する一定の修正を意味した。しかし、抜本的に差別の根を絶つことで「同化」を達成しようとするものではありえず、たんに「国家の富強」という目的に支障のない程度にまで問題を軽減することが意図されていたにすぎなかったため、とりあえず可視の世界から問題の「消滅」をはかるという意味で、きわめて安易に移住・移民が提案されることとなったのである。

留岡も部落問題解消のために「散在移住」を主張していたし(資料五—六八頁)、実際に岡山県のある村では、すでにアメリカに一二〜一三人が渡っているという。しかしアメリカにおける日本人移民排斥運動の高揚のために、いまやそれが不可能になってしまったため、次に期待が賭けられるのは北海道・朝鮮であり、各地の郡長や地域の指導者は、「北海道或は九州地方、若くは朝鮮へやつたならば、初めて特殊民とか云ふ観念がないやうになつて来るだらうと思ひます」(前掲『細民部落改善協議会速記録』一九九〜二〇〇頁)と楽観的観測を示した。こうして移住・移民は、内務省によって具体的な政策としての位置づけを与えられていくのであり、これ以後もしばしば、安直な部落問題の解決の手段として頭を擡げてくるのであった。

一方、このころになると各地の被差別部落の実態報告が集積されてきており、そのなかで、部落に注がれたかつてのような露骨な偏見が薄れていく傾向も生まれてきた。たとえば、一九一四年に内務省が府県庁の報告や省員の調査・視察にもとづいてまとめ、一九一九年まで日の目を見なかった「細民部落改善参考資料」は次のようにいう。

概シテ細民ハ其ノ職業ニ勉励スルガ如シ。而《し》カモ其ノ多クハ貧困ノ状態ヨリ脱スルコト能ハザルハ蓋《けだ》シ一般社会ト交渉スル所少キコト結婚ノ如キ殆《ほと》ント同部落内ニ限ラレ人口増加ノ割合ニ比シテ其所有地及居住地ノ狭隘ナルコト其生業ヲ営ムニ当リ一般資金ニ窮スルコト等是等種々ノ原因トシテ生活困難トナリタルモノアルニ因ルガ如シ。サレバ其ノ社会状態ヲ改良スルニ於テハ勤勉ナル彼等ハ必ズ生活状態ノ昂進スルモ亦敢テ期シ難キアラザルベシ(資料六―三五頁)。

ここでは「細民」すなわち被差別部落民をかつてのように、「遊惰」な人種的特性をもった存在とみなすのではなく、生活の向上のために職業に励む点を評価し、それに期待を託している。この資料は、人種主義的な偏見を脱し、被差別部落の直面している問題をつぶさに観察したものであったからこそ、米騒動を経て部落解放を求める新たな運動が生起しはじめていた時期になお有効性を持ちうると判断され、一九一九年に公表がなされたのであろう。被差別部落民衆に対するそのような認識の変化の兆しが、「異化」から「同化」「融和」への新たな段階を招来させる一つの推進力となっていく。

3　生起する「同化」論

「実業の育成」による同化論

一九一〇年代には、前述の大和同志会を中心に、社会との「同化」を達成しようとの動きが運動として生起してくる。その中心をなした大和同志会の掲げる主張は、殖産興業・教育・本願寺改革・差別撤廃・臣民意識の徹底・「特殊部落」という呼称の廃止であり、その主張内容の特徴をまとめると、次の六点になろう。

まず第一は、部落改善政策に対する不満・批判を契機に運動が成立していることである。機関誌『明治之光』は、「各府県庁、警察署、郡役所等も改善に努力を装ふと雖も皮相的外観的にして所謂精神的、理想的のもの乏しく故に何れの府県に至るも官公吏、教員等一般社会と同一の方針にて採用の門戸開放せるもの無く貴県の如きも漸く本春警察署給仕一人、県庁にも漸く輓近一名採用したれども我徒改善係の由誠に総べて言行不一致と云ふも過激に有らず」(中野前掲「美挙を祝す」一五頁)と述べて、経済的自立を軽視した皮相的改善の無効性を突いた。さらには「吾人は部落そのものが一般社会より精神的軽蔑を受け擯斥され殆んど同等としての待遇されていないのは決して部落の内部が不潔てあるとか又は風俗がまづい言語が悪いと云ふが如き単純なことではないと云ふことを考えねばなりません其は一種謂ふべからざる或ものが伏在し居るこれが所謂久しきに渉る因襲でありまず執着せる悪習固陋であります(中略)私は商用の為に毎月数回奈良へ参りますが三条通を通行する度に西之阪町を眺めて居ります、当町の表通はいつでも清潔である横町としては他の町と大差はないと思ふ然るに社会一般は彼等と同等の交際をせざるは如何なる理由の存するに因るや私しの大《おおい》に了解に苦しむ所があります」(前田前掲「所感」三頁)と訴えて、部落内部のみに責任を課すことの不当性をも世に問うた。

松井庄五郎を筆頭に、小学校教員など被差別部落内部の有識層を中心におこされた大和同志会の運動は、以下にも述べるように、被差別部落の自立の希求、換言すれば部落における「実業の育成」に徹し、その障害となるような主張を論破し、それを妨げる政策の改革を求めていくという、きわめて合理主義的な意識に立脚していた。

第二に、一君万民論と臣民としての義務を遂行しているとの自負が、そのような主張のよりどころとして機能していたことである。奔泉こと松井庄五郎は、「我社の主義主張」と題する社説において、「明治大帝の明治四年に於て一視同仁の誓旨に因り汚名廃止を受けて以来部落民の感泣措《お》く能はざる所なり或は部落内に明治大帝を奉祀し或は弔祭を追行し或は遥拝所を設けし所あり誠に皇恩の忘れざらんよう勉め居れり、故に部落内に仮令社会主義者の二、三存するものあるも亓《そ》は全く時の政府又は個人に対する主義者にして皇室中心主義には毫も遠ざかりしものにあらず部落民全体の主義は即ち皇室中心主義なればなり。(中略)吾人は部落より斯の如き忌はしき社会主義者の生ずるを恐れ、切に是が防止に勉め、純然たる皇室中心主義を奉体して徐《おもむろ》に向上改善の実績を挙げんとするものなり」(『明治之光』七巻五号、一九一八年五月)と述べる。そもそも『明治之光』と冠したのも、「解放令」を明治天皇の聖旨と受け止め、その恩に報いるとの発想によるものであった。

第三は、「実業の育成」の大前提として、教育の機会均等を要求していることである。部落出身で奈良県磯《しき》城郡伴堂尋常小学校訓導を務めた緑雲こと小川幸三郎は、教育の現場でいかに部落の児童が不当に差別され、それゆえに持てる力が発揮されずにあるかを、具体事例を挙げて繰り返し訴えた。「吾人が学校に出て受持教員に面接して当該学級の児童の学業成績を訊ねて見ると担任教員は一言の下に「いや本学級の子供の家庭が悪いから子供の頭が総べて悪いので大変困つて居ます」と言ふ殊に部落出身の児童が其の級に居れば口を極めて成績の不良を誇張し進んで保護者の知識の低級を持ち出して頻りに罵倒する」(「合理的改善策」『明治之光』五巻二号、九頁)。「部落の児童の能力率は決して低級でない彼等は指導の成し様に依つて天賦の才能を発揮するのである」(同上、五巻三号、七頁)と。さらには、「我が日本国内に於て言ふも忌むべき部落内の特設学校だ校舎は古し教員の待遇は悪し、其れで学校の内容も不整頓勝である、かくの如き有様だから有為な人物が出て来ないのは無理からぬ次第である、茲に於て部落内に於ける学校に於ては今一つ工夫を凝らせて学校経営を最も経済的にし且つ実用的の人物を作り出す用意が肝要だと思ふ、然らば如何にすれば夫は経済的なりやと言ふに尋常科六年生を修了すれば直ちに都市に送り出して商家の一小僧としても立派に立ち働き得る様に又下女としても立派に働ける様に躾ける様にしたいと思ふ」(同上、五巻六号、七頁)と、差別ゆえに「一般」の学校への統合を拒否された「特設学校」あるいは「部落学校」

と称される学校がいまだ少なからず存在していることや、部落に存在する学校の設備・教員待遇などの条件の劣悪さを告発するとともに、部落の経済的自立のために「実用的の人物」を育てる具体策をも示した。

　会長の松井自身も「中流以下の風儀」を改めることこそが部落改善のための急務と考えており（〈会説〉「我徒の蹶起を望む」『明治之光』二巻三号、一頁）、「実用的の人物」を養成して尋常小学校卒業後「直ちに都市に送り出」して一人だちさせるという方策は、「中流以下」の人々がとりあえず容易に行いうる現実的な方法として提示されたものであろう。また松井は、「我部落の発展の究竟する所は部落其ものゝ原形を消滅せしむるに在り換言すれば一般と異なな《ママ》ずして雑居を現見せしむるに在り夫れ之を実行せんとするには中流のものを一般の町村に移住雑居せしめ上流を其部落に止め其下流の一部の家屋を倒し小綺麗なる家屋を新築し之れに一般の篤志家及官公吏を住居せしむるの策を良とす」（〈会説〉「現内閣に望む」『明治之光』二巻二号、三頁）とも述べており、究極は「部落」という形態が消滅することをめざし、そのためには、「中流」「下流」が居を転じて部落の様相を一変させるべきであるとするものであった。その点で小川の唱える「実用的の人物」育成策は、松井の方針と合致するものだったのである。

　第四は、浄土真宗の檀家が大半を占める西日本の被差別部落を中心に、被差別部落民衆と深いつながりをもっていた本願寺改革の問題である。「吾人は常に本山の末寺信徒に向つて多大の寄附を誅求《ちゅうきゅう》し信仰を利用して部落の向上を阻害し益々貧弱に陥らしめ信徒其者も多額の寄附を強ひられ本山の強要を容れざれば信仰に仮饉《ママ》を受け浄土に往生不可能の如く思惟するものあり、(中略)又本山に在りては旧来の階級思想に囚はれ祖師の御同胞御同行の宗義を忘却し部落出身の僧俗を厭ふ傾向あり、一面に信者の大部分を占むる部落民に対し金取るときは甘言至らざるなく然らざれば侮蔑排斥の言行を為す不埒の役僧あり須《すべか》らく吾人が其の刷新に当らんとするものなり」(〈社説〉「我社の主義主張」『明治之光』七巻四号、一頁)という松井の訴えに明らかなように、被差別部落の民衆は、現世での抑圧からの解放を来世に託し、親鸞の悪人正機の教えを支えに本願寺に多額の寄付を行い、それを信仰の証の一つとしてきたのであった。現世での抑圧が強ければ強いほど、信仰の世界に賭ける期待は大きく、それゆえの多額の寄付が部落民衆の経済的発展を阻害するという結果をも生じさせてきた。そのようなありようを岐阜県の被差別部落に生まれ、のちの水平社運動の中心的担い手の一人となった北原泰作もまた、自らの生まれ育った部落の生活を振り返って次のように語っている。

　差別と貧乏に苦しむ彼らにとって、無差別平等の扱いを約束する仏の教えこそ唯一の解放の光明であったのだ。部落《むら》の人びとは貧乏にあえぎながら、檀那寺を通じて本山から割当てられる御開山上人遠忌法要《ごかいざんしょうにんおんきほうよう》の寄付金や、檀那寺の庫裡《くり》の改築費の負担金などを、ひとことの苦情もいわずに醵出した。わが子を長期欠席させて家事を手伝わせ、学用品の金をねだるわが子を怒鳴りつけ、小学校六年の義務教育を満足に受けさせない親たちが、檀那寺の住職の息子が仏教大学に入学して勉強する学資の割当てはよろこんで分担するのである。生涯に一度は、京都の「御本山」と信濃の善光寺に参詣すること、金箔

の耀く立派な仏壇をわが家の床の間に据えて先祖の位牌をまつること、——それが部落の老人たちの念願であった。(40)

本願寺派(西本願寺派)は、一八七六年、大谷派(東本願寺派)・高田派・木辺派とともに近世以来の差別的本末制すなわち中本山の下寺支配を廃止し、本山を除く全寺院は同格で本山直末であるとする「四派共同宗規綱領」を定めており、(41)そもそも浄土真宗は本来、親鸞の主唱した「御同朋御同行」という仏の救済と慈悲のもとでの徹底した平等観の実現、すなわち同朋教団の確立を課題としていたはずであった。(42)しかし現実には、被差別部落の僧侶は「穢多寺」住職として蔑まれ、宗規で決められた座席を与えられなかったり、また布教師が部落の門徒を差別する言辞を発するなど、被差別部落に対する差別を内包しており、(43)大和同志会の運動はそこに矢を放ったのである。逼迫した経済状態のなかから部落民衆が多額の寄付を供出することは、「実業の育成」をめざすうえにおいてその大きな阻害要因であった。そのような犠牲を伴った献身にもかかわらず、部落の寺は「穢多寺」として教団から差別を受けており、そのことへの憤りが、この問題を運動の中心課題のひとつに押し上げたのであった。

第五に、大和同志会においても、実業政策の一つとして移住・移民が取り上げられていることである。「細民が一小地域に割拠し永住して殆んど限定せられたる職業に従事するは諸般の開発を妨ぐる重大なる原因なり、是に於て移住出稼は彼等に取りては必要の事なり、北海道移住の如き特に奨励補助の途あるを以て之が実行の方法を講ずること緊要なり」(子爵五島盛光「細民部落改善事業」『明治之光』五巻一号、二八頁)と。のちにも述べるように、帝国公道会とは部落問題に対する根本的問題意識を異にしていたが、帝国公道会によって推進された北海道等への移住事業に関する記事を、『明治之光』が盛んに報じているのも、大和同志会がその政策を実業育成の観点から積極的に位置づけていたからであった。

第六に、「世に謂ふ普通部落と細民部落は共に大和民族にして然かも本分の間柄なるを詳知せざる可らず」(〈社説〉「彼我社会は本分の間柄なり」『明治之光』三巻一号、二頁)といい、「部落人は素と祖先を同うし徳川幕府の暴政に遇ひ偶仏教徒の殺生禁断の圧制によりて汚名を冠せられ社会外に放逐せしものなるは歴史に徴して明かなりとす、其間三百有余年一時疎隔の現象を来せしと雖も何等血統に其の差異なきを確かめ得るに至れり」(前掲「我社の主義主張」七巻四号、一頁)と松井が繰り返し主張しているように、大和同志会の運動は、当該時期に流布・浸透していた人種起源説の徹底的な否定の上に立脚していることであった。前述の「特種部落」という呼称に対する異議申し立ても、そうした人種主義的認識の否定に裏打ちされて行われたものにほかならなかった。人種主義的認識は被差別部落民衆の誰もが痛苦をもって受け止めたにはちがいないが、それに公然と異を唱えることは、社会の抑圧を強く受けていればいるほど困難を伴うものであり、その障壁を乗り越えて行われたことの意義は大きいといえよう。

以上に明らかなように、大和同志会の主張は、必要なのは外部の反省であり「融和握手」であって、部落に求められるのは皮相的な矯風改善ではなく、「富の程度を高めるより外に仕方無い」(岡本前掲「僕の事業」二二頁)ということばに象徴される「実業の育成」を行うことであり、まさに個々人の立身出世の実現の一言に尽きていよう。それゆえに被差別部落の誇りとしての実業の成功者が、しばしば『明治之光』誌上で紹介された。たとえば東京府南葛飾郡吾嬬《あずま》町には製革業を営む富豪が多数存在しており、「此の如く富豪の集団は大坂の西浜町に於て見るも木下川《きねがわ》部落は一般人の貧弱とは比較すべくもあらず、昨年も新築せる部落の学校に一般児童の収容を乞しが如きは無理からぬ事にこそ」(『明治之光』五巻六号、一九一六年六月一日、五九頁)というように、彼らの「一般人」をも凌ぐ成功ぶりが誇られた。松井庄五郎自身も、もともと亀井姓であったのが士族の株を買って松井を名乗るようになったという経緯があり、(44)結果として松井は部落の指導者の看板を背負って生きることになったが、自ら『明治之光』誌上でも「流れ正しき系図《けいとう》あるものに至ては内務省も大に之れに着眼せられ、相当の隠れたる家に対し、華士族の族籍を附与するも部落改善の一方法たりと信ず」(前掲「彼我社会は本分の間柄なり」四頁)と公言しているように、華士族の族籍を得ることも「一般人」を凌ぐ方策の一つとして選択されていたのである。

大和同志会の運動を総括するならば、被差別部落に対して知的・経済的実力の向上と、帝国臣民としての義務を全うすることをはたらきかけるとともに、社会に対して差別の不当性を訴えたものであり、それは〝忠良な臣民〟たることによる「同化」の主張であり、そうすることによって国民国家の〝一級〟の成員たりえようとするものであった。むろんそこには、天皇に対する強い敬愛の情や、先に見た華士族の株を買うことにしめされるような身分制度の是認などに見られるように、自らを虐げてきた国家のあり方そのものを問い直そうとする発想もない。また、「被差別部落民」という連帯意識の枠内においてではあれ、「流れ正しき系図あるもの」の立場から「中流以下」の者を見下すという傾向もまったくないとはいいきれない。しかし帝国臣民としての自信と誇りを獲得するには、前述のような人種主義の障壁を乗り越えねばならなかったのであり、被差別部落の人々にとって臣民化を主張することは人種主義克服と表裏の関係にあった。さらに、被差別部落住民の発起によって生まれた大和同志会の運動は、あくまで被差別部落民衆の権利を護ることを優先させており、国家に奉仕することはそのための手段であって、その点において、被差別部落の外部から同情融和を旗印に誕生した後述の帝国公道会とは目的と手段が逆転しており、本質を異にしていた。

大和同志会の運動は担い手が部落上層部に限られていたとはいえ、部落民衆に自らの誇りの獲得を促しかつ「外部の反省」を訴えたという点において、水平社との関係は、たんに水平社創立趣意書を発送する際のリストに大和同志会の会員名簿が使われた(45)というだけのつながりではなく、まさに思想的にも水平社の前段階を準備するものだったといえよう。

「修養」・「開発」による同化論

大和同志会が結成された翌年の一九一三年には、それにならって、京都府同志会柳原町分会や、岡山県同志会・出雲同志会・三重県同志会ができていった。広島県でも同様の運動が芽生え、一九一四年一月には広島県福島町一致協会および福島町青年会の機関誌として『天鼓』が創刊された。それは、「今や我徒の意志を代表すべき機関として東に『明治之光』の赫々《かくかく》たるあり西に『天鼓』の響鼕々《とうとう》たるあり、東西相鼓応して克く闘はゞ必ず近き将来に於て我徒の目的を達すること難きにあらずと確信致候」(三好黙軒「岡山通信」『天鼓』一巻三号、一九一四年三月、一五頁)とあるように、『明治之光』に触発されたもので、天皇への敬愛という点でも『明治之光』と共通していた。

「宣言」は次のように述べる。

先皇至仁至愛、大慈恵を我等の上に垂れさせ給ひぬ。我等の利こゝ《ママ》に伸び、平等の大義初めて明かなるを致せり。仰げば今や天鼓の音朗かにして、其響漸く大いなり。(中略)我等の是より為すべきは何事ぞ、此大正の大御代に当り、至仁至愛の天恩に奉答すべく、国民としての総ての責務を、最も忠実に盡すに在るのみ。雑誌『天鼓』の使命も、亦此中に在す(『天鼓』一巻一号、一九一四年一月、二頁)。

そこに貫かれているのは、たとえば三好黙軒こと三好伊平次の「岡山通信」のなかにある「たち後れたる我徒」といった表現に端的に示されるように、かつて社会の側が部落の人種主義的特性に問題の本質を求めてきたのとは異なり、それはたんなる進歩の度合の差であり、いずれ追いつくとの認識であった。三好は次のようにもいう。「其実力に於ても優に所謂普通部落に比肩するに足るの部落も乏しからず候、さりながらこはこれ進歩したる五六の部落の謂にして県下を通じての我徒の部落を見渡せば自慢所か大欠点大遜色に満たされ居候緊褌《きんこん》一番大努大奮闘はこれからの幕にて候」(三好前掲「岡山通信」一五頁)。一九一〇年代になって現れてきた社会の側の、人種主義一色ではなく、被差別部落の側の向上進歩の可能性を認める認識が、こうした進歩主義的主張や運動を周辺から支える機能を果たしていたといえよう。

被差別部落民衆に進歩の可能性を見いだすからこそ彼らに求められるのは、「修養を勉め」ることであった。『天鼓』は、「私共は成るべく青年が修養を勉めて、善良なる家庭の人、善良なる社会の人、善良なる国民として、立たんことを願ふのであります」(一致協会顧問天鼓雑誌編輯主任前田貞次郎「青年は如何にす可き乎」『天鼓』一巻三号、一九一四年三月、三頁)と呼びかけ、修養の暁には「同化」、ひいては差別からの解放が実現しうるものとした。部落内部の修養・改善を説く広島警察署長森健樹「福島町民諸子に告ぐ」や、広島市税務課長の談「納税義務を尊重すべし」(『天鼓』一巻二号、一九一四年二月)などの外在的で威圧的な論稿が掲載されているのも、それに従うことが解放のための具体的方策と考えられたからであろう。

一九一四年五月にできた福岡県の鎮西公明会もほぼ同様の傾向をもった運動を展開しており、機関誌『公明』を発行して「部落の開発」の必要を全面に打ち出していた。「鎮西公明会設立の趣意」は、「我社即ち聖旨に則り、進んで部落開発の任に当り賤民を塗炭の苦悩に拯《すく》ひ、倶に偕に限り無き皇恩の恵沢に浴し、以て臣子の赤誠を致さんことを期す」(『公明』一号、一九一四年六月、資料六—三三一頁)と宣言し、また、「本誌は今幸にして帝国の頭脳、勢力の発源地たる九洲の一角にあり、地は天下の形勝を占め、時は部落開発の好気運に会す、明光、天鼓の為めに先鞭を著《つ》けられたるを恥づと雖も然れども其本領主張には各自各態の所見あり、本誌の言はんと欲する所、行はんと欲する所、事功の上に於ては夫れ或は却つて両誌の先頭に立つに至るも又知るべからず」(三十里生「「公明」とは何ぞや」同上、資料六—三三三頁)

と「部落開発」に向けての強い意気込みを示した。

具体的には、会則第二条に、「本会ハ賤称廃止ノ実績ヲ挙グル為部落内ノ悪風陋習ヲ芟除《さんじょ》シ淳良敦厚《とんこう》ノ美風ヲ鼓吹スルヲ以テ目的トス」(同上)と謳われているように、そして警察署長の、「要するに部落の開発の急務とする所は以上大略述べたるが如く、産業の発達、計算思想の向上、衛生思想の普及、風俗の改良、言語の改正、思想の改善等である」(『公明』二号、一九一四年七月、資料六―三三七頁)という談話にあるように、大和同志会が掲げたと同様、部落の産業の発達をはかり部落に経済力をつけることであり、風俗を矯正することであった。

『公明』も『天鼓』の場合と同様、とくにこの警察署長の談話に見られるような被差別部落に差別の原因を求める屈辱的な主張をも掲載しているが、それは、「本誌は博士名士の訓戒に傾聴し、具眼達識の高教を尊重す」(『公明』一号、資料六―三三三頁)との方針があったからであり、やはりそうすることで社会に「同化」しうるとの悲願があったからにほかならない。同じく『公明』に掲載された、主筆中田長風「部落開発の実際問題／現実暴露の絶叫」も猟奇的に部落を観察したものであり(『公明』二号、一九一四年七月、資料六―四二八〜四三〇頁)、一部に被差別部落に対する進歩主義的認識が芽生えはじめていたとはいえ、いまだ多くの場合、「部落開発」論は、これまでに見たような人種主義に通じる部落停滞論を併せ持ちながら出発しなければならなかった。

「民族の融和」の一環としての同化論

大和同志会やそれに連なるこれらの団体とは対照的に、部落問題の解決は「大日本を形成」するための、すなわち一流の帝国主義国家たりえようとする目的遂行のための手段であるとして、それへの取り組みを行ったのが帝国公道会であった。[46]

帝国公道会は、一九一四年六月七日東京商業会議所にて創立総会が開かれ、会長に板垣退助、副会長に大木遠吉・本田親済、幹事は岡本道寿・大江卓外五名と、爵位をもつ名士たちのそうそうたる顔ぶれが並んだが、実質の活動は、幹事長の大江天也(得度した際の号)こと大江卓が担った。[47]それは、政府・内務省の意向を代弁するものでもあり、創立大会当日、時の首相大隈重信が祝辞を送り、内務省参事官潮恵之輔もその将来に期待する演説を行っているように、内務省の後援を受けつつその活動を展開していく。

一方また、すでに見たように、京都府柳原町分会をはじめ、岡山県・島根県出雲など各地に大和同志会の傘下にある運動が叢生してきており、それらをも統括する中央機関としての帝国公道会の成立は、大和同志会をはじめとするそれら地方同志会が有する自主性を吸収する意味をもつものであった。その点でもまさに内務省の意向と合致するものであり、帝国公道会はそれらの団体を、大江が創立総会で述べたように「特殊部落ノ改良ヲナシ、進ンデハ社会ニ融和スル」べく誘導する役割を担っていく(『会報』一号、一頁)。

大江を中心とする帝国公道会の主張の特徴はまず第一に、人口の不足にもかかわらず「今日に於ても猶ほ旧来の陋習を蟬脱《せんだつ》する能はずして、之を社会の外に排斥するが如き実情あるは、即ち自ら求めて国力発展の為に最も必要なる多数の人口を、空しく国外に放棄するに異ならざるなり、故に此の種族を誘導啓発して、其知徳を向上発達せしめ、以て能く国民たるの本分を完ふするに至らしむるは、列国競争の最も激烈なるの今日、国力発展上にも、極めて緊急必要なる一大事業なりと謂はざるを得ず」（古鐘庵主寄稿「我国社会改良上の方針」（一）『公道』二巻一号、一六頁）との一節にみられるように、差別は帝国主義的発展の障害であるとの認識において一致していたことである。評議員のひとりである林包明もまた、「大和民族中憐むべき部落民の救済は、世界の一等国たる我が帝国の一大急務なることを説破し」、「包容融和」できなければ「破裂」の恐れがあるとの警鐘を鳴らした（『公道』二巻四号、三四〜三五頁）。塚本義胤も同様、「大日本を形成」するためには、被差別部落に対する「別視《ママ》」ではなく相提携が必要であると述べている（『公道』二巻七号、三八頁）。

日本が日露戦争に勝利し、台湾に加えて朝鮮を植民地に持って「一等国」に成り上がっていくなかで、帝国主義間の競争にうち勝ち「大日本帝国」を堅持していかねばならぬとの意識は、ますます強く国民をとらえていった。そのような状況のなかで、国力発展の阻害要因として被差別部落を放置できぬとの認識が、部落問題への取り組みを促していったのである。

第二の特徴は、被差別部落起源論への強い関心であった。その傾向は大江にも顕著に現れており、大江は、「可憐民族の来歴及現状」と題する論文を機関誌『公道』に長期にわたって連載し(48)、その後も「我国旧賤族の由来」を書いている(49)。前者では、「大和民族」は出雲系すなわち朝鮮系統、蒙古に源流をもつ朝鮮南部からの渡来人である天孫系、南洋もしくは小亜細亜系、元から居たコロボックル・アイヌからなる原始人系の四派からできており、それに対して賤民の起源は、「餌取」の子孫、海外から移住した先住民や、職業によるもの、捕虜、帰化人、罪人、宗教的原因、落魄に求められると結論したうえで、「我国では新平民と唱へる所謂特殊部落とか細民部落とかいふものが先づ仮に異種類と見ます、決して異種類ではありませぬが之を圧迫したらどうなりませうか、益々社会主義になつて仕舞う」と述べて、ロシア・中国・トルコ・オーストリアなど「異種類の人種が住んで居る」国に比定しながら強い危機感を表明した。大江は、そもそもこのように日本自体が多民族国家であることを認めざるを得ないため、「異種類の人種」であることを部落差別の指標とはしていないが、ロシアなど「異種類の人種が住んで居る」とされる国と日本を同列に論じていることに示されるように、事実上被差別部落民衆は「異人種」と同じように認識されていた。それは、生物学的差異こそ明示していないが、日露戦後に流布していった人種主義とほぼ同様の意味合いをもつ認識であったといえよう。そのような被差別部落認識は、大江のみならず帝国公道会関係者におおむね共通しており、前述したようにすでに大和同志会による異議申し立てが行われていたにもかかわらず、副会長の大木遠吉も「特種部落民」という呼称を用いて憚らず、それは、「特殊部落ノ改良」と「社会ノ融和」を掲げて登場したこの団体の部落問題認識の皮相性をはからずも露呈したものであったといえよう。

ちなみに大和同志会は、機関誌『明治之光』誌上でもかなり注意深く「特殊部落」という呼称を避けて「細民」または「細民部落」を用いていたにもかかわらず、「細民部落」という呼称はやはり、部落問題と離れて「貧民」の類義語として使用される場合と紛らわしかったこともあって定着せず、結局「特殊部落」が広く使われるようになっていく。その「特殊部落」という呼称の定着に一役買ったのが、まさに、被差別部落側の訴えを省みずにそれを多用した帝国公道会だったのではなかろうか。

しかし、『公道』誌上に論稿を寄せた人々の認識は、そうした「異種」として排除する方向一色に塗りつぶされていたわけではなく、「部落起源の伝説」と題する記事では、乞丐《かたい》、渡来人、朝鮮人、落武者、革職者、平将門の末流、平家の残党、天皇陵の守戸、等に部落の起源を求めており(『公道』二巻二号、一九一五年五月、二巻四号、一九一五年七月)、それは明らかに人種起源説とは異なる方向で被差別部落の起源を解明していこうとするものであった。また、立憲政友会代議士として普選運動を担ってきた松本君平の論文「日本民族の起源に就き」は、日本民族は混合民族であることを主張し、むしろそのような「異族混血」であるがゆえの強靱性を誇るものであった(『公道』二巻八号、一九一五年一一月)。

韓国併合後の日本では、それを賛美するための混合民族論が主流であり、「日本民族純血論は、併合に当たっては、見向きもされない存在だった(50)」といわれている。しかし、こと被差別部落の問題に関しては、「こう根本に入る事になると勢、日本民族論と云ふ事になるが日本民族が種々の民族を一団として所謂日本民族を形成したる如く所謂特種部落と雖も其大勢に左右せられて種々雑多である事は勿論だけれども、何れにしても其土着は普通人民より後生である事は事実だ(51)」という主張に見られるように、日本が混合民族であることが直ちに部落の「異化」=排除に歯止めをかけることには結びつかず、依然、部落を「異種」とみなす土壌が根強くあった。換言すればそれは、起源論において混合民族論を採ることと、現状認識における人種主義は別の次元の問題であり、両者は矛盾なく併立しうるものだったのである。北原泰作は自らの少年時代を回顧して次のように述べているが、それはやはり、複合民族国家論が広く展開されていても、民衆レベルでは、被差別部落朝鮮人起源説が被差別部落の人々に対する蔑視を正当化する論理として機能し続けていたことを示すものにほかならなかった。

「おまえなんか日本人じゃない！　おまえらの祖先は神功皇后が三韓征伐のとき連れて来た朝鮮の捕虜だ！」と、呉尾弘治が私をののしった。私は脳天に鉄槌の一撃をうけたような衝撃を感じた。担任の教師や大勢の同級生の前で侮辱されたのだ。みんなの視線が全身に突き刺さるような痛みを感じた。（中略）――大日本帝国は、現人神の天皇が統治し給う神国である、大和民族は世界中でもっとも優秀な民族である、と当時の教育は子どもたちに教えた。大日本帝国憲法と教育勅語が教育の基本理念を導きだす根拠であった。国民は大和民族という優越感をいだき、中国人や朝鮮人を蔑視する偏見をうえつけられた。偏狭な排外的愛国主義が国民思潮となった。呉尾少年が私をののしった言葉にも、その罵言《ばげん》に堪えられない侮辱を感じた私の少年時代の思考にも、当時の帝国主義的な思潮の投影が見られる。ともかく「日本人じゃない」といわれたことが、私にとって決定的な打撃だったのである。(52)

第三には、アメリカにおける排日移民問題を引き金として、日本における民族差別や部落差別の問題に着目している場合が少なくないことである。たとえば、帝国公道会第一回通俗講演会において塚本義胤は、「先づ最近米国に於ける排日移民問題より人種問題を説き、顧みて我が帝国々土に於ける同胞中に、これに類する大問題の千有余年来解決を得ずして、此の聖代文明の世に依然として我々の眼前に横たはれることを指摘し」たと報じられており(『公道』二巻四号、一九一五年七月、三二頁)、アメリカの排日に憤慨することが、日本国内における部落差別問題に対する反省を呼び起こした。このような論理は、のちの水平社の人々にいたるまで受け継がれていく。

第四は、日露戦後から第一次世界大戦期にかけて、日本国民に大国意識が浸透していくなかで、植民地として獲得した台湾・朝鮮、さらにはアイヌを大日本帝国にいかに包摂し、同化して真の「民族融和」を達成するかということが至上命題として浮上してきたのであり、その一環として、部落問題にも視線が注がれていることである。去水こと前出の塚本義胤は、「内地は素より樺太、朝鮮、台湾の新附民を掩有《えんゆう》撫愛する大日本の今日に於て十数世紀前の小日本から因襲した陋習を蟬脱する能はぬと云ふは、民族性の大汚点ではなかろふか、国家としての大恥辱ではなからふか」(「細民部落分布図に就て」同上、二巻八号、三二頁)と述べて、「陋習」である部落問題を抱えることが「大日本」の汚点であると注意を喚起した。さらに塚本は、このようにも述べる。

米国のある論者は日本人を同化し難き民族だと称する、彼の偏見は兎も角もこの他山石は我民族性の欠点を指摘して居る、即ち我民族が新領土及殖民地の人民を同化し得る偉大性を欠如する事実のそれであろふ、新附の異民のみならず既に数千年来、共同生活をなした百弐拾万の部民さへ《ママ》も抱擁融化することが出来ないではないか。(中略)この問題は日本民族が果して世界的雄飛の任に堪ゆるか否かは解決する懸案である、(中略)今や日本は民族融和に就き遠大なる自覚をなすべき時期に在る而して其第一著歩《ちゃくほ》は内国に於ける民族的団結の将来を三省し、総人口の五十分一に当る失意無告の徒をして、千古無乾の涙を拭はしめ、大なる日本国の一臣民たるを衷心より誇り得る様にせねばならない(「民族の融和に対する国家の自覚」同上、二巻九号、一九一五年一二月、三頁)。

ここに明らかなように塚本は、数千年来共同生活をしてきた被差別部落の民とすら融和できずして、「新附の異民」との民族融和がいかにしてありえようかと警鐘を発するのであった。この主張の究極意図するところは大日本帝国の民族融和であり、そのためにはまず、足下の部落問題から徹底解決をはかるべきであるとする。この考え方は、被差別部落人種起源説を打破するという点においては弱いものの、民族融和の至上命題から部落問題が説き起こされているという点で、のちに述べる喜田貞吉の考え方を先取りしたものであったといえよう。民族融和の一環として部落問題を位置づけるという姿勢は、塚本に限らず帝国公道会の主張の基調をなすものであった。

第五に、「一視同仁」の「聖旨」を貫徹しようとの姿勢である。それはとりわけ大江卓に顕著であり、そもそも大江にあっては、かつて西郷隆盛の率いる西南戦争に呼応して挙兵を企て、禁獄一〇年の刑に処せられて放免されたことを「明治大帝の聖恩」ととらえており、帝国公道会の活動に献身することも明治天皇への報恩にほかならなかったのである(53)。

それゆえに大江には、天皇制を多少なりとも揺るがすような危険思想発生への危機感はことのほか強かった。大江は、大逆事件について次のように述べる。

矢張りこれは個人主義の極端に走つた結果として社会主義になつたのである、我々が帝国公道会を起して彼等の風俗を改良し彼等の道徳を向上せしめたいといふ考は無論先帝陛下の一視同仁の思召を貫くといふのでありますけれども、又一方に於ては彼等をして国家的観念を持せ危険の思想を発生させない様にしたいといふ考もありまして成る可く丈け我々と国家社会を共にして行く様に導ひて行きたいといふ考であります(「可憐民族の来歴及現状」同上、二巻五号、一九一五年八月、四六頁)。

大江が一九一七年ごろから、「国家社会の重大問題は数多存するけれども、我国の現状より見て最も切実に之が解決を要する緊急問題は強者と弱者の調和である、換言すれば労働者の救済問題に外ならぬ」(〈社説〉「労働組合の組織は現下の一大急務」同上、四巻三号、一九一七年三月、一頁)と述べて、主要な関心を部落問題から労働問題へと移行させていったのも、そのように「聖旨」に報い、国家の安泰をはかることがそもそもの目的だったからであった。大江のそのような変化は帝国公道会の姿勢にそのまま反映され、これ以後米騒動までは、『公道』誌上からも部落問題関係の記事は大幅に減り、第一次世界大戦中に労働運動が飛躍的な発展を遂げつつあったのに伴い、労働問題が誌面を席巻していった。

第六に、「帝国公道会は創立の当初より、特殊部落民をして、内外各植民地に移住せしめんと画策注意せしこと一再ならず、何とならば従来一辺土に跼天蹐地《きょくてんせきち》し一般社会より極度の侮蔑を受けつゝ、人世を悲嘆するの境遇より超脱して、艱難《かんなん》相助け苦楽共嘗の新天地に安住せんと欲せば、一日も速かに移住を断行するを以て第一の捷径《しょうけい》なりと信ず」(天也上座「北海道移住に関して」同上、三巻一号、一九一六年一月、一二頁)との考えのもとに、移住の推進に力を注いでいったことがあげられる。これまでにも繰り返し説かれてきたと同様、新天地に行けば広大な土地と差別のない社会が待ち受けており、移住は部落問題の解決にもっとも手っ取り早い方法と考えられていたのである。

帝国公道会は、第一次拓殖計画の一環として一九一五年より北海道移住に着手し、翌一六年より北海道移住民監督指導者に上田静一、移住専務に都築達馬をあて、団体移住を主眼としながら本格的に推進していった。大和同志会と連携しつつ、『公道』『明治之光』の両誌面を割いて盛んに移住が奨励されたが、実際に被差別部落からの移住者がどれだけあったのか、その全容を示す正確な数字は現在のところ摑めていない。表3は、両誌面の報道から知りうる情報をまとめたものであるが、それに見るかぎり盛んな宣伝が行われた割には移住者はさほどの数には及んでおらず、地域的にも奈良・京都・高知等の一部に限られていた。また、実行には至らなかったものの朝鮮・樺太・満州への移民計画も立てられ、『明治之光』を通じてしばしばその紹介がなされた。

奈良県で北海道移住の指導に当たった広田正敏は、実際に団体移住した人のそれにいたる状況を次のように語っている。

或時地方視察の際初めて団結移住しました某々の話に近頃矯風とか改善とか御奨励下さるのは誠に結構な事で我々に於ては自ら進で改善もし矯風も図らねばならぬ筈でありますがご存じの通り貧民部落では一日稼がねば忽ち妻や子は餓に泣くと云ふ有様でありますから清潔にもし貯金も致したいのは山々でありますけれども実に止を得ぬ境遇であります其れだつて吾々は決して遊んで居ると云ふ訳ではありません却て一般社会の人よりも余計稼いでゐるのでありますが稼ぐだけでは追つきませんさう謂つた所で商法をしやうにも資本がなく小作をせんと思つても耕地が不足でありまして到底思ふ様には参りません此様な者が部落に多数を占めてゐるのでありますから遂に窮した結果背に腹は換へられぬ所から中には色々不正なことを為る者が出来て実に情ないことでありますとの話でありましたから私は其れならば一層北海道へ移住でもしたならば如何であるか移住すれば一人に五町歩ないし十町歩の土地を無償にて附与せられ立派な財産を得らるゝから誠に結構じやないか特に県庁に於ても移住は予而《かねて》奨励されて居るのであるから衷心移住したい又移住をした上は成功せねば死すとも帰らぬと云ふだけの決心あらば県庁に於ても相当の便宜を与へて下さるで有ふと申しました[54]。

日々の生活に窮する被差別部落民衆の状況が広田を通じて語られ、それに対して広田が、北海道に渡れば無償で広大な土地が付与され、たちまちにして財産を得られるとの夢を提示することによって、部落の人々に移住を決意させていった様子の一端が見てとれる。

北海道移住状況

移住先	人数	備考
	6戸	
	7戸27名	①と重複か？
	10戸32名	
	14戸55名	
	30戸	県の矯風事業として実施
		目下奨励中　実行の有無は不明
北見国紋別郡	15戸60余人	帝国公道会による団体移住の嚆矢
	すでに44名，近日20日	
釧路，北見	釧路30戸，北見約6戸24名	これまでと合わせて40戸近く百数十名
釧路，北見に隣接	110余名中部落民32名	
十勝国中川郡	30戸60余人の予定	⑨と重複か？　団体長上田静一，実際には6人となる(SK-18-5〜6，1920. 4. 15)
十勝国中川郡	21名	帝国公道会北海道移住民監督指導者上田静一の引率
天塩国士別	42名	

表 3　被差別部落民衆の

移住年月日	掲載誌 雑誌-巻-号-頁	掲載誌 発行年月日	出　身　地
①　1913.4	M-2-7-44	1913.7.15	奈良県吉野郡
②　1913	M-4-12-52	1915.12.1	奈良県
1914			〃
1915			〃
③　1915.4	K-2-2-30	1915.5.15	奈良県
④	K-2-8-39	1915.11.10	滋賀県愛知郡日枝村，東浅井郡虎姫村
⑤　1915.9.	M-5-4-29	1916.4.1	滋賀県蒲生郡武佐村，愛知郡日枝村，東浅井郡虎姫村
⑥　1916.3	K-3-2-11	1916.2.15	
⑦	M-5-5-11	1916.5.15	
⑧	M-5-10-8〜9	1916.10.1	奈良県
⑨　1917.1.28	SK-18-6	1920.4.15	京都府
	SK-20-14〜16	1920.6.15	
⑩　1917.1〜1918.4	SK-2-11	1918.12.15	京都府田中村，野口村，柳原村
⑪　1917.5.28	K-9-2-11	1917.2.15	高知，京都その他
⑫　1918	SK-7-2	1919.5.15	高知，徳島

注）M：『明治之光』，K：『公道』，SK：『社会改善公道』より作成.

しかしその結果は、決して芳しいものではなかった。ここに、一九二〇年代後半のものと推定される、中央社会事業協会地方改善部の作成した「北海道移住実状調査」の報告書[55]があるが、それによればすでに退去してしまった者も多く、残留者も、あいつぐ不作で当初得た土地もすでに売り尽くし、小作農に転落している者がほとんどであった。

たとえば、一九一九年に滋賀県から北海道十勝国河西郡に移住した六戸のうち残っているのはすでに二戸のみで、そのうちのSという人物の生活について、報告書には次のように記されている。

赤貧洗フガ如ク壁破レ土間ニ筵ヲ敷キ極メテ悲惨ノ生活ヲ為セリ(中略)初メ七丁五反ノ割当ヲ受ケシガ皆売尽シ今小作農トナレリ　主婦来住以来六カ年ヲ経ルモ唯一回学校ヘ子供ヲ伴ヒテ往キシ外他ニ出ツル機会ナシ　医者四里。

彼らにのしかかったのは貧困に加えて、学校も医者も近くにはないという生活の不便さであった。

奈良県より足寄《あしよろ》郡螺湾《らわん》村に移住した人々の状況も、同じく以下のようであった。

足寄駅ヨリ八里川ヲ徒歩スル事九回土地僻遠ニシテ徒歩若クハ乗馬ニアラサレハ往ク事能ハズ。大正四年四月一四日移住シタリシガ土地僻遠ニシテ交通不便ナル為メ生産品ヲ売却セントスルニハ八里ノ行程ヲ足寄ニ運ヒ出サゞレハ売却スル能ハズ。日用品ヲ購入スルニモ亦八里ヲ出テザレハ求ムル事能ハサル為メ其運賃ノ多額ナルト不便トノ為メ生産品ハ廉《やす》ク購入品ハ高ク移住当時枕木材豊富ナルヲ以テソレヲ売却セントセシガ枕木一方価カ二銭、銃台一銭五厘ニシカ売レザリシ云々。故ニ今リ《ママ》自給自足ノ方法ニヨリ成ルベク自己ノ耕作物ノミヲ食シ黍《きび》麦玉葱馬齢《ママ》薯ヲ主食トシ野菜味噌ヲ副食物トシ魚類ハ渓流ニ棲タル川魚ノ外一切用ヒズ(句読点、引用者)。

そうして結局一四戸中六戸が踏みとどまるのみで、あとの八戸はすでに退去してしまったという。残留者の一人も、移住当初の「言語ニ尽シ難キ」困難を乗り切り、今は自給自足によって生活の困難は解消されたが、子供の学校通学の不便を考えると他に移住を望まざるをえず、かといって「金無キタメ如何トモ致様ナシ」とのジレンマに立たされていた。

「広大な土地」を夢見た結果はこのような悲惨なものであったが、では差別からの解放というもう一方の謳い文句は功を奏したのか。その点については、「概評」の欄に「差別ノ有無」と称して、「差別ナキ所モアレハ亦差別アル所モアリ、ソレハ其出身地ノ知レルト否トニアリ」と記されており、それは差別の解消が徹底したわけでは決してなかったことを示している。実際に「其出身地ヲ知ラレ居レリ」「差別ヲ受ケ居レリ」といった記載もあり、被差別部落出身であることが知られ、移住民の間で差別が行われた場合も少なくなかったことをうかがわせる。それゆえ推進者の側は、出身府県庁からの通知や移住後の成績の問い合わせ、慰問の際にも出身地を知られることのないよう、「移住者ニ対スル注意」としてそのことを第一に明記するとともに、「移住ノ奨励可ナラサルニアラサルモ先ハ既住者ヲ保護指導シ皈《き》国《こく》ノ念ヲ起サシメサルヤウニスル事肝要ナリ　既住者ニシテ其生活安定セバ招カズトモ内地ヨリ其成効ヲ聞知シ進ンテ移住スルニアラン」と、移住者の生活の安定を第一に考えるように注意を喚起している。

なおその報告書には「アイヌ部落」という項目も設けられており、そこでは、「我等ガ生活難ニ陥リツ、アル一原因ハシヤモ(内地人)ガ我々ノ無智ト従順トニ乗ジテ巧ミニ術策ヲ弄シテ粗悪ナル内地品ヲ以テ我等ヲ欺キ我々ノ猟獲物又ハ生活品ト交換セシムルカ若クハ不当ノ廉価ヲ以テ奪ヒ去ル事ナリ」といったアイヌの人々の訴えが記されている。部落問題を所管する中央社会事業協会地方改善部の報告書に、いかなる理由によるものか、併せて記載されていたそのようなアイヌの実態報告によって、我々は、「内地」から放擲され移住先でも苦渋を強いられていた人々が、実は彼らの意識せざるところで、「内地人《シャモ》」としてアイヌに対する抑圧者の位置にあったことを、改めて知らされるのである。

「一般部落民の開発」の問題化

帝国公道会の活動も含めて、第一次世界大戦期の注目すべき動向の一つは、融和実現のために、「一般部落民の開発」すなわち被差別部落外の側の対応の如何が問題にされるようになったことであろう。

たとえば、奈良県「矯風委員規程」においても、「細民部落改善ニ対スル方針」のなかに「第一　一般部落民ノ開発」が設けられ、そこでは、「一般部落民カ細民部落民ヲ擯斥スルハ主トシテ同人民ノ不潔粗野等種々ノ悪癖ニヨルト雖モ亦古来同人民ヲ禽獣視シ汚穢物視シタル感情ノ余響タルコト不少斯ク一片ノ感情ノミニ起因スルモノハ益々同人民ヲシテ僻《ひが》ミ根性ヲ強カラシメ自暴自棄ニノミ陥ラシムルモノナルヲ以テ一般部落民ノ不当ナル感情固陋ナル思想ハ努メテ之ヲ開発セシメサル可ラス」とされ、さらにその具体的方法として「三、特種部落ナル名称ハ同人民ヲ別種ノ人類ナルカノ如キ感ヲ起サシムルヲ以テ之ヲ用ヰサルコト」があげられている(資料六―一九九頁)。依然、被差別部落の側に原因があり差別もやむなしとの姿勢が見え隠れはするものの、「一般部落民ノ不当ナル感情固陋ナル思想」が「開発」の対象とされるにいたったことは注目に値しよう。堺利彦が「新平民階級」と題して著した、「諸君、諸君は断じて新平民たるを恥ぢてはならぬ。貧民は貧民たるを誇とし、賤民は賤民たるを誇とし、労働者は労働者たるを誇とし、大工は大工たるを誇とし、鍛冶屋は鍛冶屋たるを誇とし、土百姓は土百姓たるを誇とし、それが相結んで一大集団を作れば、即ちそこに未来の新社会を建設すべき光栄ある新平民階級が生ずるのである」(『新社会』二巻三号、資料六―四五四〜四五五頁)という「誇」をもつことの喚起も、そうした状況が普遍化することによって、より意味をもつのであった。

このように、「一般部落民」の側の姿勢が問われはじめた要因として、まず第一に、『公道』にもしばしば報じられているように、このころから被差別部落民衆による抗議行動が頻発するようになったことがあげられる。

神戸市でおこった、被差別部落と一目瞭然判る町名の変更を要求して被差別部落民衆が立ち上がった事件(56)や、一九一六年六月の博多毎日新聞社襲撃事件がそれであり、また奈良県では、「官吏の講話に対しては常に反抗の念あり」(57)と報じられるような状況も生じてきていた。

一九一四年二月におこった福岡県企救《きく》郡松ケ江騒擾事件のような入浴・理髪の拒絶といった日常生起する差別をめぐる被差別部落と部落外民衆の紛糾(資料六—三二一～三二〇頁)や、「部落学校」の統合が進展するなかで被差別部落外民衆が「混合教育」を拒否して立ちあがるという一九一五年九月の香川県鷺田村事件のごとき同盟休校に発展する事件も頻発しはじめていた。

第二に、静岡県小笠郡の「最近には又児童の休校者も減少し此部落も漸次改善されつゝありとは結構な事である」(『明治之光』五巻一二号、一九一六年一二月、九頁)といった報告や、島根県簸川《ひかわ》郡の「各地に存する特殊部落と称する一団は、彼等の程度の低きと、因襲の久しき結果、他部落民の同情少きとを以て、動《やや》もすれば時勢の進歩に伴ひ難き状況である。然るに我郡塩冶村の特殊部落では部落民自身の修養によつて品性、知識の向上と富の蓄積利用とを計り、他県の特殊部落に見る事の出来ぬ程の発達を来たしたばかりでなく、附近の一般部落に比して遜色の無い程になつて居る」(58)といった記述に見られるように、改善の実績が上がり、またそれが期待できるとの認識が広がりはじめたことである。名古屋市の被差別部落でも、改善の指導者を讃えつつ、「氏が努力奮励して改善に、盡しつつある効果は各方面にあらはれて面目を一新するに至れり、実に氏の如きは活ける菩薩といふて然るべきなり」(59)と報じられている。

被差別部落の調査項目に「一般部落との融和状況」が設けられるようになったのも(60)、そうした状況の変化の反映であり、融和実現のために、改善を進める側により、被差別部落に対する外側の視線が以前にも増して意識され重要視されるようになったことを示している。「細民部落の実際を見るに、其多くは職業に於て既に普通地方民と区別せらるゝの観あり。(中略)細民部落民が、地方普通民と相容れざる理由の一は、渠等の住家より身辺に至る迄甚だ不潔なるに在り」[61]とあるのも、外観の隔たりをなくすことが、融和を達成するための重要な要素の一つと考えられたからにほかならなかった。

しかし、被差別部落に対する以下のような認識が、依然そのような融和の障害として立ちはだかっていたことにも留意せねばならない。「愛知県保安課では特に特殊部落民の改善に力を尽して部落内の犯罪の発生とか彼等の内に稀に見る惨忍の性行怠惰の風習などは段々と改善されて茲七八年前よりは著しい発達改革をしたが、是とて僅に所管警察署の手に依てされて居るのみであるから根本的の改善などいふ事は今後幾年後に至つて発現されるかとんと方角も判らぬ位である」(『公道』二巻七号、一九一五年一〇月、四七頁)というような、被差別部落の「根本的の改善」は容易ならぬとする、人種主義に通底する認識も牢固として存在していた。また、「経済状態は極めて貧弱」なる被差別部落を抱えることの部落外住民の負担から「納税の不公平」が言われたり[62]、大阪府において知事が、「所謂細民の中今日なほ特異の習俗を因襲するもの府下を通して五十九部落[63]」といった発言を行ったりしている。部落産業の一つである皮革工業に対しても、「由来製革工業を以て最も不潔を極め甚だしく非衛生的のものゝ如く考へ、之を人家稠密の市街地より遠ざけざるべからずとの世説あり[64]」と報じられており、そもそも下層民社会一般に対して不潔であり伝染病の温床であるとの認識はいまだ解消されずにあった(65)。

このように容易には融和が進展せぬ状況があったからこそ、「耕作地ノ不足ト一般地主ノ同情薄キカ為メ小作人ノ希望ヲ満ス能ハサルヲ以テ昨年来北海道ヘ移住ヲ奨励シ」(66)たという奈良県の例にあるように、一つの解決策として移住が意味をもちえたのであった。

第4章　「異化」と「同化」の交錯

1　「恐怖」意識の形成

暴民像の形成

第一次世界大戦ブームは、貧富の差の拡大と物価の全般的上昇をもたらし、米価も、米の需要に供給が追いつかず上昇の傾向を見せはじめた。第二次大隈内閣に替わって寺内内閣が成立した直後の一九一六年一〇月のことである。翌一七年春から米価はより高率に上昇をはじめ、さらに八月に政府がシベリア出兵を決定したことが、それに伴う米価の値上がりを見込んだ米商人の買い占めや売り惜しみを招き、米価のいっそうの急騰をもたらしていった。ところが政府はこのような状況に対して、米商人の不当な買い占めや売り惜しみを押さえるための暴利取締令を出す以外に何ら有効な手段をとりえなかった。そのため民衆はいっそう米の入手に困難を生じ、日々の生活に窮していき、その不満が米騒動となって噴出する。そのようななかで被差別部落に矛盾が集中的に現れ、一部の被差別部落民衆が米騒動に立ち上がった。それについては私もかつて三重県の事例を論じたことがある[1]が、ここでは全国的レベルで、被差別部落認識を考察するうえに必要なかぎりにおいて見ていくこととする。
米騒動前夜の経済的困窮のなかで、被差別部落の特徴として改めて顕在化してきたのが、生活基盤の著しい脆弱性であった。『名古屋新聞』(一九一八年八月一二日)は、市内の被差別部落の状況を次のように伝えている。

今は外米でも関《かま》はぬ安い米なら砂の交つてゐるのも厭はず買つて居るがそのうちにも食ふや食はずの悲惨な境遇にあるものは、三十戸位あり、近所の同情に縋《すが》つたり糸操り等をして呪ひつゝ細々と生きてゐる。奥田町の細民部落は戸数約六百戸人口約三十《ママ》に及ぶが大部分の職業は屑拾ひ日稼下駄の歯入鼻緒なひ等で平均毎日の収入は職業にも依るが五十銭乃至一円迄で何れも五六人の家族を支へてゐる(資料七―二八頁)。

和歌山県でも、「本県山間部にては白米一石四十七円と云へるが如き狂相場を示せる為め、有ゆる階級を通して其の生活に大打撃を受け居れるが、就中《なかんずく》最も悲惨なるは県下山間部の特種部落民にして食ふに米無く着るに衣服無きの窮状を呈し殆ど非人乞食の如き生活を為しつゝあり」(『和歌山日日新聞』一九一八年八月四日、資料七―四二頁)とあるように、被差別部落の困窮は、他に比べてとりわけ激しかった。

全国各地の被差別部落についてのこのような報道は枚挙にいとまがないが、それらから浮かび上がってくる被差別部落の特徴は、まず第一に農村部にあっても農業に従事する比率がきわめて低く、履物製造・行商・日雇いなどに生計を依存する、失業ないしは半失業状態にある者がきわめて多いという点である。長野市のある被差別部落の職業構成は「皮商五戸、屑屋十二戸、屠殺業十一戸、紙屑拾二十二戸」(『信濃毎日新聞』一九一八年九月七日、資料七―二三頁)であった。岡山県吉田村の部落も「戸数百十余戸ある中に田畑一反乃至二反を小作して生活に稍《やや》差支なき者五戸ありて、其他の獣肉販売、屠畜場人夫、草履造り、麦稈《むぎわら》真田組、麦稈摘みなぞして漸く共日《ママ》の餬口《ここう》を凌ぐ者百名位あるのみにて、老幼婦女子の如きは其日の食費さへ得る能はず」(『山陽新報』一九一八年八月一一日、資料七―四七頁)という状態であったという。京都部落史研究所編『近代に生きる人びと――部落の暮らしと生業』(阿吽社、一九九四年)が描き出しているように、そのような日常のなかに生きる人々は転職・兼職を繰り返すことを常とし、それゆえの不安定性というリスクを背負っていた。

第二に、それゆえに部落では、女性や幼年がマッチ工場に働きに出たり草履作り・子守奉公などに従事して家計補充がなされることがしばしばであった。職にありつけない男性に代わって「若い娘や嫁がハタを織り、おんなの年寄りが草履や草鞋《わらじ》を作って、収入を得」る、あるいは野良仕事や日雇いに出かけるという姿は、埼玉県児玉郡の被差別部落を舞台にした小林初枝『おんな三代――関東の被差別部落の暮らしから』(朝日選書、一九八一年)にも綴られている(一三三、および一四八頁)。

第三に、加えて被差別部落に対しては差別に起因する米の売り惜しみが行われ、それがいっそう部落の民衆の困窮に拍車をかけたことがあげられる。奈良市でも「米屋が売らぬ市内細民部落なる東之阪、西之阪、畑中、梅園等にては両三日附近何所の米屋に行くも販売米なしとて部落民に快く供給せず。為めに其日稼ぎの下級労働者は一升買はなす能はざるを以つて各所の米屋を買歩き、毎夜深更に至る迄食事をとる能はず」(『奈良新聞』一九一八年八月一〇日、資料七―四〇頁)と報じられている。米の懇願に地主や米商人を訪れた部落の民衆に対して、差別的言辞が浴びせられることも少なくなかった。

このような被差別部落の置かれていた厳しい条件を背景に、被差別部落における米騒動が発生する。周知のように米騒動は、一九一八年七月二三日、(2)富山県下新川郡魚津町の漁民の妻たちが立ち上がったことにはじまり、一〇月一五日、京都府船井郡園部町での発生を最後に終息し、(3)その間青森・岩手・秋田・栃木・沖縄を除くすべての府県で発生した。被差別部落の民衆は、関西を中心に多数が参加して一部で激烈な行動を展開し、少なくとも二二府県一一六町村で被差別部落民衆の参加があったことが明らかとなっており、(4)それだけに米騒動は、被差別部落認識のうえでも一つの大きな転機をもたらした。

前章で述べたように政府はすでに米騒動発生以前から、博多毎日新聞社襲撃事件などに促されて融和の必要を認識しており、一方、被差別部落内部の改善についても教育・衛生を主眼としていた。そうした観点に立って一九一七年に着手された「細民部落調査」の結果が翌一八年八月にまとめられた(資料七―二三七頁)。地方改良運動時のように、被差別すなわち「異化」の状態を放置したまま、国家的見地から障害となる犯罪や滞税などの問題を取り除こうとする発想とは異なり、そこには融和という名称を冠した「同化」が追求されていた。とりわけ博多毎日新聞社襲撃事件以後は、被差別の状態を放置することによる部落民衆の不満爆発の恐れが意識されており、米騒動の際にもまだ被差別部落民衆の蜂起がほとんど見られない初期の段階から、「無智愚昧の細民等に於いては生活の脅威より如何なる間違を仕出来さずとも限られず」(『四国民報』一九一八年八月九日、資料七―四九頁)といった危機感が表明されていた。そうして被差別部落民衆の参加は、八月一〇日の京都市柳原町での発生をはじめとする一連の展開のなかで現実のものとなった。

　被差別部落に対する差別的偏見と予断から、当時の政府や新聞などが挙って、被差別部落民衆が「凶暴獰猛《どうもう》」であり米騒動の首謀者であったかのごとき言説を展開していったことは従来から指摘されているが[5]、被差別部落認識という点から重要なことは、それを機に、被差別部落に対する恐怖意識が新たに付与されたことであった。

　当時の新聞は、被差別部落民衆の米騒動への参加について、「日の丸の旗／暴民狂ふ」(『神戸又新日報』一九一八年八月一五日、資料七―一八六頁)といった見出しで報じ、部落民衆が「暴民」であるかのごとき像をつくり出していった。たとえば同じく被差別部落民衆の蜂起があった三重県安濃《あのう》郡雲林院《うじい》村の場合を見てみよう。そこでは、「一家八名焼殺／三重県暴徒の惨虐」(『愛媛新報』一九一八年八月一九日、資料七―九四頁)、「新平民三百名豪農を襲ひ一家八人を焼殺す」(『東京毎日新聞《ママ》』一九一八年八月二一日、同上)といった報道がなされたが、それは誤報であった。被差別部落の民衆が立ち上がり村内の部落外の地主の家に火を放ったまでは事実であったが、地主一家は裏口から脱出して村の外に逃れ、一人の死傷者もなかった。確かにこの場合、そもそも地主一家がそのまま村外に避難してしまったという事実が混乱のなかで認識されにくい条件が存在していた。しかし、その担い手が被差別部落民衆であったからこそそのような情報に何ら疑念がはさまれることなく、このような残酷物語ともいうべき「事件」がつくり出されていったのである。さらに付言すれば、雲林院村では部落外の農民の参加も少なからずあったが、それについて触れた新聞記事は見当たらない。部落外の民衆の参加はなかったものとして、検挙から裁判にいたる過程が進行していったのである。(6)このようにして全国の多くの人々が、雲林院村で被差別部落民衆の手により地主一家八名が焼き殺されたと信じてしまったであろう事実は重大であり、被差別部落に対する恐怖意識をかたちづくるうえに大きな役割を果たしたといえよう。

内務省の認識もまた同様であり、次のような「高官」の談話(7)が発表された。

今回各府県下に蜂起した米一揆の暴徒は其悉くが飢に泣く窮民の暴動でなくて多くは此機を利用した或種の者の煽動に依つて動いた民衆であつた事は争はれぬ事実である暴動の最も劇烈を極めた大阪神戸両市の如き其首謀者は孰《いず》れも特殊部落の民衆で彼等は父祖代々の古から階級的の反感を有つてゐる、それが偶々今回の米価暴騰に依つて世間が騒がしくなつたので、時こそ来れと其隙に乗じ予ての積忿を晴らすべく且は掠奪を目的とした不逞の徒も交つて盛んに群衆を煽動し多数の市民が徒らに付和雷同して暴行を働くのを見ては手を拍て痛快を叫びながら其間にせツせと物品を掠《かす》める(『中外商業新報』一九一八年八月二二日、資料七―二四〇頁)。

すなわち日頃からの怨恨によって被差別部落民衆が首謀者となり、他の民衆はそれに煽られたにすぎないという図式である。

しかし内務省がすべてそのような被差別部落民首謀説一辺倒であったわけではなく、嘱託として被差別部落の調査にも従事した天野藤男(8)は、「米騒動と後進部落の民とを結び付けて下手人の罪を多く彼等に帰せんとする傾向のあるは、誠に憂慮すべきである、当局は右に関しては極力調査中であるが、決して一部の人々の云々するやうに後進部落民なるが故に、特に米の一揆を起したるにはあらず同部落には細民もあるのは事実なれば、偶々騒擾の一部に加はつたのは、普通都会にある良民が不穏な行動をしたのと何の異る事はないのである」(資料七―二四八頁)と述べてそのような見方を断固否定した。個々人のもつ被差別部落に対する偏見に加えて、内務官僚は社会の治安と支配秩序の維持という国家的観点に立つがゆえに、被差別部落民首謀説を採ることで部落外民衆へのさらなる米騒動の拡大を阻止しようとしたのに対して、嘱託として調査に当たりつぶさに実状を見て取った天野は、そのような部落観にとらわれることなく、より実態に近い米騒動像を伝えていたといえよう。

しかし、かたやはり米騒動発生後部落を巡回するなどして実態をとらえることができたはずの帝国公道会の見解は、むしろ内務官僚と同様であった。会長の大木遠吉は、「今回の騒擾は地方に於て甚しく殊に特殊部落民に依り惨忍性の暴行が多く演ぜられたのは単に食料問題の故のみでは無く実は社会一般に対する日頃の鬱憤が此機会に発したのである」(資料七―三四四頁)との談話を発表し、社会に怨恨を懐く被差別部落民が暴動をはたらいたとの図式のもとに、被差別部落と部落外の民衆の対立を煽った。それは前章で見たように、これまで被差別部落民衆の大日本帝国への包摂という意図のもとに唱道してきた「民族の融和」を、自ら破綻に導くものにほかならない。それというのも融和は大日本帝国を維持していくという目的遂行のための手段の一つにすぎなかったから、「同化」よりも「異化」を強調する方が大日本帝国の堅持に有効とあらば、その方針は容易に転換されていったと考えられる。

被差別部落民首謀説はその後も裁判所や警察によって追認され、定着していく。「彼等暴民にして、検挙されたる者の中には「特殊部落民の為めに働いた様なものだ」と云ふ様なる考が念頭に浮び、漸く目覚めたるが如き観なきにあらず」(資料七—二四七頁)との鈴木喜三郎司法次官談話をはじめ、『警察協会雑誌』にも「全国各地の米価暴騰に苦める細民就中特種部落民等相率ゐて騒擾を惹起し」たと記載され(資料七—二五二頁)、日本弁護士協会の時局特別委員会の調査結果においても、被差別部落民衆の参加がことのほか強調された(資料七—三九四頁)。そうして米騒動の裁判もそのような認識の下に遂行されていったのである。(9)

恐怖意識の定着と特種認識の再燃

米騒動がほぼ鎮静した一〇月六日、『信濃毎日新聞』が「米騒動以来官遍の眼は特殊部落、貧民階級などに注意を払ふやうになつて来た」(資料七—二三頁)と記しているように、部落問題は米騒動渦中のこれまで見たような認識の延長線上に、新たに社会の注目を浴びることとなった。この時期の部落問題をめぐる論評から浮かび上がってくるのは次のような特徴である。

第一に、被差別部落の民衆が抱く種族的反感・怨恨が強調されていることである。『松陽新報』(一九一八年八月二一日)は、「一つは細民階級が金権の跋扈《ばっこ》に対する反感で、今一つは或る階級が或階級と云ふよりも、寧ろ或種族が或る種族に対する反感、極言すれば一種の怨恨が、今度の米価問題を借りて起つたのではなからうか」と述べ、後者を裏付けるものとして「神戸三重県の如き、惨虐なる騒動には吾輩の或種族が其中心になつて居る」ことをあげた(資料八—二六五頁)。さらに『やまと新聞』(一九一八年九月一五日)は、「彼等も亦普通人を怨嗟すること甚だしく、彼等のみ特種部落を作り、彼等限りの間に交際し婚嫁して、自ら別天地を為せるなるべし」(資料八—三二二頁)と、被差別部落の側が進んで孤立的世界をつくっているかのごとくに記している。

第二は、残忍性の強調である。たとえば、「京都、神戸、大阪、名古屋等に於ける特種部落人の暴行は、最も凶悪残忍にして、掠奪強姦に及べるもあり、蓋《けだ》し三百年来彼等が社会的に圧迫されし深刻なる復讐心の手伝へるなるべきも、凶険の度の甚だしきは、彼等特性の然らしむる所に外ならざるべし」(『やまと新聞』一九一八年八月一五日、資料八—二七二頁)というように。あるいは、「殊に彼等の多くは教育もなく、性質も乱暴である、為に、何等の反省もなく之に付和雷同し、中には非常に悪性なる者もあつて、暴行を為したものと思はれる。阿(安)濃津に於て特種部落民が或富豪を襲ひ、その家族を釘付けにして火を放つた如きは、最も惨酷なるものであつたが、斯の如きは一般市民では容易に行はれない暴行である」[10](傍点、引用者)といった評論も現れ、そこでは前述の雲林院村の誤報にさらに輪をかけて残虐さが強調されていた。

大木遠吉が、「今にして根本的方策を怠るならば、後日変じて恐怖部落となるを保し難い」[11]と述べているように、このような第一と第二の認識が重ね合わされることによって、「恐怖部落」という新たな被差別部落像がつくられていく。その背後には、後述するような屠畜・食肉関連業の発展と広がりがあり、部落と結びついたそのイメージが民衆のなかに浸透することによって、それと米騒動時の部落民衆の行動に対する「残忍」像が重ね合わされ、恐怖感をいっそう増幅する結果をも生んだと考えられる[12]。

つづけて大木は、「一旦部落民としての侮辱に会ひ、一般平民と相対するが如き場合には、是非曲直の弁別なく直ちに結束する恐るべき性質を持つて居る。（中略）若し彼等をして此まゝに放任し、長く圧迫的生活を行はしめたならば、由々しき結果を誘致せんとも計り難い」[13]と述べるように、ロシア革命はユダヤ人の報復によるものとの理解に立ち、被差別部落民衆をそれに比定して、さらなる危機感を募らせていったのである[14]。それは当該時期の論評の多くに共有されている認識であった。そのような被差別部落に対する恐怖意識は、のちの水平社にはじまる自力部落解放運動に対するそれに接続していく。

第三に、少なくとも大和同志会の運動が勃興して以後は影を潜めていた被差別部落民衆の「特殊」性・欠点の指摘が、米騒動を契機に再び公然となされるようになったことである。なかでも甚だしい例は、『中央新聞』一九一八年九月八日〜一〇月一五日に三七回にわたって掲載された「世に背ける部落の視察記」であった。「凶暴な野性を帯びた種族的の特性が発揮」といった表現にはじまり、「「部落に入つて言葉や容子に余程注意しないと部落民の反感を買つて非道《ひど》い目に遭はされますよ」と大阪府警察部の笠井特別課長から予め注意されたがいざ入窟となると何やら虎穴に入る様な感じがして余り気味の好いものではない」と記す。さらには「獣皮を剝ぐ殺伐な彼等の職業と獣肉を常食とする彼等の生活振りとが部落民の性状の上に惨忍な濃い色彩を添えてゐる事は事実で、殊更に類を以て集る特殊民が強い一種の集団をなして、世間に反目してゐるといふ因襲の久しい云ひ伝へが此の頃では普通民の社会で部落民を軽侮すると云ふより寧ろ一種の恐怖を以て彼等を遠ざけて居ると云ふ方が当つてゐる」といったようにことばの限りを尽くして特殊性や残忍性を強調し、「部落民と普通民の結婚など思ひもよらぬ」といい、そうであるがゆえにそれが実現した例が通常ありうべからざることとして特記される(資料八―二七八～三〇五頁)。むろんこのような記事を載せる新聞の性格も考慮に入れなければならないが、このような記事はけっして例外的存在ではなかった。

『海南新聞』でも香川県を舞台とする「特種民族調」(一)～(一二)を連載しており(一九一八年八月二〇日～九月二九日)、そうした認識は人種起源説の再燃と不可分であった。これまで部落問題に目立った発言のなかった大庭柯公《おおばかこう》も、「所謂特殊部落」と題して次のようにいう。「私は、穢多――通称に従つて斯く呼ぶ――の救済論者であり改善論者ではあるが、併し従来所謂穢多非人が、一般社会から擯斥され、忌避されたことに就ては、決して之を不当であるとは思はぬ。其故は即ち彼等は正しく日本国民中の退化種であり、奴隷種であり、壊血種であり、犯罪種族であるからである。(中略)又近親結婚、血族結婚の結果でもあらうが、天刑病が多いとか、皮膚□色が白晳《はくせき》であるとか、美人と美声家が多いとか云ふことは、遺伝学の研究範囲に属するであらうか」。さらには「穢多は韓民族の移住し又は俘虜となつたもの」とも記している(『大観』一九一八年一〇月、資料八―三五〇、三五一頁)。これらの論評には前記の残忍性に加えて、屠場労働や皮革製造にかかわることに対する忌避とそれゆえに凶暴とみなす偏見、血族結婚の多さ、「民族」・遺伝的特性を理由とする血族的交わりからの排除、の指摘が含まれており、それらは人種主義の復活を意味するものにほかならなかった。

このような第一から第三にあげた認識は、多分に一人のうちに重なり合って保有されており、この時期に再度このようなさまざまな憶説や謬説までが横行するようになったのは、米騒動を通じてこれまでになく幅広い関心が部落問題に寄せられるようになった反面、そのことの副作用として、大庭のように部落問題に対してほとんど知識をもたない人々までが部落問題を垣間見て発言するようになったことが大きな要因としてあげられよう。そうしてそのような人々の軽々しい発言が、社会に新たな負の部落問題認識を浸透させる役割を果たしていったのである。

第四に、これまでの例にもすでに明らかなように、一旦後退を余儀なくされたはずの「特殊部落」という呼称が米騒動を契機に復活し、そればかりか「特種部落」やすでに死語になっていたかに見える「新平民」といった呼称までが多用されていることである。なかんずく「特種部落」や「新平民」の使用は、ほぼ決まって被差別部落民衆の怨恨や残忍性の強調と結びついていた。

部落問題をめぐる議論が沸騰した米騒動発生直後の時期は、主としてそれら三種類の呼称が乱立していたが[15]、その後議論の鎮静とともに「特殊部落」が残り、結局それが定着する。第二次世界大戦後今日にいたるまで民衆のあいだに「特殊部落」という呼称が記憶され、その語の使用がしばしば差別事件を引き起こしてきたが、それはたんなる呼称のレベルにとどまらず、それと表裏一体となった被差別部落認識が、この時期に形成され、定着していったことを示している。

そして第五に、部落問題対策の緊急性が各方面から主張されたことであった。内務省は時の地方局長添田敬一郎をして、「一言にして云へば其の方法施設が微温的であつた事は免れない。(中略)特殊部落の同化には部落民直接の感化施設も必要であるが、外部の者が之に対する感情を一掃して接触するの必要がある」(資料七―二五〇頁)と言わしめ、それが原内閣のもとでの、一九二〇年以後の地方改善費の国家予算への計上に示される部落の内部改善強化策と、部落外の民衆にはたらきかける融和政策の二つの方向となって実現を見る。帝国公道会も、会長大木はすでに見たようにロシア革命に比定しての危機感に促されながら、「余は今日を以て、特殊部落をして四民と同化融和向上せしむるに、好時期なりと信じ、乃ち大方諸君に援助を仰がんとせるものなり」(「特殊部落の同化と向上」『読売新聞』一九一八年九月四日、資料七―三五〇頁)と、「同化融和」の必要を力説した。

「同情融和」の喚起

翌一九一九年二月二三日に帝国公道会主催で行われた大会が同情融和大会と銘打たれていたことに明らかなように、当該時期の「融和」は「同情」を前提とするものであった。その大会において添田は、「で一般の人々が此部落の人に対して同情を表し、或は進んで結婚までやると云ふ位に同情を表して行かなければならぬのでありまするが、此世間の同情を買ひ、全く無差別に為さしむるが為には、矢張り其部落其ものゝ人々の改善の為に自覚することが必要であらうと思ふのであります」(『社会改善公道』六号、一九一九年四月一五日、七頁。『公道』を改題)と述べ、「世間の同情」と部落民衆自身の「自覚」にもとづく改善の双方の必要を説いた。大江卓もまた、内閣に部落改良委員会を設立し「郡長なり警察署長の厳重なる監督の下に部落を実行せしめるといふ機関」をつくることと、「之れ迄極めて薄かつた敬神思想を宣伝して家族的国家に副ふべく努力す」ることの二つによる部落内部の改善の必要を説いたうえで、それと社会の同情のいずれが欠けても融和は実現しないことを強く訴えた(「後進部落に同情せよ　大江公道会副会長談」『社会改善公道』一一号、一九一九年九月一五日、七頁)。これらをつうじて「同情融和」論は、部落内部の改善と一体であることを条件に米騒動後の部落問題対策の基調となる。

　これまでの部落問題をめぐる論調からも明らかなように、社会の大半の認識は、無条件に差別する側の責任を問い融和の必要を説いていたわけではなく、融和の前提としてまず被差別部落側の修養・開発による部落外の側への歩み寄り、すなわち「同化」への努力を求めていた。ところがこれまで述べてきたように、多くは現存する格差の根底に人種や遺伝などの血筋にかかわる要因を見いだしていたため、それは容易には埋まらないものと見なされ、したがってその格差を補うものとして社会の同情が要請されることになったと考えられる。

　そのような土壌の上になる「同情融和」は、あくまで被差別部落外の個々人の善意に発する恩恵にほかならなかった。それゆえにこそそうした善意を喚起するために、天皇赤子論が機能しなければならなかったのであり、それはまた被差別部落民衆の「同化」への努力を引き出すうえにも一定の効果を果たした。

　まず前者の善意の喚起は、大江の次のような呼びかけに見られる。「外に向つて人種差別の天命人道に違反せることを痛論すると同時に国内の同胞兄弟に対して温き同情を懐き　先帝陛下の『もろともに助けあひつつ国民の睦み合ふ世ぞ楽しかりける』てふ　御歌の　宸慮《しんりょ》を実現し其御期待を空しからしめず在天の　聖霊を安じ奉ることこそ大和民族の　皇室に対する忠情にして併せて同胞に対する徳義である」(『社会改善公道』七号、一九一九年五月一五日、一五頁)と。また大江は後者の被差別部落民衆の「同化」に関しても、「部落の人々は又特別に先帝陛下一視同仁の洪徳に因て従来の賤称を除かれ平民籍に編入せしめられたのであれば其御恩に報ずるために一般社会に班列するに恥しからざる迄に人格を向上するの行持《ぎょうち》がなければならぬ上に機会あれば其機を逸せず奉公せねばならぬ」と述べて、ひたすら「皇恩」を強調し、にもかかわらず米騒動への参加はそれに背く行為であるとして、被差別部落民衆への失望と慨嘆を露わに示した(同上、一一号、一九一九年九月一五日、一四頁)。

融和の内実が人種主義を底流にもった同情によるものではあれ、ともかくもそれを実現するにはその徴表となる結婚の問題に注目せざるをえない。「是に於て困難なる一問題に到達する、其は結婚問題である、部落民との縁組みを如何にするかの問題である」と、やはり最大の障壁が結婚にあることを憂える主張も登場し(『中央新聞』一九一八年九月二〇日、資料八―三一五～三一六頁)、なかには、「特殊部落の人だとて日本人に相違ありません、ただ一種の職業階級として伝はつて、長い間擯斥せられて、今日のやうな状態になつたのです。血統を重んずる日本では、この感情を融和させるのは困難でせうが、長い年月と特別な施設とをすれば、融和することができるでせう」(16)というように、部落の人々が血統上の差異のないことを強調したうえで融和を展望する者も現れていた。

当該時期には、一九一七年と一九二〇年の二度にわたり全国の被差別部落の調査が行われており、それらにおいても新たに結婚状況が調査項目に加わった。一九二〇年の三重県の調査結果は、「部落民間の婚姻」が四四五件に対して「普通民との婚姻」は一三件にすぎず、「大いに改善の必要あるべく」とのコメントが付されている。寺内内閣のもとで一九一七年に行われた広島県の調査でも、「部落民との結婚」五五三件に対し「普通民との結婚」は二八件、他に「雑婚数」一三一とあり(『社会改善公道』一〇号、一九一九年八月一五日、一三、および一五頁)、調査の厳密性自体にも問題はあろうが、いまだ部落外との通婚がほとんど実現していない状況の一端が示されていた。とはいえ、行政側が人種起源説を説いて憚らず、融和など議論の対象にも上らなかった日露戦後とは異なり、この時期には融和の根本にある結婚の問題が関心の対象となるようになったこと自体、社会の認識の大きな変化であった。

2　「平等」理念の認知と「誇り」・「自覚」の追求

人種差別撤廃要求との矛盾

一九一九年一月に開催されたパリ講和会議に、日本がこれまでアメリカ・オーストラリア・カナダにおいて移民排斥を受けてきた経験から人種差別撤廃要求を提出したことも、米騒動に次いで、当該時期の部落問題認識に大きな影響を及ぼした。人種差別撤廃問題について詳細な研究を行った大沼保昭[17]は、「正義の立場」として人種差別撤廃を要求する日本の姿勢を相対化するような「第三の道」が、石橋湛山・吉野作造・神戸正雄らによって提起され、それらは中国問題や朝鮮問題の視点によるものであったことを指摘しているが、部落問題もまた日本政府の主張を相対化するという点において、本来それに勝るとも劣らぬ役割を果たしうるものであったはずである。なぜならば、外に向かって人種平等を要求するからには、自らの内に人種差別があってはならないはずであり、にもかかわらず部落差別は、人々によってもおおむね「人種問題」によるものと認識され、実際に人種主義の視線を浴びせるものであったからである。湛山らによる「第三の道」が日本の要求が出されてまもない議論の渦中に提起されたのに対して、そのような状態にある部落問題を見据えての異議申し立ては、それよりやや遅れて噴出する。

正親町季董は、「全体から公平に観察して所謂四大強国の一も有名無実の虚名に過ぎず、(中略)これを内面より見て日本は朝鮮台湾の新附の国民を如何に待遇して居るか、法制上同等の権利を有し義務を負うて居る我々の祖先伝来の国民が如何に社会の冷遇に泣いて居るか、斯くの如き国内の状態を放擲して置いて人種の国際的差別撤廃を唱へて見た所で一笑に附し去られるのが寧ろ当然である」(「特殊部落より見たる社会」『解放』一九二一年四月、資料一〇―四三二頁)と述べて、植民地や被差別部落の人々に対する差別を内包したまま外に向かって人種差別撤廃を声高に叫ぶ大国日本の矛盾を突いた。この点は地方議会でも議題に上り、たとえば一九一九年一一月二七日の愛媛県通常議会においても、「今日ハ世界的人種平等案ト云フヤウナ時代ニ相成ツテ居ルノデアリマスガ、然ルニ国内ニ尚ホ且此人権的ノ差別ヲ設ケマシテ、サウシテ総テノ方面ニ衝突ヲ来シテ居ルト云フコトハ、実ニ大正ノ奇怪事ト申シテ宜カラウト考ヘルノデアリマス」との発言がなされた(資料九―一九五頁)。このように部落問題は、いまだ大きな力とはなりえないにせよ、部落差別を内包したままの国民国家のあり方に、内側から揺さぶりをかける存在であり続けた。[18]

このような状況のもとで、被差別部落にも新たな動きが生じていた。その一つは、差別撤廃を求める団体が各地に叢生しはじめたことであった。

一九二二年埼玉県北埼玉郡忍町に創立された北埼公道会は、「思ふて、是に至れば同国内に於ける同民族の差別撤廃は且に急なるものがあるのを知るのである。是に於てか吾人は諸君の聡明なる理智と、焔の如き熱愛とに訴へて、内は同胞の融和を計つて国力の充実を期し、外は列国に向つて人種差別てう帝国の使命に竿さし全人類をして、等しく生の幸福に浴さしめんとするのである」(資料九─七四〜七五頁)と謳っており、人類平等という〝開かれた〟近代的理念に期待を託して生まれたものではあったが、会則のなかでは平等のよりどころが「維新ノ御誓文ノ趣旨ヲ奉戴《ほうたい》」することに転じており、人類平等という普遍主義と日本独自の天皇主義との併存が見られる。このような傾向は当該時期の多くの団体に共通しており、一九一九年四月二〇日長野県にできた上高井平等会も、そもそも上高井郡内人種差別撤廃協議会を継承したものであったが、「講和委員牧野男がヴエルサイユの檜舞台に於て人種差別撤廃を叫びながら国内には特殊部落など〻人種の差別をするは甚だ不徹底の事だ斯の如くにして如何に講和の結果が　国民の期する如き効果を得るや覚束なし国民は何れも　陛下の赤子宜しく差別を撤廃し共同一致事に当る可し」(『社会改善公道』七号、一九一九年五月、一一頁)との発起者代表北沢忠三の挨拶にも明らかなように、やはり同時に天皇赤子論を内包させていた。人類平等という普遍主義は、このように天皇主義の克服を経て摂取されたものではなかったために、以下に見るようにこののちしばしば頭をもたげてくる天皇主義によって、いともたやすく凌駕されていくことになるのである。

二つ目は、氏子差別などの共同体からの排除が急速に問題化するにいたったことである。福岡県田川郡安真木《あまぎ》村の村社住吉八幡神社では、氏子二〇〇戸中被差別部落の三五戸は、氏子としての費用一切を同等に負担しているにもかかわらず神幸祭典の際に神輿・山笠担ぎなどの神役から排除されてきたが、この時期に紛擾が起き、小倉にあって帝国公道会の活動を担う吉村争水の仲介により排除を改めることで解決したという(同上、二二号、一九二〇年八月、四〜五頁)。福井県三方郡耳村でも郷社弥美《みみ》神社の氏子から部落が排除されていたが、「時勢の進運と共に斯る人種的差別を設くるは人道上且つ思想上面白からず」との意見が出、村長・巡査等の介入により加入が決まったと報じられている(同上、一七号、一九二〇年三月、六頁)。

ただしそのような急速な氏子問題の進展の背景には、吉村争水が部落外民衆を説得する際に、「今や政府の当局者も時代の大勢に鑑みて、盛んに敬神崇祖の大精神を涵養しなければならんと屢々訓令を発して、非常に心配をして居られる時節だから皆さんも多少不満の点も有らうが、私が先日の改築委員総会に申出た榎木村民の希望を切に容れて戴きたい」(同上、二二号、七頁)と述べたように、部落に敬神思想が希薄であることが問題視されはじめたという状況があった。第一次世界大戦後に実施された民力涵養運動では、地方改良運動時以上に国体観念注入の手段として神社の役割が重視されており[19]、内務省も「部落改善上適切と認め、政府の奨励しつゝある種目」の一つに「敬神崇祖心を涵養すること」を挙げている[20]。このように政府が神社を部落民衆の統合にも活用しようと積極的に考えはじめたことが、問題の解決を促す方向に作用したという側面も考えられるのであり、その意味で氏子加入の権利獲得は、平等の権利と引き替えに「国家観念の養成」というイデオロギー措置への包摂の契機を孕んでいたといえよう。

三つ目は、ふたたび被差別部落の呼称問題が浮上してきたことである。

大和同志会の拠点である奈良県では、同志会が成立して以来「特殊部落」という呼称に対して異議申し立てが噴出し、その運動の延長線上に、次のような動きも起こっている。高市郡白橿《しらかし》村洞《ほうら》部落は、一九一七年に宮内省から提起されて「御陵地」に編入するため「献納移転」が行われることとなり、それを報じる一九一八年三月一八日の『大阪毎日新聞』記事に「特殊部落」の呼称を用いた差別的な表現があったことから、同地区の部落民衆は、「特殊部落の賤称を付し先天的劣等人種を以て遇せらるゝことは同仁一視の国体の精神に悖戻したる不徳の言辞と遺憾に存候」との抗議を申し入れ、『明治之光』もその抗議文を掲載して抗議運動を支援した(『明治之光』七巻四号、八～九頁)。さらに前貴族院議員木本源吉ら奈良県部落改善有志団五〇余名は、「特種部落又は細民部落の呼称は全然廃止し当分改良町村と称せられたきこと(特種とは特異の種族なるが如き感あるを以て絶対的に廃せられたきこと(後略))」を謳った「建議書」を首相・内相らに提出し、一九一九年九月一五日に行われた奈良県各部落代表者協定事項でもそれを承けて「特殊部落ナル名称ヲ用ヰサルコト」が入れられた(資料九―一四九、および一三七頁)。

この事件のみならず、米騒動時の「特殊(種)部落」「新平民」といった呼称の跳梁跋扈は、第一次世界大戦後のデモクラシーの潮流とも相まってそれへの反省を促し、呼称のもつ意味を再考させるきっかけとなった。全国水平社創立大会の宣伝の場と化したことで知られる、大日本平等会主催で行われた一九二二年二月二一日の大日本同胞差別撤廃大会では、それらの呼称を避けて「少数同胞」(または「少数の同胞」)が用いられた(『社会改善公道』二八号(一九号と誤記)、一九二二年三月一五日、一～二九頁)。また全国の代表者会議の場でも、「今日差別撤廃の世の中に、縦ひ後進の人達なるにもせよ、「部落」「部落民」などの語を用ふるが如きは甚だ当を得ざることにして、此等の人達に対して気の毒に堪へず。(中略)何とか他に適当の語なきものにや」(大阪府早崎嘱託)との問題提起がなされたのを受けて、徳島県では「地方改善」を用い、その結果「改善を受る人達も好感を以て迎へつゝあり」(徳島県課長代理岬嘱託)という状況が報告されて注目を集めた(資料一〇―二四頁)。ちなみにこの「地方改善」という名称は、「部落改善」の意で一九二三年から内務省によって採用されたが、一九二五年に中央融和事業協会が設立されて以後は、「地方改善」と融和運動を総称するものとして「融和事業」という語が一般的に用いられるようになっていく。

歴史研究における人種起源説の粉砕

第一次世界大戦後に起こってきたこのような平等であり〝同じ〟であろうとする動きを学問研究のうえから支えたのが、歴史学者喜田貞吉による部落史研究であった。

一九一九年一月、個人雑誌として『民族と歴史』の発行をはじめた喜田は、その半年後の七月、二巻一号を「特殊部落研究号」と題して部落史研究の特集号に充てた。喜田はすでに米騒動発生の年の夏からそのための準備にかかっていたといい[21]、その「発刊の辞」には、「之(被差別部落の人々をさす―引用者)を自然の成行に放任し居り候事は、啻に彼等に対して同情に堪へざるのみならず、又彼等を解放し給へる先帝の聖旨に副はざるのみならず、現時人種差別撤廃を世界に対して呼号する我が同胞間にありて、なほ此の差別撤廃の実現せられざる事は、洵《まこと》に相済まざる次第と存じ候」(二頁)とあり、喜田を部落史研究へと駆り立てた要因の一つがやはり日本が提出した人種差別撤廃要求であったことがわかる。

喜田は、「一学究たる小生は、ただ平素抱懐致し居り候日本民族成立上の知識よりして、彼らが何が故に区別せらるるに至りしかの歴史的研究の結果を披瀝し、今に至つて尚之を区別するの妄なる所以を明ならしめ、以て一般世人をして彼等を疎外するの念を絶たしめ、彼等をして自覚反省するの資を得しめんとするものに候」(五頁)と述べて、自らの部落問題に対する基本姿勢を明らかにしたうえで、さらに次のようにいう。

なほ一般社会が、彼等を疎外排斥するの挙を止めず、たとひ表面何等区別することなき場合といへども、そこになほ隠然融和し難き或る障壁の存するものあるは、因襲の久しき、漫然彼等は賤《し》しきものなり、穢れたるものなり、我等と同席すべきものにあらざるなりと教へられ、然か盲信するの結果に外ならざる事に有之候。されば此の障壁にして撤去せられず候ては、たとひ如何に彼らが蓄財し、清潔なる生活をなし、よく其の健康を保全し、其の生活を向上せしめたりとて、依然として彼等は、救済せられたる特殊部落、改善せられたる特殊部落といふに止まり、其処にある種の隔離はなほ永く保存せられ、渾然たる同化融合の実は、之を久遠の後に期すべきにあらずやと懸念せられ候事に有之候(四頁)。

喜田は社会の側の「賤しきもの」「穢れたるもの」とする意識を問題にし、その根底には人種起源説があることに注目する。それゆえ「エタ源流考」と題する論文では、「まずその結論を初めに廻して、一言にして自分の所信を言えば、もと「エタ」と呼ばれたものは、現に日本民族と呼ばれているものと、民族上なんら区別あるものではないということに帰するのである」との一貫した見解のもとに、「エタと非人と普通人とは、それ〴〵関係のあるもので、本支分流互に網の目をすいた様に組み合つて居て、とても簡単な系図ではあらはす事の出来ない程のものである」ことを提示して見せた（一一三頁）。そのような、「エタ」がけっして区別される存在ではないことの実証は、喜田自身「永く部落の民であるよりも、先ず日本の民となるが急務であります」（『民族と歴史』四巻六号、一九二〇年一二月、資料九―四四二頁）と述べるように、第一次世界大戦期に台頭してきた主張と同様、植民地領有国となった日本の新たな統合のあり方として、アイヌや朝鮮の人々をも射程にいれた大日本帝国への「同化」を実現するという課題と不可分であった(22)。しかし人種平等という普遍的原理が台頭する一方で、米騒動を機に被差別部落を特殊視する風潮も強まり、それら双方が交錯していた状況のもとにあって、喜田が歴史学という学問的根拠にもとづき、後者を粉砕したことの部落問題をめぐる認識に与える影響は、すこぶる大きかったといえよう。

加えて喜田は、「特殊部落」の民、そしてより広く「貴族官僚の徒を除外したる農民以外の一切の民衆」である「特殊民」が、系譜的に固定した存在ではないことをも強調する。「世界の奇蹟ともいうべき堂上諸家の祖孫相続のごときも、もしよくその系図を遡《さかのぼ》ってみたならば、きわめて幸運なる少数の人々の子孫のみが後を伝えているのであって、その陰には無数の落伍者の隠れていることを発見するのであろう。その他の貴族高氏に至っても、厳密にその家柄を洗ってみて、果してその何分の一が自ら称する家系を立証しうるものがあろうか。思うてここに至らば、貴といい賤というも皆同一の日本民族であって、いずれもわが社会組織上における、一時の現象たるにほかならぬことを了解し得るであろう。特殊民といったからとて、あえて本からの特殊民でもなければ、また永久の特殊民であるべき理由はない[23]」と。喜田は、「堂上諸家」「貴族高氏」をも俎上に載せて「家系」に対する幻想を打ち砕き、被差別部落民衆の差別からの解放に努めた。

なお喜田自身、被差別部落を〝特殊〟な存在と見なすことには断じて異を呈しているにもかかわらず、特集号を「特殊部落研究号」と命名したのは、「特殊部落」が被差別部落の呼称として一定の定着を見た段階では、必ずしも「特殊視」を伴っていたというわけではないことを付言してのことであった。この点についてはすでに鹿野政直の指摘にもあるように、喜田は「なるべく『特殊部落』の語を用いたくはない」としつつも、「説明上、何とかの名称を用いねばならぬ場合には、この語が一番弊害が少いもの」との考えから、それを慣用したのである[24]。「特殊部落」という呼称は、以後も喜田のように人種起源説を含意しない場合も含めて広く用いられていったのであり、それはとりもなおさず、「特殊部落」に代わる適当な呼称がそれほどに存在・定着していないことを意味するものであった。

「人類平等の大義」による「同化」の促迫

人種差別撤廃要求や中国・朝鮮からの民族自決の訴えは、「人類平等の大義」として部落問題に重ね合わされ、たんにその両者の間の矛盾の存在を突くだけにとどまらず、従来からの「明治大帝の皇誓」と併存して、当該時期の「同化」のよりどころとして機能した。一九二一年に帝国公道会により開催された同情融和会第二回大会では、成沢卯吉ら長野県からの参加者四名の謝辞のなかに、「明治大帝の皇誓を本とせられ人類平等の大義に基き同胞相愛の至情より深甚なる御同情を寄せられ」と述べられている(『社会改善公道』二八号、一九二一年三月、八頁)。すでに見たような米騒動以来の「危険思想の胚胎」への危機感(大木遠吉、資料一〇―二六頁)に加えてそのような普遍的価値が提示されたことは、「同化」の必要をいっそう部落内外に促すこととなった。

そのような思潮のなかで一九二〇年に誕生した岡山県協和会の趣意書に、「自由と平等と博愛とこれ世界の主潮にして又実に天地の真理也」(『社会改善公道』二四号、一九二〇年一〇月、二頁)と謳われているように、そういった主張はあちこちに現れ、のちに水平社に比肩するものとして高い評価を与えられてきた広島県共鳴会もまた、そうした思想状況のなかで、「はなはだしいかな人道の軽視せられるや、これが為に声を呑み、是がために恨みをいだく者、古来少なしとなさず。およそ生を人間にうくる者は、皆ひとしく均等の人格を認められざるべからず。しかも因習の久しき、尚往々人格を無視し、他を遇するに、奴隷人を以てする者あり何ぞ顧みざるのはなはだしきや」(25)という主張をもって一九二一年三月に誕生した。

その前年一〇月に結成をみた信濃同仁会も、部落差別は「啻《ただ》に正義人道に背する」(26)ものと断じるだけの強さをもって歩みだした団体であった。

広島県内務部地方課『広島県部落状況』(一九二〇年)の巻頭にも「曩《さき》に国際会議開かるゝや人種平等を叫びし我等は、内差別的待遇に泣く同胞あるを如何せん、挙世滔々矛盾多しとは云へ、此一大皮肉を如何にか観る」(資料九―三五一頁)と記されており、「人類平等の大義」は、為政者に被差別部落認識の一定の修正をも迫った。しかし人類平等の普遍的原理は、多くの場合表層にとどまって具体の部落問題認識と十分に対峙しえず、またそうした普遍的平等と、天皇のもとでの平等という閉鎖的な平等論の違いや矛盾が自覚的に追及されることもなかった。

むしろそうした矛盾を補う機能をもって台頭してきたのが、すでに帝国公道会の主張のなかに萌芽的に現れていた「帝国臣民」の範囲を拡大することによる同化・統合の主張であった。「人類平等の大義」を大日本帝国の構成員に適用しなければならなくなったときに、従来平等の枠組みの外にあった人々をも「帝国臣民」の範疇に入れることで、両者は矛盾なく併存しうる。原敬内閣のもとでの、パリ講和会議における人種差別撤廃要求と朝鮮支配の同時的遂行も、そうした枠組みのもとに可能となったものであり(27)、前述の喜田貞吉の学問的営為もそのような状況に合致するものであった。

さらにそうした根拠を背景に、部落解放は当然との主張が現れるにいたったことも、当該時期の注目すべき変化であった。

大島不尽は、喜田の研究をふまえつつ、「部落の解放が自然であり、合理であり、正当である以上「部落を社会の差別感情の束縛迫害から解放せよ」と叫ぶのは叫ぶ人の仁侠でも温情でも慈恵でも何でもないのである。只、それは当然のことを当然にしたと云ふに過ぎない」とし、「日本民族の社会に於ける部落民の公正に向つての解放は、道義の世界に於ける彼等の権利であるのだから、部落問題の真個の解決は彼等のこの道義上の権利を正当に認めることに初まらねばならない」と述べる。そうしてそのうえで、二つの具体策を提示する。一つは「結婚同化」の必要であり、もう一つは「私の切に望む所は部落の先達が中心となつてこの百二三十万の部落民の大同団結により、団体の力と団体の訓練によつて三百年の馴致が齎《もた》らしたる差別感情てふ、社会的環境に対抗し、而して部落の文化を向上さすだけの意気地あらんことである」とあるように、部落民衆自身の団結の必要であった。(28)『中外日報』(一九二二年二月二三日)もまた同時期に、「同胞差別の不可なるは何人も首肯しないものはない、差別撤廃の急務は万人によつて意識せられて居る」(資料一〇―三二頁)と述べていた。(29)

中江兆民に師事し、かねてから部落解放に論陣を張ってきた前田三遊は、「漢字制限論もある折から、えらい人が死んだとて、薨去《こうきょ》などと云ふ文字をつかひ乍ら、死を差別して居るものが、世上先覚の新聞記者にも多い。生を差別するのは、(30)寧ろ当然であるかも知れない。こんな風だから、デモクラシーも附焼刃になるのである」と、天皇が特別の処遇に置かれることの不合理を引き合いに出しながら、部落差別の存在を許している社会の、デモクラシーの皮相性を俎上に載せた。前田の主張は、大正デモクラシー期の平等論というよりはむしろ兆民以来の自由民権思想の系譜を汲むものであるが、当該時期にこのような一君万民論や天皇赤子論の枠組みを打ち破る普遍的平等に徹した主張が現れたことは、平等思想の深化の一面を示すものといえよう。

「愛」と「正義」による差別撤廃の認知

当該時期にはまた、「人類平等」の思潮を代表するものとして一つの新たな運動が誕生した。有馬頼寧率いる同愛会がそれである。同愛会は、旧久留米藩主を父に持つ有馬が、華族として皇室を守らなければならないとの使命感から、高知県の被差別部落出身で自由党の壮士であった井上平八郎や代議士を務めた柳田守次郎らのはたらきかけを承けて、一九二一年四月、自ら会長に就任して結成にいたったものであった(31)。

当初は『愛に満てる世を望みて』と称し、やがて『同愛』と改称されたこの機関誌を追っていくと、同愛会がそれ以前の帝国公道会とは明らかに異なる、「開かれた」価値に根ざした運動であったことが見てとれる。たとえば、「先年来我が政府及び識者は世界に向つて人種差別撤廃を叫んで居ります。正義の主張として誠に結構な事でありますが、翻《ひるがえ》つて自国を観まするに、顕然として上記差別の事実が存在して居るのであります。何といふ矛盾した不合理な、没人道な事でしやう。之れは単に虐げられたる人達の不幸に止まらず、直ちに国民全体の不幸であります。罪悪であります(32)」とあるように、部落差別は「不合理な、没人道な事」であり、その撤廃は「正義の主張」と位置づけられた。したがって「特殊部落。何たる忌々しい侮蔑の言葉であらう。(中略)最低限度の正義(Right)の希求は法律の力に待つて、不正(Wrong)の者には制裁を加へ得る如《よう》な規定がなければならないのだ[33]」というように、「正義」にかなわないものには制裁を加えるのが当然とする強硬論も登場した。こうして同愛会においては、部落差別撤廃は「正義」として認知されるにいたる。

トルストイの日記を見て「其必要を痛切に感じた結果」自らも日記を書くにいたった[34]というほどにトルストイへの心酔を自認する有馬は、一方では、皇室を擁護するという使命感がきっかけだったというにふさわしく、『愛に満てる世を望みて』創刊号巻頭に明治天皇の歌を掲げていた。そして彼がそれと並んで依拠しようとしたのは「人類の愛と霊とを繋ぎ合ふべき愛の精神」であり、それによって「社会改造」を成し遂げ「真の愛に立脚した融和」を実現するという理想に燃えていた(「宣言」)。有馬のいうその「真の愛」は、帝国公道会が喚起しようとした、被差別者よりも一段高みに立ったところからの同情とは異なっていた。有馬が、「吾々が大それたお前達を解放してやらうとか、お前達を救済してやらうとか、お前達を引上げてやらうとか、同情の理解のと云ふことは御互の間に言ふ可らざることであらうと思ひます」といい、「解放を要するものは必しも部落許りではありませぬ。吾々自身が第一解放されなければならない、吾々は此日本社会と云ふものを立派なものにして、吾々日本の社会に生存をして居る総ての人を幸福にすると云ふことが吾々の務だ。解放されなければならないのは部落の人達だけではないのであります」(「最初の叫び」)(一九二一年冬に行った演説の速記)『同愛』三五号、一九二六年六月、七〜九頁)と述べるとき、そこには自己の解放の問題として部落問題がとらえられており、努めて自らが被差別部落の人々と同じ位置にあろうとしていたことがわかる。有馬が、トルストイの農民解放への対応を引き合いに出しつつ、いまだ総ての財産や地位を擲《なげう》って部落解放に挺身することのできない自分の弱さを吐露しているのも、一九二〇年代に多くの知識人が社会運動に向き合って煩悶せねばならなかったと同様、〝同じ〟であろうとするがゆえの苦悩であった。むろんそれは、優越感を覆い隠そうとする行為であるともとれるが、そのように同愛会は、部落民衆と努めて対等であろうとするからこそ、米騒動後部落民衆の反発を買いしだいに影響力を失っていった帝国公道会に代わって、一定の支持を獲得しえたのだといえよう。帝国公道会に対しては、有馬自身も「大木伯等の主唱する特殊部落民との融合会等といふものは最もつまらぬもので特殊部落などと公言する事が已に真に融和の精神なき証拠である」(「日記」(一)一九一九年一月三一日、八六号、一一八頁)との批判を投げかけており、部落解放が「人類平等の大義」に照らして「当然のこと」となったいまや、有馬のような対応こそが社会秩序維持のためにも求められていたのである。(35)

有馬の皇室観・社会主義観などは、やはり第一次世界大戦後の「人心の変化」にいち早く強い危機感を示し、デモクラシー状況に対応した国民の皇室への親近感の創出に努め、「国体」を揺るがすような動向に対しては強行姿勢で臨んだ原敬のそれと共通点が多い。原と原の率いる立憲政友会を民本主義の潮流のなかの政治の場における支配層の対応の一つの典型とするならば、有馬と同愛会は社会問題における対応として同様の位相にあったといえよう。有馬の残した日記からも、それらをうかがい知ることができる。一九一九年元旦よりはじまる日記には、「労働問題」「社会問題」の語が頻繁に登場し、有馬がそれらに強い危機感を抱いていたことが伝わってくる。『原敬日記』にも詳細に記されているように、原は権力の位置にあって、実際に表出した危険と認識される民衆運動を徹底的に弾圧することによって「国体」を護ろうとしたのに対して、在野にある有馬は、自ら底辺民衆の救済にのり出し、先手を打つことにより、その目的を貫徹しようとしたと考えられる。有馬は次のように記している。

現代に於ける社会問題中重大なるものが二つある、一は資本家対労働者問題他は貴族対平民の問題である。前者は主として物質上の問題であって後者は主として精神上の問題である。従って前者の解決は物質に依るか《ママ》後者の解決は之れを精神に俟たねばならぬ、然るに実際を見るに物質的の政策は近年漸く成らんとして居るけれども精神的方面は全然閑却されて居る、これをいひ換れば下層階級者も上層階級者に対する憎悪の念は必しも物質上の不平均といふ事のみには因しない、社会的不平等に基くこと大なのである、然るに多くの人は物質上の救済のみに由って此問題を解決せんとして居るのは大なる誤である。物質上の欠陥は物質を以て之れを救ふべく精神上の欠陥は精神を以て之れを補ふべきである(「日記」(四)一九一九年補遺、九三号、八八頁)。

これは、「最も貧しい階級の人達」(同上、八七頁)からなる「特殊学校」と称される玉姫小学校の卒業生を組織して自彊会《じきょうかい》をつくった動機について述べたものであるが、同愛会もまた、同様の考えに根ざしていたと推測できよう。

このように「下層階級者」が「上層階級者」に抱く「憎悪の念」を危険視する有馬は、一九二四年の清浦内閣成立に際しては、「貴族院内閣などいふ時代錯誤のものが現れやうとする。貴族院の人達の無思慮無謀が華族の滅亡を始め延いては皇室の将来をあやうくすることを慨く」(「日記」(九)一九二四年一月四日、一〇六号、八三～八四頁)と記した。有馬によれば、「華族廃止などいふ事を華族以外の人ニよつて唱へられ遂行せらるゝニ至つては我々の恥辱」なのであり、「我々は是非自らこれをなさねばならぬ」のであった(「日記」(三)一九一九年八月二二日、九〇号、一〇二頁)。それゆえ有馬は学習院などの特権の廃止を常々主張するとともに、(36)「どうか華族全体が社会的事業のためニ一致協力して益する様になり度いと思ふ」(「日記」(三)一九一九年一〇月三一日、一一三頁)と、特権的地位にある人々の社会事業への献身を呼びかけたのであり、同愛会は有馬自身によるその実践の産物なのであった。「日本建国の精神とは君民一致日本国を完成せしむるといふ事てある」(「日記」(五)一九二〇年二月一一日、九四号、一〇五頁)と考える有馬にとって、皇室を中心とする「君民一体」の秩序を維持することは至上の命題であり、人類平等もそれとの齟齬を来さない限りにおいて適用されるものであった。ちなみに有馬が朝鮮人差別の問題に言及していないのは、喜田貞吉とは異なり、有馬にあっては朝鮮人は君民一体の範疇の外に置かれていたからであろう。

立ちはだかる「家」・「因襲的精神」

このように、有馬と彼の同愛会に代表される人類平等理念が従来の同情融和を凌駕しつつあるなかで、「部落学校」の統合などによる実生活レベルでの「同化」も進展した。また、社会の流動化によって部落民衆が都市へ労働者として働きに出る機会も増大したことが差別を新たに顕在化させる側面ももち、依然、そうしたたてまえの裏面に存在している差別意識を浮かび上がらせることとなった。一九一九年三月、第四一議会衆議院本会議において政友会の福井三郎代議士から各派有志を代表して部落改善に関する建議案が提出された際に、政府委員添田敬一郎が答弁に立ち、次のように述べている。

自来一般民と所謂特種部落との間には、公の上においては何等差別もないのでありますから、無論政府に於ても是等の者に対して特別の待遇をするとか、特別に軽侮するというようなことは一切ないのであります。ただ併しながら、とに角此部落民に対する一般民衆の観念は甚だ遺憾ながら数百年来の習慣に基づいて、侮蔑する観念が今尚止みかねて居る状況であります。殊に結婚の如きに至りましては、到底一般普通平民と互に婚礼をするようなことも避ける気味合いでありまして、従って部落民も一般民に対して常に猜疑心を持つような傾きがまだ取りきれない(『集成』補一、一二頁)。

米騒動時には部落民首謀説を論じて憚らなかった添田が、わずか三か月余りのちには、「公の上においては何等差別もな」く政府もいっさい差別的処遇を行っていないと言明しているのは、もちろん議会での答弁という公式の場であることにもよろうが、一つには、パリ講和会議をはさんでの短期間の部落問題をめぐる社会状況の変化に影響されたところが大きいと考えられる。一九一九年初頭は「デモクラシーの世界の大勢」が急速に日本社会を席巻したときであった。しかしここでそれ以上に重要なのは、添田自身が語り、彼自身も免れていない、民衆意識に現れたたてまえの平等とその背後に存在する差別の二重構造である。

同愛会に集う一員からの次のような訴えもある。「部落内に居住する為めに、一般民から侮辱せられる苦痛に堪へかねて、愛する故郷を見捨てる時は即ち親子兄弟と生別する時で、其の多くは終生文通をすら断つのである。(中略)世界に誇りとする日本の家族制度にも此の欠陥があることを思ふて貰ひ度い。(中略)人種平等を叫ぶ秋《とき》、感情や因襲に囚はれず、国民協同一致して国威を宣揚し、大御心に副ひ奉らねば文明国民として誇る資格がないと我等は信ずるのである」(37)。ここにも人種平等理念の一方で、実は家族制度による部落差別が併存していることが指摘されている。その解決策の一つとして、寺田蘇人こと寺田勇吉によって、「我国民は尤も武士を尊ひ家柄を重ずるのである」ゆえに「士族の称号を全廃するのが最も必要かと思ふ」と示唆する主張(『不幸の同胞』資料九―四一七〜四一八頁)がなされたのも、そうした「家」意識の根強さを看取してのことであった。

『丁酉倫理講演集』には、部落に生まれた「一少女」との結婚問題に悩む「和歌山県なみ」からの次のような問いが掲載された。

私の父母姉及び親族の人達殆んどすべてがこれに反対いたします。或はかうした結婚によつて多少の由緒ある私の家系に拭ふべからざる瀆《けが》れた血を交ふるとの故に、或は汝自己の満足のために、子孫にも罪なくして社会より擯斥するところたらしむるかとの故に、或はこれがために汝の将来栄達の芽を啄《ついば》まるゝとの故に、殆んど絶対的に反対せられます。私はかうした反対説はすべて頑迷な因襲的精神より出づるものであつて、何等合理的な言ひ分ではないと考えます。そして私が彼女と結婚せんと欲するに至つたにはより合理的な理由もあり、相互に理解した深い愛情のあることを自ら信じて居ります。此際私は父母其他の人々の言に反いてあくまでの私の希望を貫かうかどうか。家系とか血統とかいふものと、私自身の全身の希望といづれが重いものであるか。の判断に苦しんで居ります。(中略)終りに私は、まことにコスモポリタニズムを主義とし、また或意味のデモクラシー、或意味の社会主義を信ずるものであり、そしてまた現に一特殊部落の教育に従事してゐる者であることを附言いたしたいと思ひます。

それに対する回答は、部落差別が「陋習」であることを認めつつも、「家族、社会、国家を無視した個人主義は最も不健全な有害な思想」であり、「一男一女が結婚するでさへ私事でない、一種の公事である」ゆえ「父母兄弟を納得させること」が必要である、とするものであり、[38] 結局「人類平等」やデモクラシーなどの新たな思潮は、いまだ「家族、社会、国家」の美名に蔽われた「家系」や「血統」に固執する「因襲的精神」を打ち負かすにはいたっていなかった。

自由恋愛の進展[39]は、「家」を突き崩す一つの力ともなりうる反面、それゆえの問題化を促したといえよう。なかには有馬頼寧のように、「よく人は新平民を差別せぬなら君に嫁をくれといふたらやるかと問ふ人かある。それは聞く人かまちかつて居る、娘は親か他人にやるのではない。娘か行くのではないか、娘かそれをよしと信じたら行くもよい、親がそれを何ともする権利は無い筈だ、これは結婚といふ事ニ関する考の根本的誤謬だ」(「日記」(六)一九二〇年六月二三日、九六号、一二〇〜一二一頁)とする主張も現れた。しかしいまだようやく増加しはじめた自由恋愛も、父母兄弟をはじめとする「家」の軋轢の前に屈してしまう場合も少なくなく、なかんずく部落差別の壁を乗り越えるだけの力を大半は持ちえなかったと考えられる。

このように結婚において被差別部落が排除されるがゆえに、新たな偏見を生じさせる悪循環がおこっていた。大阪時事新報記者の吉井顗存は、「関西の特殊部落」という評論を雑誌に連載し、そのなかで次のように記している。

ここに一つ悲しい不祥事とも見られるのは、一般人民との交通を遮断され、通婚を禁止された自然の帰趨として、かれ等部落民と部落民、部落と部落との間に於てのみ通婚し、血脈を溷濁《こんだく》せしめたことである。なかには同族結婚、或は親子の相婚、兄妹の通婚なぞも、かれ等の間に於ては——一般人民に於ても皆無とはいへまいが——一時は不思議がられなかつたらしい。現に信濃の部落に於ては、他の排済のため、いまなほ同族結婚の弊風が一掃されぬといふことである。そここの部落には血の濁つたらしい白人種らしい女がゐる。その少女が社会的に恵まれぬ境遇からまた本意ない交婚を重ねる。この故に信濃に於ける一般民の穢多を蔑視軽蔑すること、比較的文化の進んだ長野県のこととは思へぬまでに甚だしいといふ(『変態心理』八巻一一号〜九巻四号、一九二一年一一月〜二二年四月、資料一〇—三九三頁)。

これは結婚差別ゆえにまた「同族結婚」という偏見を生じる悪循環の一例である。

商業政策史研究者井上貞蔵の著した「特殊部落の解放」は、一九一七年の内務省全国調査において「普通民との婚姻」が三パーセントであったことについて、「その三パアセントも大部分は自由結婚に基くもので親が不承知なのが多いと云ふ。(中略)毛色の変つた外国人と結婚するさへ馬鹿にされなくなつた今日同じ日本人である特殊民とは、婚姻はおろか交際さへ碌々しないに至つては因襲の余弊も亦甚しいと云ふべきである」との分析を加え、「そこで彼等は血族結婚を余儀なくされる。遺伝によつて彼等の短所は益々特徴づけられる。彼等社会特異の習慣あり、眼疾多き亦一原因をここに存してをる」と結論づける。後段は井上自身の認識の誤まりによるものであるが、遺伝の知識の浸透により、「血族結婚」による遺伝的特質という新たな偏見が生まれていったことを示唆している。しかし前にも述べたように、民衆レベルにおいて「血族結婚」が主たる理由で部落が排除され差別されたことは考えにくい。井上が「劣等視する者の理由」として、⑴非文明である⑵異人種である⑶賤しい職業を営んでをる⑷何だか嫌である、の四つをあげているように(『雄弁』一一巻一一号、一九二〇年一一月、資料九―四三六~四三七、四三九頁)、「非文明」のもの、生活習慣等において異質と見なされるものに対する漠然とした忌避の感情が中核にあって、むしろ「血族結婚」の「結果」と見なされた「特異性」がそのような認識を助長していったと考えるべきであり、「血族結婚」といったプロセスそのものが、優生学の観点から忌避されていたとは見なしがたい。

その一方、徐々に後退しつつあったとはいえ、⑵にあるように、あるいは「社会の彼等を排斥するは殊更爰《ここ》に言明するまでもなく彼等先天的賤民と云ふにありて、風俗衛生教育等の不完全にあらざることは社会一般の認むる所である」(寺田前掲『不幸の同胞』四一七頁)ともいわれるように、「異人種」と見なすことによる根元的な排除の意識も依然存在していた。その点で島崎藤村の次のような指摘は、本質を突いていた。「仮りに今日の部落民が、もっと自由な空気を呼吸し得る位置に立ったとして、軍隊生活に於ても差別的な取扱ひを受けないやうになり、学校生活に於て他の児童と同じやうに修学を楽しめるやうになり、其他種々な改善が行はれるやうになったとしても、果して其時になって、多くの部落民が真に解放されたと云ふ心持を持ち得るでしやうか。其処にはきっと結婚の問題が頭をもちあげてくるだらうと思ひます。そしてその結婚の問題が一番の難関として最後まで残るだらうと思ふのです。それにつけても社会組織の最も深い根柢が「性」にあることをしみじみ感じます」(40)。

民衆の意識の大勢は、「通婚同化の如きは思いもよらない現状である」(41)という状況であり、また、平等理念が定立したからといって民衆の露骨な差別的言動に歯止めがかかったというわけではなかった。京都駅の「駅夫」「警手」による二少年への暴行事件があり、その際に二人は「穢多か穢多なら殺してやってもよい」「穢多ならまだまだ虐めてやれ」といったと報じられている(資料一〇―一三八頁)。また、「私が小供時代には、小学校で小供同士の喧嘩でも一と口毎に「穢多」を連発された者で、之を教員に訴へれば、彼の教員曰く、何だ穢多を穢多と云ふ事それに違ひないだらうと云ふ。余りの事に何回学校を中止したものか」(42)という訴えも寄せられている。このような状況に一定の歯止めがかかるのは水平社の差別糾弾闘争を待たねばならなかった。

〝立ち後れたる部落〟認識

とはいえ、喜田による前述の人種起源説粉砕なども奏功して、被差別部落と部落外の差異は絶対的なものではなく、進歩や改良の度合によるものとの認識が生まれてきたことも大きな変化であった。内務省社会局が部落改善事業を、「立後れたる部落をば改善し、普通部落の地位に向上させる為の働きである。所謂部落と普通部落との差別を撤廃せんとするの努力である」と定義づけていることは、そうした認識を如実に反映していた。「立ち後れた」という認識は、第一次大戦を通じての国家の〝繁栄〟と衛生思想の徹底などの社会の近代化の進展によって促されたという側面があろう。ともあれ、両者の差異がたんに近代化の進展の度合という相対的なものであり、努力のいかんによってはその差が埋められるとの認識が登場したことは重要である。それは続けて、「而して更に此の事業を国家的に見れば、地方の開発を図り、国力を充実せんとすることであり、社会的に見れば、社会の欠陥を補正し、思想を善導することであり、人道の上より見れば、人道を闡明《せんめい》し、人類相愛を徹底することであり、又文化の上より見れば、生活を改善し、文化を促進することとなるのである」と述べており(『集成』補一、二五〜二六頁)、「人類相愛」という「開かれた」思考は、そのような内務省の政策の変化にも影響を及ぼしていたのである。

部落が「立ち後れた」ものと認識されるとき、依然問題の一端をかたちづくっている「衛生風儀住居等」の問題がいっそう浮かび上がってくる。広島県当局は、被差別部落民衆に対する「一般民ノ要求」として、「イ、善悪ヲ弁別シ猜疑心ヲ去ルコト　ロ、排他的感情ヲ去ルコト　ハ、言動ヲ慎ミ団結シテ盲動スルコトヲ避ケ従順ナルコト　ニ、容儀ヲ正シ清潔ナルコト　ホ、約束ヲ無視スルノ弊ヲ避ケ勤勉ノ精神ヲ養フコト　ヘ、他カ中毒ノ弊ニ陥入ラセルコト」(資料九—三五五頁)をあげる。それらをふまえてのことであろう、同県地方改善協議会では、「希望事項」の一つとして「衛生風儀住居等ハ社交上ノ条件ナリ然ルニ「トラホーム」ノ如キ伝染病疾患ヲ放任シテ顧ミズ又言語儀容等ニ注意ヲ怠リ為メニ感情ノ融和ヲ阻碍スルコトナキニ非ズ其ノ他住居ノ不潔不整頓ノモノ亦頗ル多キヲ見ル之等ノ点ハ特ニ注意シテ改善セラレムコトヲ望ム」(『社会改善公道』二六号、一九二〇年一二月、六頁)と記しており、一方で社会の「文明化」によって部落に向けられる視線はいっそう厳しくなってきたのであり、それに耐えうるように「風俗改善」の奨励が緊急とされた。

と同時に、それらは「立ち後れたる」根本的原因を改めるべく、広島県でも、「児童及青年ノ学事ヲ奨励スルコト」「生活ノ安定ヲ期スルコト」に力点が注がれていった。兵庫県加古郡神野村北部奨励会より内務省に提出した建議文にも、「一、職業ノ制限ヲ撤廃スルコト　二、一般社会ニ於ケル職業ニ就クニ自由ナラシムル奨励施設方法ヲ講スルコト」が掲げられ、まずは職業上の改善が必要との認識が示されている。

それを紹介する岡山県真庭郡長は、さらに同県久米郡福岡村の職業を例に引きながら次のように私見を述べる。

古来職業に貴賤上下の差別なしと云ふも之れ一片の空想のみ社会は決して上記の如き職業を望むものではない百二十万同胞亦然りである左《さ》れは同村同胞にありても他に適当なる職業を求めて世間並み人並みの生活を為さんことを渇望せるも如何せん細民の悲しさには家素と資力に乏しきと旧来多年の経験を捨てゝ一朝新なる職業に転することの頗る困難なる事情の存することは大に察すへきである。

戸数四四八からなる福岡村の職業構成は、「一、屠畜営業 八人 一、屠夫 二十六人 一、販肉営業 百二十八人 一、草履造リ 九人 一、麻裏草履表造リ 二百六十八人、靴直シ、下駄直シ、羅苧仕換 鰻釣リ、婦女子ニ在リテハ川魚売リ、芹売リ、草履売リ、野生蔬菜売リ等多数」であった。「細民」から脱出するための安定性という観点とならんで、忌避される部落差別の一因となる職業が注視されており、それに該当するものとしてあげられているのが屠畜にかかわる仕事であった。同郡長は「屠夫」について、「之は死刑を執行する獄卒よりもより以上の嫌やな稼業ではあるが肉食奨励の今日に於て屠殺方法を機械仕掛けに改めさる限り此屠夫は必要である同胞改善の見地よりせば廃業せしめたきも時代の趨勢は暫く之を許さないと思ふ」と述べ、肉食を支えるうえには屠夫の存在が不可欠であるにもかかわらず忌避されることのジレンマを表明している(同上、二〇号、一九二〇年六月、五〜七頁)。

日露戦後から一九二〇年代にかけて肉食はいっそう普及し、屠畜数が飛躍的に増大するとともに、屠畜業を兼ねる肉販売業者や小売商も増えていった。たとえば広島市内では、約三〇〇の小売商のうち八割が部落出身者であったといわれており、全国的に見ても、それらの関連業に携わる部落出身者の割合はかなり高かったと見られる。(43) このような食肉市場の成立に伴う関連業者の絶対数の増大は、被差別部落と重ね合わせた屠畜のイメージの増大を、少なからずもたらすものであったと考えられる。

被差別部落民の系譜的固定性の粉砕に努める喜田が、「上代肉食考」を著して、上代には肉食を穢れとする風習はなかったことを明らかにしたのも、そのような状況があったからであった。喜田は「エタのエタとして排斥せらる」のは中世以後の肉食の穢れ観念によるものであり、「しからば現時邦人中、この意味においてエタでないものが果して何ほどあるであろうか」といい、さらに「エタ」は「祖先以来の遺風をそのままに継続して、公然これを行っていた」にすぎないとした。(44)

職業改善の観点から屠畜が問題となる一方で、一九一八、九年から戦後恐慌をはさんで数年間は、農村からの労働力流出が大量に見られたときでもあり、(45) そのような社会の流動化を背景とし、さらなる改善策も提起される。地域によっては、被差別部落を特定する苗字がつけられており、それの改称が行われたところもあり(46)(資料九―一九二頁)、居住地や階層の移動により差別が解消する兆候も以前にもまして高まっていた。

部落改善の指導に当たっている警察官から、「一般民でも下層民は汚いにも拘らず特に部落民を卑下するのは不条理な事である朝鮮人や支那人に対するよりも却つて我大和民族に同化し居る部落民を差別扱ひにするのは矛盾した事では無いか(中略)そこで部落民との間に多年築かれて居た障壁を撤廃して自由に交際もすれば一般銀行会社から官庁其他一切無差別に採用もし進んでは部落出身の教員が一般民を教へもすれば巡査となつて取締もし資金のある者は工場でも起して一般民の職工を使用する様になり平気で結婚をもする迄にならねばならぬ」(「岡山通信」『社会改善公道』九号、一九一九年七月、九〜一〇頁)といった提起もなされた。また帝国公道会は、「少数同胞と多数同胞との融和策」の一つとして「少数同胞の少女」を東京・京都・大阪などの大都市の家庭に見習として住み込ませ、「家庭的実地の修業」をさせることで、「通婚の途を得るに容易ならしめ且従来の陋習汚俗を一洗し慣行風姿も亦改善する」ことを意図して、広島県当局者と交渉し漸次実行しつつあったという(「広島通信」同上、二一号、一九二〇年七月一五日、四頁)。

このような交流の活発化を背景としての就職差別の撤廃の提案や、住み込み手伝いの斡旋などに加えて、依然「同化」の近道として効果的と考えられていたのが移住という方法であった。大江卓は、「部落人の軽蔑を受け一般社会と融和出来ぬのは数十家乃至数百軒の部落が存してあるからで其部落が存在してなければ融和は仕易いのである(中略)それ故此頃は老《ろう》衲《のう》が主張した所謂部落をなくして仕舞ふと云ふ事は殆ど輿論と成つて早く北海道に移住せしむるか又は台湾なり朝鮮等へ移すのがよいと学者も政治家も云ふ様になつた一日も早く政府が其事を実行せんことを老衲は希望して居る部落の人たちもいつまでも狭くるしい土地に「ヘバリ」付いて居ないで奮発するのがよいではないか」(同上、一一号、一九一九年九月一五日、一五頁)と呼びかけており、実際にこの時期、『社会改善公道』を見ると、移住・移民斡旋の活動を報じる記事は多い。ブラジルへの移民斡旋をはじめ(三号、一九一九年一月五日、一一、および一一頁)、福井県嶺南《れいなん》三郡よりアメリカに一五〇〇〜一六〇〇名が移民したとの報告も登場する(二一号、一九二〇年七月一五日、五頁)。大江は北海道移住の斡旋にも力を入れており(資料九—三〇〜三四頁)、「細民部落ノ北海道移住ニ関シテハ奨励ノ結果漸次其成績ノ見ルヘキモノ有之従テ年々移住者増加ノ傾向アルハ部落改善上喜ハシキ次第ニ候[47]」と報じられている。また岡山県のように、県当局と大原孫三郎らの後援のもとに部落の代表者がつどって岡山県同志会を再興し、朝鮮移民に向けて動き出していったところもあった(『社会改善公道』二二号、一九二〇年八月、四頁)。移住策は常に、その時期の部落問題対策を補完する役割を果たしていたのである。

自覚・誇りの追求

第一次世界大戦後、デモクラシーが「世界の大勢」となり、労働運動や農民運動などの社会運動が急成長を遂げつつあるなかで、被差別部落でも新たな運動がおこる機運が芽生えはじめる。喜田貞吉が、「近ごろは大分思想が変つて来て、先年帝国公道会の催で、東京で二度までも開かれた同情融和の様なものは、或る一部の間には評判がよくない。(中略)世間が不条理なる圧迫を廃して呉れさへすれば、我等は自ら自己を改善し、社会の進歩に後れぬだけの自信を有して居るのだと、懸命に主張する人達もありやに聞く[48]」と記しているように、帝国公道会に代表される同情融和に反発する動きが部落のなかでも顕著となり、次のような主張も登場する。

近来特殊部落の改善とか云つて盛んに講話をなして廻る御役人がある。あれで果して改善が出来るだろうか、改善とは果して何の事か、我々同輩から見れば全く継子扱ひにせらて《ママ》居れるのである。侮辱されて居るのである、(中略)特種々々と云つて特別に扱はれ其扱はれる度毎に吾人は断腸の思がする、(中略)成る程一部分の者には例外もあらう、なれども我等は学力に於て、衛生に於て、其他一般的道徳に於いて普通人より劣れりとは思つて居ない、否現在では普通人の方が我等の仲間以下であることを承知して貰いたい、其他諸種の義務責任は帝国の臣民として人並に果して居るのである、之吾人を侮辱する、別扱にするの甚敷と云ふ所以だ(『愛媛新報』一九一九年八月二〇日、資料九―一九二～一九三頁)。

ここには、自分たちを不当に劣った者と見なして差別することへの怒りと、そのような認識を前提に行われる部落改善政策への反発が示されており、そうした心情を支えているのが、帝国臣民としての義務を遂行しているという自負であった。そうしてそのような同情融和や部落改善に代わるものとして彼らが追求していったのが、部落民自身の向上であり自覚であった。それは「立ち後れた」という認識の登場ともあいまって、改善の効果を上げるために為政者の側からも当該時期に盛んに言われたものであり、添田敬一郎も、被差別部落の呼称を模索するなかで、「部落民それ自身が何といわれても差支えないというような自覚心をもたなければ困るのではないか」(『集成』補一―一三頁)とそれを要請した。

まだごく一部に限られていたとはいえ、被差別部落女性の自覚の必要が説かれるようになったことも、注目すべき点のひとつであった。一九二一年八月二〇日に結成された愛媛県温泉郡の生石《しょうせき》村婦人自修会は、「婦女子に至つては特に生石地方にあつては殆んど年に一二度の真宗の御説教を聴きに行くより他には自分の村より他に足を出さぬと云つた程の婦女子もある位で、斯くては益々社会から懸隔ができるばかりであるから、此際婦人の覚醒を促すべく同村の主なる有志の妻君や娘さんを賛助員とした婦人自修会を設立することにして、(中略)彼等の自己覚醒、品性の陶冶《とうや》、行儀作法の改善を計ることを規約した」という。とりわけ女性に対象が絞り込まれたのは、「部落に於ても家庭に於ても婦人の力が大を為して居る事は云う迄もないが、婦人の改善指導を男子によつてせられると云う事は絶対に不可能でないにしても不合理な点がある。婦人は婦人でなくては分らない所がある」との理由によっていた(資料一〇―二一八～二一九、および二三〇頁)。これまで部落改善運動の中心的担い手は男性に限られていたことへの反省に立って、新たに女性が融合を徹底させるうえの障害として認識されてきたことによるものであり、彼女らに求められるのは修養と訓練による「家庭教化」の主体としての役割であった。このような観点からの女性への着目は、一九二〇年代末の融和政策の先駆をなすものであった。

部落民衆自らによる自覚追求の動きは、さまざまな形をとって各地に噴出した。松尾尊兊によって紹介された(49)、奈良県磯城《しき》郡大福部落にできた三協社の機関誌『警鐘』の中心的な論点の一つは、やはり自覚であった。「本誌発刊ニ付テ」のなかの次の一節からも、それが読みとれる。「如何ニ部落改善ノ警鐘ガ段々ト響ケトモ村民ニ改善ノ意ナクバ駄目ナル事ハ論ヲ俟タナイ部落改善ノ全キヲ得ンニハ如何ニシテモ村民各自ノ自覚ニ俟タネバナラヌ」（愛村生、一九二〇年九月）。当部落ではすでに日露戦後から部落改善運動が行われており、[50] 同じく『警鐘』に投稿した一人が、「青年ニ何ノ独立不羈《ふき》ノ精神アリヤ。恰《あたか》モ牛ガ鼻ヅラヲ引カレテ歩ムガ如クデハナイカ、一体青年ガ老年ニ指導サレルト云フコトガヨクナイ、青年ガ老人ヲ凌駕シテ行クヤウデナクテハ進歩発達ハ出来ナイ、嗚呼青年ヨ諸兄等モ我ガ村青年デアル以上青年トシテ十分自覚セラレ自覚ノミナラズ之ガ改善ヲ図ラレタイノデアル」（丸橋龍夏「無自覚ノ罪」一九二〇年一一月）と主張するのは、そのような既成の改善運動を乗り越えて自らが立ち上がらなければならぬことを青年層に訴えたものであった。

そうした自覚と不可分で、かつ背後からそれを支えていたのが国民の一員としての誇りであった。「吾等同胞ぢゃとて遠くは後醍醐帝の児島高徳の如き大忠臣、維新の会津の小鉄の如き大侠客明治政界の巨星、星享(亨)の如き大政治家あり、（中略）斯の如くにして忠臣軍人、□者、政治家、侠客等あらゆる方面に偉人傑物、枚挙に遑《いとま》が無い程輩出して鴻恩の萬分の一に酬ひ其の為人の為尽して居るではないか」（豊田　阪本紫舟「卑下する勿れ吾等同胞よ」一九二一年一二月）というように、自らも国家社会に貢献し、「鴻恩」に報いていると自認できることが自覚の原動力たりえるのである。

同愛会機関誌に寄稿された次の一節も、同様の意識に根ざしていた。

> 今此処に部落出身の有力者があつて、己は特殊部落の出身である、而も智識に、位地に、斯く現社会に優越して居るものである。後進諸君皆眼覚めよと、堂々名乗りを挙げ

て麾《さしまね》いて下さる方が、数十人否数人只の一人でも在つて下さつたら、二百万の私達の兄弟姉妹は、特にどんなに肩身広く、どんなに嬉しく且つ力強く喜ぶ事でせう。（中略）翻つて特種部落の青年諸君にも私達の希望があります。それは、私達が朝鮮の方を蔭で呼ぶによく『鮮コロ』と言ひます、支那の方を呼ぶ時に『チヤンコロ』と貶《けな》します、西洋人を見ると『碧目玉』と諷《ふう》します、（中略）それから又更に私達日本人が一歩海外へ出て彼の波止場に上陸すると彼等は一様に『ジヤツプ〱』と云ふ言葉で私達を指笑する事をも忘れてはなりません。綽名《あだな》や異名はお互様の事です、深く気に止めるには及びません、要は只各人の尊い修養、強い力、犯されぬ信念の上に起たなければなりません、私達は『ジヤツプ』であります、併し五大強国中の国民であります、其処に至仁な万世一系の皇室があります、闕下に偉大な人物が無数にあります。私達は『特種部落』であります。併し日本の帝国を斯の如く私達の双肩に担つて居ります(51)。

ここでは中国・朝鮮問題に言及しつつもそれはあくまで自己の慰めとしての機能にとどまり、むしろ「五大強国中の国民」であり「至仁な万世一系の皇室」をもつ部落の誇り・優越性の追求へと向かっていることが見てとれる。植民地民衆に対する自己の優位性を保持するために、自らは天皇と不可分の「大和民族」の血統に連なるとの自己認識を有しており、「五大強国中の国民」としての誇りは、そうした「内」と「外」の区別を孕んでいた。

自力運動の旗揚げ

一九二一年春頃、三重県飯南郡鈴止村にできた徹真同志社[52]は、そのようななかで部落民衆自らの力のみによって起こされた運動の一つであった。彼らが立ち上がるきっかけとなったのが、小野寺大尉事件として知られる一九一九年八月におこった軍人に対する差別糾弾事件である。八月六日、久居五一連隊の小野寺という大尉が、シベリア出兵で戦病死した被差別部落出身の兵士の村葬に行く途上、鈴止村の人力車夫中里寅吉の引く人力車上で差別発言を行ったため、中里は「其様ナル異言ハ明治大帝陛下ノ大御心ニ反スル言葉」であると「解放令」を楯にとって糾弾し、さらにそれから六日後、中里他一一名は、時の県知事宛に陳情書を送った。「三重県知事ニ上リタル小野寺大尉失言問題ニ付陳情書ノ写」は帝国公道会機関誌『社会改善公道』に全文が掲載され、全国的にも大きな影響を与えたと思われる。この事件は、小野寺が人を介して失言取り消しを申し出たことで解決を見たが、当時やはり鈴止村の一青年でそれからまもなく運動に参加する上田音市の回顧によれば、「軍隊内の差別をなくすよう連隊司令部と陸軍大臣に要求書をおくり、これも陳謝させ」たというほどの力量を発揮した闘争であった[53]。陳情書は、「我等不肖ト雖モ兵役教育税凡ソ一般国民同様君国ニ対スル義務ヲ怠リタル事ナシ未ダ嘗《かつ》テ一人我長上ニ不忠不義無礼無儀ヲ働キタル者アルヲ聞カズ」(『社会改善公道』一二号、一九一九年九月一五日、四頁)と[54]、臣民としての義務遂行への誇りを謳い上げ、差別者の方が「不忠不義無礼無儀」であるとして、その観点から部落民側の優位を主張する。被差別部落の人々にとってこのような誇りの獲得は、「人類平等の大義」に加えて、差別の不当性を糾弾する際の強力な武器であった。

その後、鈴止村の松阪町への合併を契機に部落と一目瞭然明らかな町名の変更を求める運動を経て、彼らは徹真同志社と称するにいたるが、そのような町名変更要求自体、「同化」の強い要求にほかならなかった。徹真同志社は部落内の支配秩序を打ち破って台頭してきた青年層を担い手とし、水平社運動成立後と同様の差別糾弾闘争や部落内地主を相手とする小作争議を展開する一方で、「児童の学力増進を図り衛生思想を普及し部落民の品位の向上を図ること」といった部落内部の改善をも掲げており[55]、それは、普遍的平等思想を梃子に、国民ないしは臣民への「同化」をめざす彼らにとり、それを承認させるための一階梯として不可欠だったのである。

その点において、全国水平社の発祥の地となった奈良県南葛城郡掖上村柏原のつばめ会も同様であった。西光万吉・阪本清一郎・駒井喜作・池田吉作らによって一九一九年に結成されたつばめ会は、周知のように、区内の支配層の専横を暴露する一方、自らが中心になって消費組合運動をおこすなど区政改革を志し、一方ではユダヤ人問題やマルクス主義に関心を寄せながら、部落問題研究部を設立して差別の理論的解明をめざしていった[56]。その背景にあるいまだ混沌とした思想の特徴を抽出すると、次の三点が指摘できよう。

一つは、西光万吉が「当時の私たちは、のんきなもので、アナでもボルでも、その他でも、さほどに気にしていなかった。(中略)ともかく、「主義者」であれば、私たちは安心してなんでも話ができた。彼らだけが無差別世界の住人であった[57]」と語っているように、社会主義は、まさしく「無差別世界の住人」の存在を支える思想として彼らを魅了したのである。

二つ目は、これまでにもしばしば指摘されているように、自力へのバネとして「人種差別撤廃」が機能していることである。阪本清一郎は、「当時、第一次世界大戦が終ってのパリ平和会議で、「人種差別撤廃」、「民族自決」の問題がとり上げられインドではガンジーのスワラジー運動、アイルランドではデ・ヴァラのシン・フェン党の運動、その外アフリカでは黒人の民族独立運動が燃え上っていたので、私たちも、自らの力で部落を解放する運動を起さねばならぬと考えるようになりました(58)」と語る。それは、彼らのなかにあっては被差別部落人種起源説を否定することと両立しうるのであり、彼らは共に少数被抑圧者であるとの心情的レベルでの連帯感をいだき、そうした各地の少数被抑圧者たちが自力で運動を起こしていることに勇気づけられていったのである。

三つ目は、被差別体験とそれに抗するための「一致団結」の必要の認識であった。彼らは、柏原の人々がかねてから本校通学・墓地の統一・氏子排除の廃止を勝ち取ってきた経験に則り、運動を推進していったのであり、それを振り返って阪本は次のように述べる。「今から考えると何でもないことのようですが、当時としては革命的ともいえる行為であって、このことを私が小さいときから父なり、村の年寄りから聞かされ、いつの場合でも、部落民は一致団結しなければならないことをハッキリと教えられたのです(59)」。

こうして彼らは、直接には総合雑誌『解放』一九二一年七月号に「特殊部落民解放論」を発表した社会主義者佐野学との出会いを機に、水平社結成に向けて具体的に動き出すこととなり、一九二二年二月二一日の大日本平等会発会式での宣伝を経て、同年三月三日、全国水平社結成に漕ぎ着ける。

3　主体意識の結実——水平社の成立

誇りの高唱

全国水平社創立「宣言」には、「我々がエタである事を誇り得る時が来たのだ」と、「エタ」としての誇りが高らかに謳われている。そのような宣言が採択されるにいたった背景について、創立大会参加者の一人であった栗須喜一郎は次のように回想している。「エタであっても人間なんだ。人間として尊いのだ、むしろ「エタ」であることを誇り、輝やかしい名にするための水平運動であるから、我々はその名を怖れないで堂々と名乗ってよいのだというて、説得したんですが、約二時間ほども議論された結果、われわれの使う「エタ」「特殊部落」はそれをなくするための言葉で、決して恥ずべきではないということでみんな自信をもつようになったんです」(60)。全水機関誌として当初発行された『水平』もまた同様にその創立大会閉会後の夜の協議会の模様を、「特殊部落の文字をあらはすのは、自らを卑下するものであるからとて、抹殺説が出たが、『特殊部落』を誇りある名にまで向上せしめんと念願する青年輩は、いつか□聞き入れず、為に議論に花が咲いた。(中略)名称によつて吾々が解放せられるものではない。今の世の中に賤称とされてゐる『特殊部落』の名称を、反対に尊称たらしむるまでに、不断の努力をすることで喝采の中に綱領通り保存されることになつた。この間殆んど一時間有余、口角泡を飛ばして議論を闘はした」[61]と伝えている。

宣言の起草を中心になって行ったのが西光万吉であることはよく知られているが、西光自身が、「われらの運動は「あたかもオノレにほれよ」というごときものである」[62]と記し、また、「ここに所謂名誉ある囚人の告白があります。今私は茲に我々の所謂水平運動のために名誉あり……。我々は最早や法律の力を藉《か》らぬ、唯人間としての我々の力を藉《かり》る」(『集成』補一―一九六頁)と演説していることに明らかなように、宣言に貫かれている「エタ」としての誇りは、とりわけ西光において顕著に見られる傾向であった。

誇りの内実は一様ではなく、実際にはそれに共鳴する人々それぞれにかなり異なる意味合いが込められていたと考えられるが、大きくとらえるならば一つは、すでに米騒動以後、水平社結成前夜まで各地に見られたような、「部落民自身の向上」や自覚という、労働運動史や農民運動史のなかで指摘されてきている「人格承認」につながるもので、とりわけ水平社運動の場合には、まず同じ「人間」であることの承認から出発せねばならなかった。たとえばそれは、青十字凡人(木本凡人)の「エタ主義の真髄」「エタ主義は即ち人間化主義であり、人間化主義は即ち親鸞主義である」(『種蒔く人』一九二三年二月、『研究』二―四一九〜四二〇頁)という文言のなかに見てとれる。

ただし彼らのいうところの誇りは、けっして「エタである事」の過大評価を要求しているのではない。これまであまりに過小に評価されてきた自分たちの集団を、等身大に、ありのままに受け入れてほしいという欲求であり、それは被差別者が権利回復を求めて立ち上がるときにしばしば陥りがちな自己拒否や過小評価の反動としての、差異をことさら強調し過大に評価されることを求める姿勢とはちがっていた(63)。

このような誇りの発見が、「出る者も出る者も後からとグン〳〵熱が上り聴衆は熱狂して足踏み乱朴《ママ》する、（中略）生温《なまぬる》い演説者には、聴衆怒りて駁撃を加へ、野次を飛ばして降壇せしめるなど、自由演説は亦々白熱化していつ止むべしとも見えなかつた。永い間の鬱積せる呪ひの声は一時に爆発して、物凄き唸りは獅子の咆哮《ほうこう》の如く、機関銃のバラ撒きの如く実に空前絶後の演説会であつた」（『水平』一巻一号、三〇～三一頁）というように、これまで自己を卑下してきた部落民衆を魅きつけ、運動の高揚へと導いていったのである。こうして水平社は、これまでの部落改善運動や帝国公道会などの運動においてはもっぱら指導される立場にあった側の部落の中下層の民衆を、一挙に運動の主体に押し上げ、各地に地域水平社の結成を促していった。水平社運動の初期は、いまだ部落上層部に位置する人々が実際の運動の中心的担い手である場合が多かったが、中下層の民衆を運動の主体として措定していたことは、これまでの運動と一線を画する点として重要である。

全水創立大会で採択された宣言や当日壇上に上がった人々の訴えには確かに、同じ人間として人格を承認してほしいという「同化」の志向を見てとることができる。しかし、「部落民」が団結し世の中に向かって「部落民」としての運動を旗揚げするには、たんなる「同化」の志向だけでは立ちゆかない。運動の旗揚げは失われていた集団的自我の奪還にほかならず、初発の一時期にせよ、「部落民」である自己と他者を区別することにより集団的自我を主張し、それが運動の起爆剤となっていることが少なくない。

実際に、水平社創立当初は、先行研究も指摘するように、(64)第一次世界大戦期の民族自決論が運動への発起を促しており、一九二二年の同情融和会第二回大会の折に、「今や世界の大勢は民族自決の暁鐘を乱打しつゝあり。我等は茲に蹶然《けつぜん》起つて封建的社会組織の専制治下より我々民族の絶対的「力」に俟つて、我が民族の解放を企図しなければならぬ絶好時機である」(『同愛』三五号、一九二六年六月、一六五頁)と謳った民族自決団の「檄」が、平野小剣によつて撒かれたことはよく知られている。また水平社創立後も自らを「民族」になぞらえて認識することがしばしばであった。たとえば三重県度会郡浜郷《はまごう》村からの参加者で、その後地域に水平社を作り、その運動のリーダーとなる玉野周吉は、「恨むべきは六千余万の大和民族、奮起すべきは三百万の我々特種部落民! 我々の呪の炎は彼等大和民族に激越すべきである」(『水平』一巻一号、八二頁)と述べ、自らを「大和民族」に対置させて、それに優越すべきことを喚起した。

また水平社のメンバーには、朝鮮人や「ユダヤ人」という被圧迫民族と同一化したり連帯感を表明することが頻繁に見られた。内務省警保局の報じるところでは、「米田(富―引用者)は「朝鮮人は我等部落民と同祖同族なること、不断の努力を以て多少の犠牲を払うとも飽く迄目的貫徹に進むべきこと」を力説」し(『集成』補一―一六七頁)、西光万吉もまた全水創立大会の際に、「我等は断乎として立たねばならぬ、我等は露国の猶太人《ユダヤじん》である。猶太人の鬱積は如何に爆発したか。我等も社会民衆が多数を恃《たの》んで迫害する以上、やがては最後の手段に出でねばならぬは当然である」(『集成』補一―一九五頁)と主張したという。それらはいずれも、自分たちの集団が異民族であることを主張することに力点があったのではなく、前述したような自我の奪還を求めていたからこそ、抑圧された少数集団への共感を示したものであった。

それが民族という自己認識にまで行き着いた背景には、たしかにひとつのきっかけとして「特殊部落民運動」が「民族運動」であることを強調した佐野学の影響があったと考えられる。佐野は次のようにいう。「第二に希望し度いのは民族運動という意識を明確にすると同時に、最終の目標が全社会の改造に存することを徹底させる事である。特殊部落民運動は其の最終目標を労働者運動や農民運動と均しくする。而もその道程には多少の異なりがある。特殊部落民は先ず具体的に民族としての差別感情や差別待遇の撤廃に成功せねばならぬが、徹底的に此目的に到達するには社会運動の行程に就かねばならぬ」(「水平社の運動」『解放』一九二二年六月、『集成』補一―一六五頁)。あるいはこのようにもいう。「「特殊部落民は先づ民族的自由を獲得せねばならぬ。徹底的に普通民と同位たらねばならぬ。しかし其最後の目標は絶対に社会運動でなければならぬ」と考へる。民族的自立は尊い。然しそれ切りに終るべきではない。今日の民族運動が社会運動と相伴ふことは実際上の必要であると共に、純理上の要求である」(「民族運動か社会運動か」『表現』二巻六号、一九二二年六月、『研究』二―四一七頁)と。

被差別部落の人々が異民族あるいは異人種として排斥されてきた歴史的経緯を十分に省み

ることなく、部落解放運動を外在的に「民族運動」と規定してその奮起を促したこの佐野の解放論は、その急進性と理論的明快さゆえに、解放の方途を模索する人々を魅了したのであった。それを解放のよりどころとした人々が、前述したとおり、佐野同様に、自分たちを部落外の人々とは異なる民族と認識していたと考えることは妥当ではないだろう。「大和民族」と対比的にとらえた前出の玉野周吉にしても同様であったと思われる。それはとりあえず「部落民」という自己認識を持つ者——それには他者との何らかの区別が必要となる——が団結するにおいて必要とされる階梯であったと見るべきであろう。

その点で、一九二三年二月二〇日に開催された浄土真宗大谷派の地方改善第一回協議会において、阿部恵水宗務総長が訓示のなかで、部落民が「国内に於て、同一大和民族であることはいう迄もないが、その程度に於て歴史と風習を異にして確かに一つの民族的意義を生じて居ることも認めねばならぬ」(『集成』補一—二〇一頁)と述べているのは、まさに水平社のメンバー自体がもっていた両義性の指摘として当を得たものといえよう。彼ら自身、「同一大和民族」という意識と、疑似民族的な「部落民」という自己認識を、矛盾を自覚することなく一人のうちに共存させており、それが運動の道具として状況に応じて巧みに使いわけられていたといえるのではなかろうか。そうであるがゆえに、その後の水平社運動の展開のなかで、堺利彦が「朝鮮の衡平社運動に関する議案もあった。(中略)印度のガンヂーに見舞の電報を送るといふ提案もあった。(中略)然し其の時、朝鮮民族一般としての解放運動に対する敬意が問題とならなかったのは、どうしたわけだらう」(「水平社大会の印象」『改造』一九二四年四月、『研究』二一二〇～二二一頁)といみじくも指摘したように、「同一大和民族」という普遍性をもたない意識ゆえに朝鮮人に対しては連帯感が持続されず、朝鮮のなかのマイノリティである白丁《ペクチョン》、そしてその解放運動組織である衡平社に対してのみ、情緒的なレベルでの共感が表明されたにすぎなかったのである。朝鮮人に対しては、さらにのちには排斥・蔑視の感情が表出するようにさえなる。

共存する「同化」志向

全水の初代中央執行委員長を務めた南梅吉が、一九二三年一二月一〇日に提出した「国民教育に対する意見書」において、「国民そのものが真に人種平等であると云ふ「人類愛精神」に立脚するやうな教育方針を定められんことを希望するものであります[65]」と述べているように、初期水平社のなかには、同じ国民ゆえの人種平等を求める同化の志向は強く存在していた。南はその後、階級的連帯を志向する左派のグループとは袂を分かち、一九二七年一月五日には日本水平社を結成しており、この日本水平社も、部落改善情態・部落改善費途・官公署各工場における部落民使用状態の調査等を運動方針に掲げており(『集成』一―一六〇頁)、実態の面において「同化」を実現するという方向性を強く打ち出していった。

京都の小林安太郎も、以下のように述べて、天皇赤子論に反する差別の不当性を訴え、水平社加入の意志を表明した。「この自由を幾千百年来我等の祖先は束縛され現に同じ天皇の赤子で有るに其の恩典を受けないとは何たる残念な事で有らうか、(中略)我等も水平社の一人に加入せられたい」(『水平』一巻一号、八二頁)と。このような天皇赤子論は、少なくとも初期水平社を支える一つの太い幹をなしていた。

その傾向は水平社左派の人々もまた免れるものではなかった。阪本清一郎が、「それは大正十二年秋の関東大震災のときです。当時全国水平社の本部は京都千本の南梅吉さん宅にありました。この震災を知るなり私たちはむほん心を起こしたのです。それは大震災の混乱に乗じて天皇を京都《ママ》へ迎え、全国の部落民が立ち上って革命を起すという計画だったんです(66)」と回顧しているように、阪本・西光万吉、そして三重の田中佐武郎らは、関東大震災の混乱に乗じて奈良に天皇を担ぎ出し、部落民が立ち上がって革命を起こそうとの企てをしていたというのである。

あるいはまた、全九州水平社が、アメリカの排日移民に抗議して、「特権階級の政策にゴマカサレ、因襲に因つて今日まであらゆる方面に吾々三百万兄弟の行く方はとざゝれてゐるではないか、学者は学者として実業家は実業家として人格的質《ママ》具の者ではなくして一片の因襲に依つて同じ大和民族である兄弟三百万を排斥しながら今日米国より排斥されたから帝国の威信を蹂躙した事は不都合だと責めた所で何の権威があるであらうか(67)」と述べているように、「同じ大和民族」との意識はやはり底流に根強くあった。

これらを臣民的同化論として括るとすれば、もうひとつに、外側の視線を意識することによる「同化」の志向を見てとることができる。もちろんその両者は往々にして一運動、ないしは一人のうちに併存していた。

たとえば、一九二二年一一月一四日、すでに結成されていた三重県水平社の青年グループが独自に三重県青年水平社をつくったのは、警保局の見るところによれば、「本県下の水平社は動《やや》もすれば過激に失し一般より擯斥せらる状あるを以て、多少穏健なる行動を以て真に差別撤廃の目的を達せんとするものの如し」という理由によるものであった。「三重県青年水平社会則抜萃」は、「綱領の決議は全国水平社と共にすること」と謳いつつ、それに加えて「大和民族に存する差別的旧慣を打破する」ため「先帝陛下の奉弔会を毎年一回盛大に挙行す」という項目を掲げており、さらに「団員の注意要領」として「発売禁止の書籍類及宣伝ビラ等は絶対に禁ずる事」「人に接する場合は過激なる言語を弄せぬ事」「水平運動にして検挙せられし者は役者《ママ》の協議を図り不正を認むる時は之を除名す」とあるように(68)（『集成』補一―一六九、一七〇頁）、外部から水平社が危険視されないように、たえず自らに注がれる視線を意識し、「特殊視」を免れようとしていたことが見て取れる。全水はともかく、自らの居住空間である地域で運動を展開せねばならない地方水平社の場合には、たてまえのラディカリズムとは裏腹に、そのような外部の視線に対する配慮によって運動に自己規制が加えられることもありえたのではなかろうか。しかし、いざ差別事件が発生すると、水平社はやはりそのあまりに理不尽な差別への憤りゆえに、徹底的糾弾の姿勢を貫徹する場合が少なくなかったのであるが。

水平社の理念の承認と反発

差別糾弾闘争はまさに「燎原の火のごとく」に広がり高揚したのであり、その背後には、西光万吉の戯曲「浄火」に、「青年　おい皆、今、吉田のごろで衝突やいうてるで。／（中略）／長二　おれも、いてきたろ。（駆けだす）／久一　長二、おれいく。繁、いこ。／繁治　いこ。／二人、駆けていく。／豊吉　おれもいたろ。／源二郎　将棋はやめか。／豊吉　やめや、ごろには恩があるさかいな。（中略）源二郎　どもしやない、おれもつきあいや、恩のあるやつやさかいな。／亀造　おれも、いたろ」と描かれているような、部落内部の、あるいは一部落共同体を越えた〝部落民〟としての強い連帯意識が存在していた。(69)

そのような水平社運動を、社会の側はどのように受け止めたのであろうか。『水平』にも掲載された「部落改善策　先づ其青年を救済せよ」と題する『大阪朝日新聞』（一九二二年三月一八日）の記事は、高揚する運動に対して「差当り国家統治の上から見ても、彼等の赤化を防止するのが急務である」とするが、しかし現実に指摘されるような部落の実態上の問題は、部落の人々が疎外され冷遇されてきた結果であり、その点において極力被差別部落民衆の立場を理解しようとしており、これらの点はおよそ理性に根ざした当該時期の論評に共通するものであったといえよう。

しかしながら民衆のなかに潜在する「特殊」意識は、そのような理念をもってしても容易に払拭されず、たてまえと実際の部落民認識との乖離をもたらした。換言すれば、実際に地域での生活レベルにおいて、被差別部落の人々を共同体の平等な成員として受け入れていけるか否かということと、新聞の評論にあるような理念を承認することとの間には、大きな壁があったのである。一九二三年三月二三日関東水平社創立大会で泉野《いずの》利喜蔵が、「一般民」側の排斥理由として、⑴人種が違う⑵言葉が違う⑶貧困者が多い⑷犯罪者が多い⑸無職業者が多い⑹無教育者が多い⑺不潔である、の七点をあげている(『集成』一―一六九頁)ことは、これまでにも見てきたように、人種主義的認識が依然底流に存在している状況の一端を示すものである。また、「穢多」「長吏坊」などといった差別的言辞による糾弾事件も、あとを絶たなかった(『司法研究』犯罪編、二～八頁)。

権力側に「特殊」意識が依然保持されていたことも、そのような状況にいっそう拍車をかけていたと考えられる。一九二三年におこった福岡県中村村長差別事件に際して、司法当局は「各被告人等は何れも特種部落民にして」と記し、同年九月の熊本県原水小学校差別事件の際にも、「被告等は何れも特種部落に出生し」と述べている(『研究』二―三〇九、および三三一頁)。

内務省警保局もまた、全水創立当初の差別糾弾闘争の高揚について、「彼等は多年一般民より受けたる圧迫に対する反抗と其の残忍性とに依り、糾弾に当り相手方の謝罪あるに拘らず、ややもすれば凶暴の行為に訴えんとし、(中略)之等は著しく一般民の反感を招き、各所に紛争を生じ」(『集成』補一―一六四頁)と述べて、被差別部落民衆の反抗と残忍性を指摘して、そのような意識を煽った。実際に行われた警察による水平運動取り締まりも、たとえば奈良県では、「差別言動に対する糾弾行為取締に関しては屢々通達する処あり各位に於ても相当取締相成居る事と信ずるも近来に至りその行動は動もすれば団体的威力を藉りて不用意の差別的言辞に対して迄も強硬なる談判を持ち掛け本人の意に反する謝罪の要求をなす等のことあり、斯《かか》る行動は啻に相互の疎隔を甚だしからしむるのみならず場合によりては刑法上各種の犯罪を構成する事ある」(『司法研究』水平運動編、二〇二頁)との認識を前提としており、そのような対応が、水平社に対する民衆の恐怖心に拍車をかけたことは否めない。

司法当局は、部落外民衆のそのような恐怖心と、それゆえの相互の懸隔を、「近時水平運動盛んにして差別的言辞を用いる者ある時は之に対する糾弾厳しく、為めに失言者は勿論一般民衆に至る迄常に恐怖の念に駆られ居るより」(『集成』一―三〇〇頁)と伝えており、第二回全水大会においても、「五、侮辱的言辞を以てせざる差別的待遇に対する方法の件」(城東水平社)が出され、「近来、部落民に対する侮辱的言辞は糾弾の効ありて減少する事を得たが、之に反し暗号、符号、形容等によつて差別をなす者があるから、これが対策として言辞によるものと同様極力糾弾すべき旨の申合せをな」すことが可決された(『司法研究』水平運動編、三一頁)。

そうして実際に、そのような水平社に対する民衆の反感が事件として噴出する。一九二三年三月の奈良県水国争闘事件として知られるそれと、一九二五年一月一八日におこった群馬県世良田《せらだ》村事件はその代表的なものであろう。

前者についての奈良県知事の見解は、「当時水平社ノ振舞ハ如何ニモ傍若無人ニシテ一般民衆ノ反感ヲ買フコト甚シク、当ノ大安寺区民ハ金沢部落民ニ対シ可也深刻ナル怨恨ヲ抱クニ至レリ。而已《のみ》ナラズ之ヲ伝ヘ聞キタル付近町村民等ガ水平社員ヲ蛇蝎視スル傾向従来ニ比シ一層濃厚ノ度ヲ加フルニ至リタルモノ今回動乱ヲ拡大ナラシメタルノ遠因ト視テ可ナリ」というもので、水平社運動のあり方に問題があると見なすがゆえに、今後に求められるのも、「融和促進ノ実ヲ挙ゲ、一ハ以テ水平運動ノ詭激《きげき》ナル行動ノ取締ヲ遂行シ、両々相俟《まち》テ根本的ノ弊害ノ一掃ニ努力スルニ至レリ」（『研究』二—二六九頁）とあるように、むしろ水平運動に対する取り締まりの強化であった。世良田村事件についても司法当局は、「水平社の運動はあらゆる障碍、あらゆる無理解に対しては所謂徹底的糾弾によつて之が排除に努力した結果不幸にも所々に大小の闘争が惹起されたが、その重なもの」（『司法研究』水平運動編、八二頁）と述べて、やはり水平社運動の惹起した結果としてとらえた。

群馬県に拠点をもつ関東水平社連盟は、機関誌『自由』（二巻二号、一九二五年三月一日）において「世良田事件号　噫一月十八日」と題する特集を組み、世良田村事件の模様を、民衆が「組織的な「水平社退治」」と叫び、「彼等暴民の怒鳴る罵声は、差別的言語の乱発であり「チョーリンボーの家を焼払へ、チョーリンボーを皆殺しにする」と、喚きつゝつ無慮三千名程の暴民が手に〳〵凶器を携へ押寄せた」（三頁）と伝えている。その背景には、村にも水平運動の波が押し寄せ、「之を見た一般民側では此村が兎にも角にも差別的待遇が少いと云はれ模範村の名を持って居る丈けに快く思へなかった」という事情があり「「一通りの事はしてあるじゃないか。生意気な奴だ」といふ調子で茲に相方《ママ》の間にある溝は更らに拡がって行った」のだという。[70]

「明治維新前後に各地で「穢多狩」と云ふのがはやつた事がある。而も我々は今大正の聖代にこの事あるを見るのである斯うなると最早差別撤廃も何もあつたものでない、何と恐ろしい世の中ではないか」との、三重県水平社・日本農民組合三重県連合会合同機関紙『愛国新聞』(二八号、一九二五年二月二五日)の論評にもあるように、民衆の心性という点では「解放令」反対一揆の場合との共通点が多かった。「解放令」反対一揆については、第1章で述べたように、「解放令」が異人・異国の世界のものとして襲ってきたと認識される流言的世界の異常な心理的雰囲気のなかで引き起こされたと説明されるが、この世良田村事件から推しはかるならば、「解放令」反対一揆もそうした背景を持ち出すまでもなくありえた事件といえよう。当時すでに世良田村事件と朝鮮人虐殺事件との共通性を指摘した評論があり(71)、それらは共に、丸山眞男いうところの「市民生活に於てまた軍隊生活に於て、圧迫を移譲すべき場所を持たない大衆が、一たび優越的地位に立つとき、己れにのしかかつていた全重圧から一挙に解放されんとする爆発的な衝動に駆り立てられたのは怪しむに足りない(72)」という心情に連なるものであったといえよう。加えて、差異や未知のものが怖れを呼び、その怖れが攻撃性を引き起こす(73)という状況があった。

ほかにも差別事件の発生は枚挙にいとまがないが、その際の部落外民衆の側の意識に見られる特徴として次の二点が指摘できる。

一つは、糾弾を受けて謝罪する際に、たとえば「畏《おそれ》多くも明治天皇陛下が明治四年八月二十八日国民に賜りし御詔勅を無視し差別的言辞を弄したる拙宅下女竹儀の行為は、上陸下に対し奉り申訳之無と共に水平社諸彦に対し恐縮の至りに御座候」とあり、真っ先に天皇に謝罪を行っていることがあげられる。そこに見られるのは天皇の恩恵による平等との認識であり、個人の尊厳を冒したとの認識は希薄である。それは天皇に連なる臣民平等の秩序を侵したということの罪悪感でしかない。それゆえ謝罪者は、「「謝罪広告に百円七十銭も費し馬鹿を見たが、あれで事なく済めば結構です。水平社の人は恐しい人ですね。あれでは世間の人は水平運動に対して同情しません。（中略）」云々と言って案外平気だ」ということになる（『集成』一―二五八～二五九頁）。「人類平等の大義」もまた、個人の人権としてはとらえられず、〝平等という秩序〟としてしか理解されなかったために、容易に臣民的平等論と結合していったのだといえよう。

二つ目は、有馬頼寧が、第五二議会衆議院に「部落問題の国策確立に関する建議案」を提出した際に、「水平運動は時に過激に渉ることがあります。近頃は一般社会の人々が、部落と言うことを言う代りに、水平社と言うことを言われますけれども、水平社と言うのは、部落の人々の間の極く一部の人に依って組織されて居る所の団体であります」（『集成』一―一七六頁）と、あえて水平社同人は部落のなかのごく一部にすぎなかったことをいわねばならなかったように、しばしば部落に対する差別意識が水平社に対する批判・非難に転嫁していったことであった。そうした意識は、「穢多」「チョウリンボー」といった差別的呼称の多発として表出し（『司法研究』犯罪編）、それはたんに水平運動によって従来水面下にあったものが告発されるようになったためだけとは考えられない。

警察側は「失言も糾弾も同様に律する」(『集成』補一―二五九頁)と公言していたのに対して、一方では、差別的言動を「不用意」として免罪してしまうことへの反論も出された。自由法曹団を結成し、社会運動関係の弁護に携わった弁護士布施辰治は、「這回の争闘の原因に関する新聞紙の報道も、識者の批判も、皆共に些々たる不用意の失言と見て居るのは大間違いだと思ふ。斯うした差別的の失言を以て、些々たることゝ見るのはまだ差別的体験に虐げられたことのないものゝ傍観的批判であって、水平運動に真の理解を有するものから云へば、ほとんど批評に為っていない、否寧ろ、得々として斯る傍観的批判を敢てするものがあるから、水平社同人をして、所謂徹底的糾弾に出でしむる如《よ》うな問題を数次惹起する事を肯かなければならない」(「水平社対国粋会争闘の一考察」『赤旗』一九二三年五月、『研究』二―二七一頁)と、徹底して被差別者の立場に立って論破していった。水平社もまた、「「糾弾」を恐れるものは賤視観念を保有してゐるものである」(『水平新聞』一九二四年八月二〇日)と反駁した。

これらを通して「不用意」による差別＝「失言」とそれに対する糾弾の是非が一つの争点として浮上し、水面下にあった差別意識の問題が表出するにいたったといえよう。「不用意」の言動、すなわち「指四本を出し以て穢多と称する形容」(74)や「失言」の根底には、たとえば部落民衆に対する「チョーリンボー(特殊部落民の別名)の子供だから悪事をする」(75)といった発言に見られるような、部落を負の価値で塗り込める「特殊」意識が牢固としてあることに留意すべきである。主観的には〝悪意〟によらずとも、やはりそれが部落民衆にとって心外な行為であることには相違ないのであり、世良田村事件をめぐる議論は、その両者の認識のすれ違いを問題として浮き彫りにしたのであった。

4　願望としての「プロレタリア」連帯

階級的「同化」の模索

水平社運動をとりまくそのような事態を打開すべく、水平社の側でも戦術に変化が生じはじめていた。一つは、徹底的差別糾弾を控え、「穏健」な手段で解決をはかろうとする傾向である。一九二五年以後の状況について、司法当局は次のように述べる。

近時水平運動の勃興の為め、一般人民が差別的言辞を謹慎するに至り、他面水平団体側に於ても、之に対し従来の如き積極的執拗なる態度の糾弾運動は、水平運動本来の趣旨に背反するものなる事を認識し来りたる為め、その件数は漸減の傾向に在りて(中略)糾弾方法の如きも、直接糾弾と称し、或は小学校児童の同盟休校を為さしめ、又は多衆監視の面前に於て直接糾弾する等不穏方法を実行して居ったけれ共、近来直接糾弾方法は殆ど実行せられず、努めて穏健の手段に於て、水平運動終局の目的を達成せんことを図りつつある(『集成』一―二六一～二六二頁)。

しかし直ちにかつての徹底的糾弾に代わる新たな戦術を確立しえたわけではなく、後述する水平社の階級闘争への進出を牽引した高橋貞樹自ら、運動の行き詰まりを指摘して以下のように述べている。

それは明確に運動自身の本来の発展段階に於て、其の第二期に入ったのではなくて、初期の運動形式と運動方針とが、ある点に於て行き詰りを生じて居るにも関らず、運動全般が、在来の部分的闘争以上の前進を意味する第二段の運動方法に対しては、何等のはっきりした目的をも手段をも持たずに、再生の悩みのうちにもがいて居るのではあるまいか(「水平運動最近の問題」『新人』一九二五年二月、『研究』二―四四一頁)。

そしてそのようななかで水平社が採用していったのが、階級闘争への進出という方向であった。

周知のように、高橋貞樹・松田喜一・木村京太郎らによって一九二三年一一月一日、全国水平社青年同盟が結成され、それは翌二四年二月一五日には機関誌『選民』を創刊して、「教化と訓練」による第二期運動への転換、すなわち水平社同人への階級意識の浸透に努めた。

水平社のなかにそのような青年同盟の運動が浸透していった背景には、前述のような差別糾弾闘争の行き詰まりに加えて、次のような要因があったと考えられる。

まず第一に、一九二二年には日本共産党が秘密裡に結成され、しだいにマルクス主義が浸透するなかで、かつてはさげすみの対象でしかなかった「労働者」がプラスの価値として認識されるようになってきたことである。そのことは、のちに見るように、青年同盟の運動に共鳴していった人々の自己認識がことごとく、「部落民」ではなく「労働者」であったことからも明らかである。

第二に、前述のような問題をはらむ差別糾弾や啓蒙といった民衆の倫理に訴える方法よりも、マルクス主義による「制度の改造」という具体的構想を伴った戦術に期待を託す方が、より人々を魅了しやすかったといえよう。また少数者としての自覚をよりどころにする運動は、部落の人々の場合「差異」が見いだしにくいだけに、理論的説得力をもつ階級的連帯、すなわち一種の階級的「同化」論の方に容易に吸収されていったということもできよう。全水結成からまもなく、「其の他の(水平社同人以外の―引用者)社会主義者等は其の機関紙に於て極力本運動を声援し居りて、本運動は社会主義運動との結合連帯に依らざれば其の解決を為し難きこと」を唱道しており、そのなかの一人山川均は、「特殊民の権利宣言」と題してこのようにいう。「今日迄の謂ゆる「特殊部落改善」の第二の誤りは、特殊部落を特殊部落として改善しようとする点にある。……斯ような差別観から出発した「特殊部落の改善」が、どこ迄進んだところで、それは益々差別を確立するばかりで、差別の撤廃に達し得ぬ事は云う迄もない」(『前衛』一九二二年四月、『集成』補一―一六六頁)。それらの主張は、社会主義によらなければ差別からの解放はありえないとし、逆にいえばそうすることにより差別からの解放が実現されるとの希望を与えるものであったと考えられる。

大阪西浜水平社の同人中川誠三は、そのような考え方を受容し、青年同盟に加入していった一人で、のちに彼は、検事の訊問に答えて次のように語っている。「私は大正十四年にロシアに行き、二年半程居たのですが、私が入露する当時の意識は、ボンヤリ水平運動もマルクス主義の立場から見なければならぬ。労働者が社会主義の社会が来なければ解放されぬと同様、水平部落も社会主義の社会が来なければ解放されぬという信念を抱いて居た[76]」と。

第三に、生活していくうえに経済的困窮が切実なだけにそれがまず第一に認識され、かつ差別は経済的貧困に起因するものとの理解に立つ場合も少なくなかったことがあげられる。日中全面戦争下に熊本県来民《くたみ》開拓団として「満州」に渡った一人は、「差別は厳しいものであったと思うが、それを貧富の差からくるものと考えていた」(77)といい、そのような人々にとって、まず参加すべき運動は、無産階級のそれであったとしても不思議ではない。

そのような状況のもと、青年同盟は階級的連帯の方向へと進んでいくが、それには、一つには高橋貞樹らの理論的牽引があったことが大きく寄与している。高橋は次のように述べて、「無産者」の自覚のもとに闘うべきは資本主義であることを説いた。「部落解放を目指す水平運動も特殊部落存在の根本たる経済的障碍の撤廃をその最後の目的とする。部落民が無産者であるが故には、水平運動は、無産階級の運動である。(中略)吾々は不当なる迫害侮蔑に対して断乎として抗争する。エタも人間だ、奪はれた人間の権利を奪ひ還す時が来た。そして吾等はこれに対して闘ひ行くとき空虚なる伝統の所産たる特殊部落の制度を今も支持するものは資本主義であることを知る」(「吾等の水平運動」『解放』一九二三年五月、『研究』二―四二九頁)。

二つ目には、労農運動の側からの連帯の呼びかけがあったことである。「然るに吾等は特殊民の一千年来の屈辱と虐待に対する叛逆的感情、この水平社運動をして燃ゆるが如き熱を与ふる伝統的感情がともすれば、非特殊民に反抗するの余り、社会革命の目的を忘れ、為に労働運動との協同戦線を障げられる事が有つてはと恐るゝものである。(中略)今や資本家階級は、全世界を挙げて団結し、無産階級の戦線を攪乱し、破壊せんとしてゐる。見よ、弱小民族は、帝国主義の桎梏に圧せられ、労働階級は賃銀奴隷の鉄鎖に縛られてゐる」(「被圧制者の協同戦線」『労働者新聞』一九二三年三月一六日、『研究』二―四六九頁)というように。それらは往々にして理論先行で、部落固有の問題や被差別部落民衆の内在的理解を欠いていたことは否めない(78)。

ともあれ、そのような経緯を経て、青年同盟は一定の方向を確立する。その主張は、「吾々青年の組織的行動」(『選民』二号、一九二四年三月)の必要や「教化と訓練」(同上、四号、一九二四年五月)を説くものであったが、しかしそれをいう以外には水平社と異なる明確な主張は見られない。機関誌『選民』は、「吾々は労働者や農民と違つて特殊な歴史を持ち特殊な過程を辿つて来て居るから一種の奇形的な『社会群』だ。だから水平運動も労働運動や小作運動と一つに観ては非常な間違を生じて来る。(中略)斯う云ふ風に水平運動が、どこにも見られない特長を持つてゐるところに、僕達の誇りがあるのだ」(「ある日の対話」一号、一九二四年二月)と述べ、したがって「賤視観念から来た経済的窮迫に陥し入れる社会を改革するにあるのだ」(同上(続)、二号、一九二四年三月)と説いた。

もう一つの特徴は、徹底的糾弾への反省が貫かれていることである。たとえば、「要するにこの問題は言葉や形そのものに侮辱的な意味が含まれてゐるか否かを穿鑿《せんさく》した上で決定さるべき問題である。徹底的の糾弾はこの事実を確めた上で始めて効力が生じる、偏狭な考へから文字や言葉に囚はれて其真相を極めることを怠り徒らに軽挙妄動に走つて問題をはき違へたりすることは吾々青年の執るべき態度でない。それは水平運動を益々反動化せしむるものである」(三号、一九二四年四月)というように。

こうして青年同盟に結集する人々は、しだいに「無産者」という自己認識に変化していった。『選民』はこのようにいう。「水平運動を単なる差別撤廃運動として観て来た従来の浅薄な考へを止めて、全無産階級運動の中の一つの役割を受持つてゐるのだと云ふ事をはつきりと意識して欲しいのです」(七号、一九二四年八月)と。そうして青年同盟が前衛の役割を担うことを強調した(「大衆運動の方策——青年精鋭分子の任務」八号、一九二四年九月)。こうして水平社同人は、青年同盟の指導のもと、屈折しつつも労働者階級の理性、そしてそれによってなる「無差別世界」に期待を託していったのである。

三重県水平社創立時からのメンバーで、執行委員長を務める上田音市は、水平社創立とほぼ同時期から日本農民組合三重県連合会を結成し、農民運動に進出していたが、「諸君、自分は知った、一般人のプロレタリアは我々の味方でないと云ふことを。諸君、プロレタリアの天下が来ても、我々特殊部落民は解放されないのだ。我々は我々の力で平等な社会を作らなければならない」との失望を吐露し、自力でいくしかないことを、全水第二回大会の場で訴えねばならなかった(『研究』二—一八四頁)。しかしそれから二年後の一九二五年、上田は、「水平運動に応援して貰ひたい。(中略)たとひ組合員とも、差別的言動に出でらるゝ時は、水平社同人は糾弾を憚《はばか》るものでない。よろしく組合員は水平運動に協力され旧慣より解放されたい」(『土地と自由』四五号、一九二五年九月八日)と、日農中央委員会で呼びかけており、組合員のなかにも差別があるが、それでも水平社への協力を請い、またそれに期待せざるをえない心情が見てとれよう。

全水第三回大会において、労農連帯推進派は、「部落民は歴史的に被搾取者であつた、現在の資本主義社会に於ても亦同様被搾取者である、現在の社会は、経済的搾取者と被搾取者との対立であり、闘争であるのである。か《ママ》るが故に、労働者、農民の如き被搾取者と共に同一範疇に在る吾人水平社同人は、何等の搾取なく、何等の差別なく、迫害なき、社会を造るために弱者同志の結合的、連鎖的運動を執らねばならぬ」ことを主張した。そこでは水平社の独自性は後退しており——それをもつことが、「水平運動を益々反動化せしむる」ことになるのだが——、それについては、水平社内部から、「我々ハ我々自身デ、我々ノ問題ヲ解決セナケレバナラヌ」との反論が出された(『研究』二—二一六頁)。

無産者への一体化

このような過程を経て、一九二五年八月、『選民』は『青年大衆』に引き継がれ、また翌月には全日本無産青年同盟が結成される。一九二五年の全水第四回大会では規約の改正が、そして翌二六年には綱領の改正が行われ、全水内で労農連帯推進派＝共産主義派の主導権が確立した。

『青年大衆』は、次のような特徴をもっていた。一つは、部落解放運動ではもはやなく「無産青年運動」という認識であり、次のようにいう。「水平社青年同盟が水平運動という部分的な運動から——よしそれが該運動内に於ける革命的任務を果して来たにしても——全国的な無産青年運動に進出したと云ふ事は、明らかに一段の進歩である」(一九号、一九二五年八月一五日)。すなわち革命のための部分的運動から全般的運動へ、積極的運動へ(二〇号、一九二五年九月一日)との位置づけがなされていた。

第二に、そのような姿勢は同時に、『選民』にはいまだ少ないにせよ見られた部落問題記事の完全な消失をもたらした。それは創立時水平社がもっていた、階級闘争を超越するものとしての「人間」「兄弟」意識の否定であり、それに代わる「無産者」としての自己認識への到達を意味した。全水無産者同盟「創立大会議案書」は次のようにいう。「特殊部落の有産者(地主、家主、高利貸、大中商人等)と吾々とは何等の階級的連帯はなく、あるものは決定的敵対であって、市民化せる有産部落民は吾々の解放戦の積極的な妨害物であることを記憶せねばならぬ」「彼等の額には特殊部落民の烙印が消えている」(『集成』補一―三六八~三六九頁)と。それは確かに一面の実態をとらえてはいるが、理論が先行しているとのきらいを免れない。ちなみに、後年『融和事業研究』に載った「階級闘争論によるときは自力解放の精神を放棄して少数同胞は他の一般無産者と合流し共同の力によつて経済的階級を打破すると共に前記の如き理論に因つて賤視観念を除去せんとするものであるから此間一の矛盾を包含するものである」(79)との論評は、そのような階級闘争主義の自力主義との矛盾をいみじくも指摘したものであった。

しかし水平社の人々の、無産政党運動にかける期待は大きかった。奈良県水平社は、「何故「水平社主義者」が階級闘争の裏切者であるか？　それは他でもない。彼等は目前の部分的、抽象的、観念的なる賤視観念の妄想に捉はれるの余り、差別の根本を形成するところの大なる階級敵対の事実――ブルジョアとプロレタリアとの対立――に対しては、全く無関心であり、若しくは盲目であるからである。これ実に無産階級意識を麻痺させようとして凡ゆる努力を惜まないところのブルジョア政治家と大差ないではないか」「以上のことを、はっきりと知り得た上は、水平社は即刻無産階級運動に進出し、積極的に階級闘争を闘ふ意味に於て、日本農民組合の提議による階級政党組織準備委員会に参加し、全国無産政党組織のために大いに為すことあらんとするは、寧ろ当然すぎる程当然のことと云ふべきである」(『水平新聞』一号、一九二五年九月二〇日)と述べて、その期待を表明した。

青年同盟は一九二五年八月に結成された無産政党組織準備委員会に加わり、一九二六年三月、労働農民党結成(委員長杉山元治郎)が成ったものの、左翼四団体(政治研究会、日本労働組合評議会、無産青年同盟、水平社青年同盟)の一つとしてそれから排除され、左派に門戸を開放するよう要求を続けた。結局労働農民党は分裂し、同年一二月、大山郁夫を委員長に迎えて左翼無産政党として再出発することとなった。

その間に書かれた労働農民党支持連盟京都府連合会準備会趣意書においても、「(資本家は―引用者)即ち無知な民衆をそそのかして部落民をいじめさせる。当然資本家に向けられるべき刃は支配階級の魔術に操られて、我等へ向けられる。無産者の中に差別するものがかなり多いことは、こうした理由からである」(補一―三八五頁)と述べられており、無産階級による差別をこのように説明することで労農連帯への期待を維持していたといえよう。

しかしながら一方でこのように差別へのこだわりは失せていたのではなく、無産政党加入という機会に、あえて後景に押しやっていた「部落民」としての本音の要求が噴出してくる。すでに労農党の分裂が決定的となっていた一九二六年一〇月二二日、全水労農党支持連盟が結成された(『集成』補一—三八三頁)。同年一〇月、奈良県水平社は労農党加盟にあたって「我等の要求に就ての考慮の足らざるの事実に抗議し、併せて賤視差別の糾弾権承認を、その政策中に挿入すべき事を要求」(『新聖潮』一五号、一九二六年一一月一日、同上、三八七頁)している。そこには無産階級運動への期待と疑念が混在しており、その間での揺れが見てとれる。

ここで水平社側の意識をもう少し詳しく、三・一五事件、四・一六事件で検挙された者の検事調書を通して見てみたい。

木村京太郎の場合には、「私が共産主義に共鳴するに至りましたのは、同主義が現在の如き資本主義社会、即ち搾取の上に立った階級対立の社会を変革して、労働者及農民の独裁政治に依って搾取及階級対立を撤廃し、自由平等の共産主義社会を作る事を目的として居りますので、私等の水平運動の目的が人類相互愛の上に差別のない水平の社会を実現するにあります故、其吾々の目的である階級的の差別のない人類相互愛の水平社会は、即ち共産主義の所謂搾取及階級対立のない共産主義社会と一致しますので、水平社の目的は共産主義社会の実現によって達せられる事になります故、同主義に共鳴致したのであります」(一九二八年七月二日『集成』二—六四〜六五頁)とあるように、部落差別からの解放が自己にとって第一義的な問題であったことが明確に意識され語られている。それに対して松田喜一は、日本共産党加入の目的について、「私は無産大衆の解放を熱望して居りますので、前述の日本共産党の目的に賛成し、其の目的を達成するために努力しようと言う考えで同党に入党致したのであります」と語り、また日本共産党員としての任務についても、「当面の私の具体的の任務は、所属細胞である春日出車庫工場細胞準備委員会の委員として同車庫内の従業員等に対し、共産主義の宣伝煽動をなし、同車庫を党のフラクション・ビューローの委員として、水平社団体を党の指導下に置いて活動せしむるように仕向けることにあるのであります」（一九二八年六月六日、『集成』二―六〇～六一頁、傍点、引用者）と述べるように、幼少年時代から共産党入党までの「顚末」においても被差別経験が全く語られていない。それは、日農奈良県連の運動を担った本田伊八の場合もほぼ同様であった。

　検事調書という性格から考えてどれだけ本心が語られたかは疑問の余地があるが、しかし少なくとも言葉にして表明されたかぎりでは、あくまで水平社運動に自己の拠点を求める木村と、松田・本田らとの間には明確な違いを見てとることができる。後者も前者同様に部落差別からの解放を展望しつつも、〝同じ〟無産階級として運動を展開することが差別から解放されているという幻想を抱いていた側面もあるのではないかと考えられ、「部落民」という自己認識を後退させずに保持するにはよほど強靭な精神が必要だったのではなかろうか。

　そのような意識のもと、水平社の人々は、一九二七年秋の府県会議員選挙をはじめ、二八年の第一回普選の際にも松本治一郎・西光万吉・三木静次郎の三名の候補を擁立し、労農党に期待をかけて運動を展開したが、無産階級運動の側は、水平社とかかわりの深かった労働農民党にしても、党首大山郁夫にしても、水平社に関して踏み込んだ見解の表明は行われず、労働農民党機関紙『労働農民新聞』、日本農民組合機関紙『土地と自由』にも、水平社の活動や支部の報告が行われることはあっても、それ以上の認識の展開は見られないというのが実態であった。

「エタ意識」の死守

他方、あくまで水平社創立時の部落民としての自覚・誇りをよりどころに運動を展開しようとする勢力も、全国水平社の主流派にこそなりえなかったが存在していた。それは階級的連帯を押し進めていった共産主義グループに反対する人々のみならず、初期には、のちに共産主義グループのメンバーとなる、たとえば三重県水平社の人々のうちにも見られた。

三重県水平社・日農三重県連の合同機関紙『愛国新聞』には、一九二〇年代半ばまでは「政治運動」否定論やアナルコ・サンジカリズムに親近感を寄せる主張をはじめ、いまだ思想的に未分化な状態にあるものが大半を占めていたが、そのなかで次のような「エタの使命」と「責務」を説く者も出現した。「吾々は神様や仏様のような偶像を尊重する、そしてその神や仏の真似をしようとする味気なき生活に還元をと努むる運動ではない。お互ひが、人間、ただ人間として生きんとする偉大なる運動である。(中略)吾々はその黄金社会の建設のために鋼鉄の如き信念で戦はねばならないと思ふ。千年来鍛えた苦悩の魂で隣人に及ぼし、隣邦に普及し、全世界を挙げて汚濁した一切を溶鉱炉の坩堝に入れて溶けて流さしめなければならぬ。この偉大なる仕事こそエタの子の使命であり、吾等の世界的責務であると思ふ。この使命、この責務を忘れてありきたりの政治運動に狂せんとする小さな魂を悲しく思ふ。(中略)一片の紙がよく人間の魂までが《ママ》改造出来ると信ずるか、吾等は水平運動の前に政治運動は絶滅しなければならない」(河合秀夫執筆か?「水平運動と政治運動」三号、一九二四年三月二一日)と。

三重県水平社の同人たちは、このような過程を経つつも無産政党結成を前にした一九二五年段階になると、「エタ」としての自覚や使命を否定し階級意識を鼓舞していったのに対して[80]、あくまでもそれを死守しつづけたのが、一九二五年五月一五日に静岡の小山紋太郎らを中心に結成された全水自由青年連盟(同年一〇月一八日全水青年連盟として正式に発足)や、一九二七年一月に南梅吉の呼びかけでできた日本水平社の人々であった。

前者の機関紙『自由新聞』を見ると、「エタ」という語が頻繁に登場しており、「吾々は確固不抜なるエタ意識の上に基礎を置」くとの立場が表明され(一号、一九二五年六月一〇日)、「他の社会運動に比して容易に一致協調を発見し得るのは、ブラク民としての心理から起る、虐げられた兄弟意識だ。それが一縷の望みだ」と、拠るべきは「ブラク民」としての「兄弟意識」であることが述べられている(四号、一九二六年五月一日)。彼らは「水平運動の本質と決定的目的は単なる差別撤廃と融和を以て能事終れりとする安価なゴミのような運動ではあり得ない。実に人間のすべての鉄鎖を断ち切らんとする人類の解放運動である腐敗混乱しつゝ《ママ》める社会人の魂に徹底的人間礼賛の革命を促す運動である[81]」とも訴えた。

日本水平社もまた、「エタ魂の本能を発揮して純水平運動を進めるものである」(「日本水平社本部声明書」『集成』補一―三九七頁)と述べ、前者のように階級対立を是認するものではなく、左翼運動への敵対を鮮明にしていたが、「純水平運動」主義を採るという点において前者と共通していた。

5 「融和」をめぐる対抗

人類平等の大義との矛盾の修正の提起

他方、水平社創立後は、内務省・府県当局も融和を全面に打ち出し、それを社会に働きかける団体の組織化にのり出していくが、前述の世良田村事件が与えた衝撃も大きく、一九二〇年代半ばから後半にかけてはいまだ支配層の部落問題に対する方針が定まらず、模索の途上にあった。

同愛会は、「愛」を基調とする精神運動としての観念性ゆえに水平社創立後行き詰まりを呈するようになり、それを打開するべく一九二五年二月、広島県共鳴会などの自主的な融和運動団体を糾合して全国融和連盟を結成する。その連盟は翌月国策樹立の請願を行うが、そこでも、従来の運動は「精神的覚醒運動に力を致すことの薄きを証するものにして、全く本末を顚倒せるものと言わざるべからず」といい、ゆえに「因襲的差別観念を脱却せしむる」ものでなければならないと、あくまで精神運動の重要性を訴える姿勢を貫いた(『集成』一―

一七〇頁）。

世良田村事件は為政者たちにも深刻に受け止められ、同年三月三日貴族院予算委員会での阪谷芳郎の質問を受けて答弁に立った内相若槻礼次郎も、「此水平社に属する人達と言うものは、非常に神経が過敏でありまして、一寸格別意味のないように思って居る発言でも、大変にそれに意味があると感じて、それがために侮辱を感ずると言うような、余程神経過敏になって居るようでありますから、（中略）私願う所のものは、国民一般がどうぞそう言うような同胞の或部分に最も気を付けて、差別的の言語なり行動なりを採らないようにすると言うことに、是非なって貰いたいと思うのであります。（中略）彼等の精神上に帯びて居りまする苦痛なるものは非常に大なるものであって、之を免れしめる為に刑罰を設けてでも一般の人を制裁して貰いたいとまで言う位に、彼等は神経過敏に又熱心に希望して居るのでありまず」と述べて、「水平社に属する人達」の「神経過敏」性ゆえに、もっぱら個々人の注意力によって差別的言動を慎むべきことを説いていた。世良田村事件も、彼によれば「誠に些細なこと」つまり「此の方面の人を誹謗すると言うような言葉があったと言うために、脇で聞いて居った人が非常に侮辱を感じた。唯それだけが因になって大変な騒ぎが起った」のであった（同上、一一一一六六〜一一六八頁）。

ここにも明らかなように、当該時期には部落問題は、因襲的観念としての差別とそれを受けとめる側の姿勢の双方に起因するという観念のレベルに力点をおいて認識され、その限りにおいて〝問題〟としてみなされる傾向が強かった。一九二七年、連盟によって第五二議会貴衆両議院に提出された「部落問題の国策確立に関する建議案」を受けて開かれた委員会において有馬頼寧は、「生活上に非常な迫害のあったと言うことも、此部落問題を非常に悪化せしめた原因であります。随て部落の人々の生活の安定を得せしめると言うことが、此問題の解決の上に非常な有力なる働きをするものであると思うのであります」(同上、一一一八一頁)と述べており、部落の生活問題にも視線を向けてはいたが、やはり当該時期の主たるテーマは「因襲的差別観念」をいかに打破するかにあった。それは、部落問題を観念のレベルで皮相的にしかとらえられていなかったということでは必ずしもなく、人類平等の大義に照らして自らの意識を点検する作業を行うことでもあり、「人類平等」の意味合いが、部落問題に即して掘り下げて議論されるようになったことをも意味した。

やはり同委員会において、長岡隆一郎社会局長官は、「日本が対外的に差別撤廃、人種平等と言うような主張を国外に於て致して居るに拘らず、国内に於て斯の如き痕跡の残って居ると言うことは、是は実に申訳ないことでありまして、日本人の仲が渾然融和した上に、人種平等と言うようなことをそこに要求すると言うことは、是は立派な主張と考えますけれども、国内に於て斯る忌わしき痕跡が残って居る際に、斯の如き主張を致すと言うことが、如何にも弱いと言うような感じが致すのであります」(同上、一一一八二頁)と答えている。ひいては人種起源説についても長岡によってその否定が明言され、彼は「私共の信じて居る範囲に於きましては、只今の喜田文学博士の書かれました小冊子にあるように、是は決して人種を異にして居る者ではない。矢張り我が大和民族と同じ血の流れて居る者が、唯々或る時代に於いて仏教の殺生を破った為、或いは非常な階級的の観念の烈しくなったと言うような時期に斯う言う問題が起って来たものであって、今日考えて見ても、決して吾々大和民族と人種を異にするものではないと言うことを堅く信じて居ります」(同上、一—二〇六頁)と述べて、同じ「大和民族」であることを強調した。

小学校の修身徳目における平等観念の欠如についても、清瀬一郎から次のような指摘がなされた。

慈善とか博愛と言えば、自ら彼に施すだけで、平等と言うのは我と彼でなくして、彼同士、乙丙の間、例えば如何なる名門の子弟であろうとも、路傍に跪いて居る乞食であろうとも、此の観念でありますから、憐れな苦んで居る者に自分の食物の半ばを与え、寒い人に自分の衣物を与えると言う動機でなくして、自分の外に起つ二三四の人々、職業が違い地位も違い、財産も学問も違うけれども、人としては是れ同一の尊貴性を持って居ると言う、此の根本から来て居るのが、平等の観念であります(同上、一—一九二頁)。

人類平等の大義の社会への広がりは、このように、それが表層部分にとどまっていたとはいえ、表立った矛盾を逐次掘り崩していく役割を果たしていった。

しかしこれらは、文字通り人種主義を克服しえていたかというとそうではありえない。先の若槻も、「永い因襲に依って、一向理由なくして差別をせられて居る」としつつも、彼いうところの「所謂普通民」と「此種の人々」との対立は、前者の細心の注意によって対立を顕在化させない、そしてもしそれが顕在化した場合は、後者の徹底的糾弾という手段を「政府は厳重に取締り、犯罪であれば何処までも検挙して、十分取締まる」べきことを説いており、彼が求めるのは真に差別が行われない状態では必ずしもなく、そうすることによって対立が隠蔽されてもたらされるところの「融和」であった。とはいえ水平運動という被差別部落側の厳しい批判にさらされ、かつすでに喜田貞吉によって人種起源説が学問的に論破されており、加えて人類平等の大義が侵入してきたことによって、もはや天皇の恩恵による平等をいうのみではそれに対抗しえず、少なくとも公的発言としては人種起源説の否定にまで行き着かざるを得なかったのである。

「差異」論から「同質」論への流れ込み

中央社会事業協会地方改善部を廃して一九二五年に組織された、内務省の外郭団体である中央融和事業協会(略称、協会)においても、部落問題の方針をめぐる論争が展開されていた。とりわけ五二議会に貴衆両議院において前述の「部落問題の国策確立に関する建議案」が可決されて以後、政府も社会事業調査会の答申を受けて「融和促進に関する施設要綱」を出し、経済・教育、そして官公署・軍隊・会社等の採用・待遇における差別や、冠婚葬祭・借地借家等社会生活上の問題にも対策を講じるべきであるとして、多様な差別の側面にも目を向けつつあった。

協会での論争は、融和運動はどうあるべきかという点であり、ひいてはそれは部落問題をいかに認識するかということと不可分であった。協会機関誌『融和事業研究』一号(一九二八年七月)に掲載された「融和運動の考察」と題する座談会では、その問題をめぐってさまざまな立場からの意見が出された。

代表的なものの一つは、「融和運動とは同胞無差別の原理に立脚して、同胞間に於ける感情上の変調を矯《た》め直すべく、その変調の原因たる因襲的差別観念を撤廃する精神運動である」と定義する下村春之助の見解であった。下村は、「融和の前提は対立であるが、対立を更に遡つて、融和以上の内容を実現せんとするものである」、すなわちユダヤ人問題や黒人問題と異なり「何の隔りもない同胞間に或る事情からその同胞社会にくるひが生じた、即ち変調が生じたもの」であるとして、「同胞無差別」の原理を強調する(五九〜六一頁)。下村のこの見解は、同胞としての平等原則の確認から出発していたが、反面、問題の存在自体を変調にすぎないものとして過小視し、基本はその変調を正すための精神運動であるとして、運動の内実を「賤視差別観念」の打破というきわめて限定されたものにしてしまう方向性を孕んでいた。「因襲的差別観念」への着目は、先に見たように、社会一般の人々においては一つの意味を持ちえたが、下村のような融和政策担当者にあっては、それだけにとどまってよいはずはなかった。

それに徹底して異を唱えたのが、楠本寛であった。一九二七年七月、協会は同愛会と帝国公道会を吸収合併し、組織の再編強化をはかる。楠本は、同愛会の活動に参画して有馬に師事してきた人物であり、彼のなかには、有馬が初期の水平社を支援した(82)と同様、「水平運動を措いて部落問題は考へられない。同じように、水平運動を措いて単独に融和運動のみを考ふることは出来ぬ。水平運動こそ、部落問題の生命であり火である」[83]との考えがあった。彼は、「この運動はどうしても経済問題を分離して考へる事は出来ないと思ふ。さうでないと融和運動と水平運動とは、結極《ママ》どこまで行つても同じ一つの運動に合流することの出来ない運動となる。故に水平運動も融和運動も共に経済運動と関連して行はるべきものであると思ひます」といい、さらに「従来に於ける被差別の原因が貧困であつたといふことが否み難い事実であるとするならば、必然この解放運動が経済闘争の形をとることは免れ難い事であらねばならぬと思ふ」(前掲「融和運動の考察」六二〜六三頁)と述べて、経済問題の側面とそれゆえの経済闘争の重要性を強調した。

「元々因襲観念があるが故に差別されたのではなくして、生存競争の落伍者なるが故に、無産者なるが故に、差別されるやうになり漸次因襲観念となつたのである」(同上、六三頁)と述べる三好伊平次のごとく、マルクス主義的発想による経済闘争肯定論も出現した。三好は、岡山県の被差別部落に生まれ、一九〇二年の備作平民会、一九二〇年の岡山県協和会と、部落民衆の自主的な運動を組織・指導する役割を果たし、翌二一年には内務省に迎え入れられて、以来中央社会事業協会地方改善部、中央融和事業協会のなかにあって、官民一致による融和運動を推進してきた。そのように部落問題に正面から向き合ってきた三好にとって現実に存在する経済問題の厳しさは、下村のように、「精神運動」が本質であり「施設は方法に属する」として副次的な位置を与えてすまされるものではなかったのである。

楠本の場合も、たんに観念だけには還元しえない経済問題の深刻さを強調するがゆえに、部落問題は「民族問題」であるというところまで行き着く。楠本は、上述の座談会が掲載されたと同じ号の『融和事業研究』に、さらに独自に論文を発表して下村への批判を述べ、次のようにいう。

本問題が純粋に民族問題でないことだけは、少く共今日に於いては喜田博士その他の定説が之を明らかにしてゐる。してみると、純粋に民族問題ではないが、民族問題としての要素を多分に有する問題として、この問題は我々の前に提供されることゝなる。(中略)故に、私は、既に本問題がこれ等の特質を有する以上、本問題は何よりも先づ準民族問題として取扱ふことの妥当なるを信ずる(「部落解放運動としての融和運動――再び水平運動の姉妹運動としての融和運動を論じて下村君の意見に答ふ」一七二頁)。

ここに明らかなように、楠本は、被差別部落の人々のなかに生物学的な差異を見いだしたり、あるいは国民という集団からの永久排除を刻印しようとしたのでももとよりなかった。「部落大衆の多くが無産者である」という特質をも否定して問題の本質を「感情問題」に求め、部落問題は「同胞問題なり」とする下村に対するアンチ・テーゼとして、あえて「民族問題」ないしは「準民族問題」と称したのであった。すなわち楠本は、経済問題を中心とする部落問題の深刻さ・重大さを訴えんがために、抑圧や差別の結果でありかつそれが差別の原因ともなっている被差別部落の「差異」を強調したのであり、部落問題を十全にとらえていないところで安易に同質性がいわれる傾向に対してのこのような差異の強調は、創立期の水平社がいうところの「差異」や「異化」とは違った意味合いを有していた。

こうした下村・楠本らの議論の背景には、水平運動の存在をどう見るか、すなわちそれと合流ないしは提携するのか、あるいはその意義を認めることなく融和運動は別個に進むべきかという論点が不可分に存在していた。下村は経済問題を重視するがゆえに階級闘争に走る水平運動の対抗物として「精神運動」としての融和運動を主張し、かたや楠本は、「水平運動に於ける階級闘争の必然性を承認」するとまで言い切っているのであり(84)(同上、八一頁)、そこには水平運動に対して採りうる立場の違いが抜きがたく投影されており、さらにそれにとどまらず、部落問題の本質をめぐって、差異か同質かというところまで議論が行き着いている点が注目される。

一九二八年前後は、これらの議論のあとを承けて融和運動におけるさまざまな提案がなされた時期であり、そこには次期に台頭してくる運動方針の萌芽が胚胎していた。

そのひとつとしてあげられるのが、「従来の融和運動は勿論、水平運動に於ても青年期の男女をあまり閑却しすぎて来たのである」との反省のもとに青年運動の必要が提唱されたことであり(85)、それは一九三〇年以後、現実の政策として採用される。

二つ目は、小学校において融和教育を行うべきであるとの主張が出現したことであった。それがいわれるようになった背景には、水平社による学校での教師・児童による差別事件の告発があいついだことがあげられるが、ここでの議論はいまだ、その提唱者である田中邦太郎の唱える内容を見ても、「一、迷信に陥らざる知見　二、真理に従ふ決断」といった非合理性の排除と、「君民一体の国家　君民同祖の家族的発展　赤子の意味」といった非合理的な天皇主義が同居しており(「融和事業の教育方面」『融和事業研究』一号、一〇九〜一一四頁)、その方向性は未確立であったといえよう。

三つ目は、一九三〇年代の融和論の基調となる「建国の精神」による解決という主張が台頭しはじめたことである。その中心的唱道者は協会会長の平沼騏一郎であり、一九二七年には協会から、「融和資料第九輯」として平沼の著による『建国の精神と融和問題』というパンフレットも刊行された。しかしそこで述べられるのは、「自分の精神修養」により「建国の大精神と云ふものを立派に諒得することが出来る」(二六頁)といった抽象的表現にとどまっており、部落問題の具体策は提示されていない。

むしろそれを部落差別の問題に引きつけて具体的に論じたのは、協会常務理事の瀧本豊之輔であり、前出の下村春之助であった。瀧本は、「穢の観念の誤解に基き、殊に中世の種々の制度によりて外部的に組織せられし結果存する不合理なる差別事象は、家族の拡張により て成り家長の家長は皇室であり、皇室を中心として万般の生活が営まれ居る国家たる我が国に於ては存在せしむべからざる一つの不完全即ち穢である」とし、それこそが「建国精神の反省の足らざることを証明するもの」と述べた(「けがれ」『融和事業研究』一号、一二五頁)。下村もまた、「貴賤の分を明らかにしたのは、封建時代特有の階級政策に基づくものであつて、我国古来の美風といふのは、万民抱擁、君民一体の無差別平等の公道である。賤しき者の存在を認めず、素から貴賤を分たざるの平等人格を承認して、賤しとせられてゐるものも賤しとせざるところにその特徴があるのである」と述べる。下村とて、差別意識には「不浄視する意識」「異族視する意識」「劣等視する意識」の三つがあるとして差別の実態をよく把握していたのであるが(「部落問題の素因」『融和事業研究』二号、一九二八年一〇月、一二頁)、にもかかわらず、その解決はその間の説明の回路を切り捨てて、すべて「君民一体」に帰着させられていったのである。

部落問題と天皇制との結びつきを改めて強調するきっかけとなったのが、一九二八年一二月一五・一六日の御大礼記念全国融和団体連合大会であった。そこでは桃山御陵参拝が行われ、宣言が採択されたが、それは人類平等の唱道者として天皇を位置づけた空疎な文言の羅列に終始していた(『集成』二一一七一、および一七六頁)。そのような平等の内実を突き詰めずに安易に天皇赤子論によりかかっただけの精神運動の強調は、現実に経済的貧困が差別を助長する重要な要因を担っていたにもかかわらず、そうした基底にある矛盾から目をそらす効果を生むものにちがいなかった。

以上に明らかなように当該時期の協会内部での論争は、概して何が部落問題の本質で何が方法かという不毛の議論を重ねつつも、争点は明確であった。すなわち一つは、精神運動が経済運動かという点にあり、もう一つは、部落対非部落という対立を前提とするか否か、換言すればそれは水平運動にかかわる解放運動の主体の育成か、変調を是正するための国民運動かという問題であった。その後も協会では、そうした議論の延長線上にあるべき融和運動の模索が続けられているが、水平運動の分裂と、それに加えて一九二八年の三・一五事件によって全水左派が一時壊滅状態に陥ったことは、「水平運動の凋落[86]」との認識を新たに台頭させた。

そうしたなかから、水平運動にかかわる運動主体を育成すべく提唱されてきたのが「内部自覚運動」であった。東京在住の有志二〇余名をもって組織されたという融和問題研究会の当初の座談会では、「内部自覚」の中身についていまだ統一的見解は見られなかったが、「地方へ行きますと経済的生活が出来ない故自覚し様もどうしようもないたゞ生きんとするに窮々としてゐる許りの所もありますね」といった実態が明らかにされ、「部落の経済的向上が無ければ何うにもならない」といった認識のもとに、少なくとも「融和事業は精神運動を主にし内部同胞の経済的自覚を副として」というところまではほぼ共通理解となりつつあった(『融和事業研究』四号、一九二九年四月、六四、および六二頁)。そうして一九二九年五月三〇・三一日開催の全国融和事業協議会においては、「内部同胞ノ自覚向上ヲ促シ共存共栄ノ実現ヲ期ス」が融和団体の指導方針の一項に加えられる(同上、五号、一九二九年六月、九二頁)。同年一〇月三一日には全国解放同盟が、中央融和事業協会主催融和事業指導者講習会講習員により組織され、「闘士の開拓」と「解放運動上の教育機関」としての役割が課せられていった(同上、八号、一九二九年一二月、九七〜九八頁)。

「水平運動は一般民を啓蒙した点には偉大なる力があつたし効果も少くはなかつたが、部落民の自覚向上と云ふ点に対しては比較的効果の少なかつたことを遺憾に思ふのである」(87)としてそこに水平運動との違いを見いだす論調も現れ、そうなると水平運動との差異を明確にするためにも、改めて内部自覚の内実が問われなければならなかった。それに答えようとしたのが、山本正男の「融和運動における自覚の意義」という論文であった。山本は、広島県大柿町の被差別部落に生まれ、広島県庁勤務の傍ら広島県共鳴会の幹事長を務めたのち、有馬頼寧の招きで全国融和連盟と貴衆両院議員部落問題研究会の事務局を担当するようになり、一九二八年から協会に入って、楠本同様、有馬の影響下にあった人物であった。

本来「内部自覚」[88]は部落の経済問題と結びついて出てきたはずであったが、山本の論文ではその面は抜け落ち、「部落民の自覚」をめぐって次のような見解が示された。一つは、「部落民が部落民としての社会的存在を明確に認識することである。「現代社会に在つて、差別せられることは不合理である」といふことをよく自覚することが、部落民意識の把握である」というものであり、もう一つは、「一般国民の差別観念を打破せんとするには、部落民が無自覚であつては困難である、真に人間としての尊さを識らしめ、それに関連する種々の精神的生活の営みをなさしめることによつて、「差別」の対象となるが如き現象を除去せしむることがこの項の主眼である換言すれば、「差別」すべからざることの対象として、その精神的生活を向上せしむることがこの要求の出発点である」とする(「融和運動における自覚の意義」『融和事業研究』八号、一九二九年一二月、六、および九〜一〇頁)。そこでは被差別部落の内と外に自覚の有無という点における差異を見いだしているが、あくまでそれは差別に対する反作用としてのみ生み出されるところのものにすぎず、創立時の水平社が「エタである事」つまり自分たちの存在の総体をありのままに認めさせようとしたのに比べると、その差異性ははるかに希薄であったといえよう。

山本は同時に、「国民の融和」とは「「部落」といふ一つの社会群を、一般社会に織込ましめて、意識的に何等の「差別」を残さず、完全に融合せる一つの社会に帰せしめんとすることにあ」り、それを国民運動として行うべきことを説いていた(同上、一二頁)。すなわち、初期の水平社以上に至近距離に国民への「同化」を想定しており、「部落民としての自覚」はその過渡期に一時的に要請されるものにすぎなかったのである。しかもその国民としての平等は皇室の存在と矛盾するものではなく、彼は「封建的賤視観念」の打破をいい、貴賤・尊卑を撃つのだが、「こと皇室に関しては、吾々は、「上御一人下万民」を以て国民の信条とするものである以上、この場合において詮議すべきものではないと思ふ。のみならず、皇室に関しては、小学修身書全巻に亘り多くの頁を取つてあらゆる場合に於いて国民の心掛けが懇切に説示せられ、その点においては特別の意図が注がれてある。従つて、前者と混同するが如き議論も自らこれを避けることが出来るし、又避くべきが当然である」との注釈のうえに、〝聖域〟とされていった(「小学修身書と封建的イデオロギー」『融和事業研究』六号、一九二九年八月、二七頁)。

内部自覚の一方で、協会が君民一体の理念にもとづく国民運動を展開しようとするとき、改めて民衆の差別意識に直面しそれの問題性を再認識することとなる。また、前述したように、融和教育の必要がいわれるようになったことにより、児童の偏見を培う温床としての家庭の存在も浮上してくる。御大礼記念全国融和団体連合会大会の場では、「婦人に対し融和思想を徹底せしむべき方法如何」「婦人間の融和促進上有効適切なる方策如何」との議題が取り上げられ、次のような発言が出された。

児童というものは何等差別意識を持って居ないのであって、之をよく育てたならば、又よく育てると言うのも之は家庭にあるのであります。此根本の解決なくして枝葉で解決するという事はどうも不可能ではあるまいかと思います。其児童に対し差別意識を撤廃させるには、家庭に於ける因襲を根底から芟除しなければならないのであります(『集成』二—一七九頁)。

社会のすべての事は家庭が出発点であります。其家庭の主宰者は主婦でありまして、婦人が此問題に理解を持ってくれると言う事は此問題を解決するに尊い事であります。然るに現下の状態を見ますと、社会事業にも婦人が相当活動してくれては居りますが、其婦人すら此融和問題に関して無理解な事実があります。況んや一般家庭に於ておやであります(同上、二—一八二頁)。

それゆえに女性教育と家庭を補うものとして児童融和教育が必要であるとされる。児童は次世代の担い手の育成という観点から、そして女性は、「母親の感化というものは、家庭の中に於ては第二の国民である処の子供の頭に浸み込ませるには、父親よりも母親の方がどれだけ大きい仕事をして居るか知れません」と語られるように、その児童の育成者としての位置づけから、教育の対象として不可欠とされた。一方では、戸主の権限を侵すべきでないとの立場から女性が家庭の「主宰者」となることに対する否定論も根強くあったが、全体の議論の趨勢は、「融和の鍵は婦人にあり」との方向にあった(同上、二—一八一〜一八四頁)。

第5章　「国民一体」論と「人種主義」の相克

1　「特殊対策」か「一般対策」かをめぐる議論の交錯

部落経済問題の特異性の再確認

全国の農村を襲った昭和恐慌の打撃は、これまで見てきたようにとりわけ経済的基盤の脆弱な被差別部落に著しく、それによって部落の抱える経済問題の特異性を改めて浮き彫りにすることとなった。

一九三〇年の初めに『融和事業研究』(九号、一九三〇年二月)に掲載された中央融和事業協会同人による座談会「産業調査に就て」では、すでに「産業経済状況」の「行き詰り」が指摘されており、重要な部落産業であった履き物生産も、「草履と名のつくものは何でも将来の見込はありませんね」(三好伊平次)といわれた。そのような状況のもとで農業への転換が一番適切であると考えられたが、現実には部落の地勢が不適当であったり耕地の入手が困難であったりしてうまくいかないという問題に直面し、ここでもまた、「其の土地で農業に転換させるといふよりも「移住」といふ方面に伸展させたが《ママ》よいと思ふ」という移住論が登場する。加えて、最も不安定な日稼ぎ労働者の広範な存在も指摘されている(四二～四四頁)。

山本正男も、具体的な数字を挙げて「所謂部落経済問題の特異性」を実態に即して詳述している。それは、第4章で述べた米騒動前夜に顕在化した特徴と基本的に変わっていないが、とりわけ山本は、農業従事者といえども極端に耕作面積が狭小であり、それがゆえに副業により生活費を補わなければならないことをあげる。したがって、一九二九年一一月に中央融和事業協会が行った部落の産業調査によれば、部落農民一戸当たりの平均税額は三～八円の者が多いのに対して、農村全体の一戸当たり平均税額は二〇円前後であり、部落農民の税額負担力は農民全体のそれの二分の一ないし七分の一に過ぎないといい、「両者の間には極めてはつきりした懸隔がある」(傍点、原文)と断言する(「部落経済問題の素描」(上)『融和事業研究』一一号、一九三〇年七月、二四～二六頁)。

当該時期に部落外との格差がいかに生じているか、そしてその対策の緊要性を示すデータは、行政の側からも提示された。表4は岡山県学務部社会課『数字に現れたる融和事業の必要』(一九三一年一〇月)に掲載された統計から作成したもので、そこから、「あらゆる点より考察してB(被差別部落をさす—引用者)はA(部落外をさす—引用者)よりその経済状態極めて劣り、この調査の悉くはその困窮欠乏を証するよりほかの何者でもないことが解る」(『集成』二—六〇四頁)との結論が導き出される。

このように恐慌下で部落の経済的困窮度合がいっそう激しくなったことは、被差別部落と同様日本社会で差別を受け、経済的劣位に置かれてきた朝鮮人に対する視線を改めて呼び醒

表 4　岡山県における被差別部落内外の実態比較

		被差別部落外(A)	被差別部落(B)
人口	戸数	5,403	1,010
	人口	26,005	4,854
	一戸平均	4.8	4.8
教育	中等以上の学校卒業・在学者数	1,267	52
	人口比(千人に対する)	48.7	10.7
資産	財産(一戸平均)(円)	2,685	1,002
	負債(一戸平均)(円)	298	300
	収入(一戸平均)(円)	283	137
納税	現住一戸平均額(円)	57.01	18.69
農業	総数(戸)	3,550	685
	自作比率(%)	28.2	7.0
	自小作比率(%)	59.2	42.2
	小作比率(%)	12.6	50.8

注) 岡山県学務部社会課『数字に現れたる融和事業の必要』1931 年 10 月(『部落問題・水平運動資料集成』2 巻，598〜604 頁)より作成.

ますこととなった。それは集団のなかで抑圧された者が自己の属する集団の優位を確認する作業であり、酒井直樹の説明によれば、恐慌によって被差別部落という集団の被害性が強まったがゆえに日本社会という集団への自己同一化の希求はいっそう強まり、それに伴って、「共同体の敵」として改めて浮上してきた朝鮮人への競争心が煽られていくという論理である[1]。

朝鮮人との連帯は過去に皆無であったわけではない。先行研究も指摘するように、一九二四年の全水第三回大会では朝鮮に被差別民白丁《ペクチョン》の解放運動団体衡平社との連帯が可決されているし[2]、全水青年同盟のメンバーや阪本清一郎ら一部の人々は、朝鮮の独立や民族的差別からの解放にも共感を示した[3]。しかしそれらは

表5　被差別部落内外日傭労働者の収入，および失業状態

収　入	部落外	部　落	百分比
男	1.42円	0.66円	46.5%
女	0.75	0.47	62.6
失業状態	部落外	部　落	朝鮮人
	22.3%	52.8%	24.3%　(神奈川・三重の場合)

注）中央融和事業協会『部落産業経済概況』1932年,『集成』補2—1154～1155頁より作成.

水平社同人の大部分には、ましてや部落民衆全体に浸透するにはとうていいたらず、連帯や共感を表明した人々においてさえも、「帝国主義的搾取の結果」といった理論として受容することはできても、あるいは自らと直接の接点をもたないかぎりにおいて被差別の立場から観念的に共感しえても、それを実際に利害が競合しあう場面においても堅持できるまでに自己のなかで内面化するには、高い障壁を乗り越えねばならなかった。

中央融和事業協会は、「農業についで多数を占めている日傭稼も、不景気の上に、この頃では数年来進出してきた朝鮮の人々にその仕事を蚕食せられて、大多数のものは失業状態に陥っており、地方によると朝鮮人労働者よりも失業率の高いところがある。また、履物修繕のような仕事まで、ルンペンや朝鮮の人々と競争している」[4]と記し、**表5**に示したような、朝鮮人を含めての日雇い労働者の実態比較を行っている。そこから導き出される、「部落日傭労働者の失業率は概して高く、一般日傭労働者及び朝鮮人日傭労働者に比するもなお高率を示し、我が国日傭労働者中最も失業難に陥れるものとみなすことを得」との結論に対して、考えられる要因は、「1、財界不況の影響。2、朝鮮人労働者の圧迫。

3、交通機関の変遷。4、差別観念の影響」の四つであった。とりわけ2については、次の二つの分析が加えられている。「財界不況の影響を受け、土木建築事業は著しく不振をきわめつつあるにも拘らず、朝鮮人は総数並びに労働者共年々増加の傾向にあり、而も之等朝鮮人の労働者は、その大部分日傭労働に従事しつつある実情よりして、一般日傭労働者を圧迫し、延いて之が為部落日傭労働者を圧迫することとなれり」、あるいは「雇主中賃金其の他の関係よりして「部落民よりは朝鮮人がよい」と称せるものあり」[5]と。

一九二〇年代以降、朝鮮における日本政府による土地調査事業などの結果、生活に困窮した朝鮮民衆が生活の糧を求めて日本に渡り、在日朝鮮人の数は、一九二一年、三三年、そして強制連行が開始された一九三九年をそれぞれ節目として増加していく[6]。なかでも在日朝鮮人が最も集中したのが大阪府であった。中央融和事業協会が一九三七年に行った被差別部落の人口移入状況の調査によれば、部落への来住者の二二パーセントが朝鮮からであり、その全国レベルでの高い数字は、調査中に「偶々大阪府下の特に朝鮮より来住せるもの〻多い地区が二、三含まれてゐるがため」[7]であるという。表6は、大阪府における在日朝鮮人の人口動態を示したものであり、女性人口の急激な増加にも明らかなように、たんなる人口増加のみならず一九二〇年代後半から恐慌を挟んでの三〇年代にかけては、これまでの出稼ぎに代わって定住者が急増するという変化もあった。

大阪府下においては、朝鮮人と部落の人々の下層労働市場での競合が顕著に見られ[8]、それについては、三原容子と河明生《ハ・ミョンセン》のそれぞれの研究が論及している。河は、三原の指摘を継承

表6　大阪府下の朝鮮人人口

年	男	女	計
1912	246	2	248
1916	749	13	762
1921	6,168	1,252	7,420
1926	26,944	8,235	35,179
1929	48,510	19,426	67,936
1931	58,089	27,478	85,562
1932	77,517	40,949	118,466

注）大阪市社会労働部『朝鮮人労働者の近況』〈社会部報告 177 号〉，1933 年（朴慶植編『在日朝鮮人関係資料集成』5 巻，三一書房，1976 年，809 頁）より作成．

しつつ、朝鮮人労働者が被差別部落に流入・定着して被差別部落民衆と同一労働市場において競合し、**表5**に現れたような、部落の労働者の失業と雇用機会の減少がもたらされた要因について次のように説明する。被差別部落には、金も保証人もなくとも借りられる廉価な借家が存在し、かつ被差別部落内もしくはその近隣に朝鮮人労働者を吸収しうる下層労働市場が存在したことから多くの朝鮮人が流入・定着し、その結果、「一般人」の就労が稀であった閉鎖的な下層労働市場において部落の人々と競合した。しかも前述の協会による分析も指摘するように、彼らは部落の労働者よりも賃金が安く、また中小零細企業者にとって、水平社の運動に啓発されて権利意識を高めていた部落の労働者よりも、相対的に従順でかつ解雇が容易であった朝鮮人労働者が好まれたことから、部落の人々を失業の脅威に追い込んでいったという[9]。ちなみに、大阪の部落への、他部落住民や朝鮮人の移入が多いことについては、中央融和事業協会の下村春之助も、「其処は、よし差別を受けつゝある地域であつても、生活に於て、慣習に於て、職業に於て、環境に於て、多少共故郷の地区と一脈通ずるところがあるために、吸引されるまゝに関係地区を選ぶ結果となつたものであらう」(「関係地区に於ける人口と資源の関係に就て」『融和事業研究』四八号、一九三八年三月、四七頁)と指摘するところであった。

そのことが、部落民衆の朝鮮人に対する排他的感情や敵愾心を煽ったと考えることは容易であり、大阪府西淀川区の被差別部落で、そこに居住する朝鮮人が町内費の支払いを拒否したことから、一九三六年九月二五日の年次大会において、「部落共同浴場に於ける朝鮮人入浴反対に関する」一項を決議するという事件が起こった。部落側の入浴拒否の理由は、「何等出資せざる外来者の入浴は、共同浴場設置の趣旨に反するのみならず、朝鮮人は衛生思想に乏しく、浴場内の公示を無視して他の入浴者にはなはだしき迷惑を及ぼしつつあ」るためというものであった(『集成』三―三二四～三二五頁)。その背景にはそうした労働市場をめぐる軋轢が少なからず作用していたであろうことは推測に難くない。

また日中全面戦争下になると、六〇パーセントが皮革業者であるといわれる大阪市浪速区の西浜地区では、輸入原皮の制限・統制等により皮革産業が打撃を受け、ことに在阪朝鮮人の皮革業界への著しい進出が「内地人業者」に「多大の脅威」を与えていると報じられた。そのために市会議員栗須喜一郎と全水大阪府連書記長松田喜一らが対策に腐心しているといい(『集成』三―五六四頁)、そのような皮革業労働市場への朝鮮人の進出も排外主義を煽る一因となっていったと考えられる。

「被差別意識」の喚起——「内部カルト」の提唱

被差別部落がこのような朝鮮人にも劣る経済的位置にあるとの認識は、即座に政府ならびに中央融和事業協会の経済対策への不満となって現象した。一九三〇年二月五・六日に行われた第二回全国融和団体連合大会は、各地の融和団体の代表者からのそうした不満の訴えの場と化した。ある者は、「現在の世相は殺人不景気といって津々浦々に至るまで疲弊困憊いたして居るのであります。歴代の内閣は少数同胞に対して微温的敬遠主義、至ってこの事に就いては遠慮がましい方策を取って居るのであります。(中略)その叫びは一等国民にあらずして差別待遇、虐待的の同胞待遇であります」(伊藤平八(熊本県昭和会)『集成』二—五四九頁)といい、またある者は、「私の村の戸数は二百五十戸ばかりありますが、現在の不況時代に於て失業者の続出することは他普通民より一層甚しいのであります」と述べ、そうした失業者が「鰯《いわし》の行商をやって居りますが、僅か二十五円の自転車すら買うことの出来ない沢山の失業者に対して、現在の補助金は甚だ少額——(騒然)私は現在の予算が——僅少なるもので改善出来ますか、この意味で内務大臣のお答え願います」(加藤信一(愛知県社会事業協会)『集成』二—五四九~五五〇頁)と詰め寄る光景もあった。

しかしここでも、「融和事業差別撤廃《ママ》して平等にやるという事を一方に於て希い、またそういう運動をして居る旁々やはり特殊にそういう学校を国立にこしらえて貰いたいということになると、そこに非常な矛盾があるのではないかと思うのでありますが」(水野社会教育官『集成』二—五五一頁)というように、「特殊に」対策を講じることへの疑問が投げかけられる一方で、「今日の部落民の心情を考えます時、これは公平に扱って貰った時は何時の世になつて我々部落民が浮かぶことが出来ますか。長い間の習慣によって総てのものが富の程度といい、学問の程度といい、世間一般から非常に侮蔑せられたる、位の下の下のどん底の人間の集りであります。(中略)今日我々部落民は社会的病人であります。その病人を健康者と平等にしたら病気は全快いたしません。それと同じく多少変った施設があっても仕方がない、それによって一先ず皆様と同じ足並の所までに引上げて貰いたい。そうしてその上で平等なり公平なりにやって頂きたいということをお願いするのであります」(井上良一(静岡県社会事業協会)『集成』二―五五二頁)というように、通り一遍ではない特別の対策が講じられない限りもはや格差を埋めることはできないとの意見も出され、常に特別対策か一般対策か、換言すれば差異の尊重か平等かの問題を孕んでいることを明るみに出した。千葉県社会事業協会融和部が行った有識者の部落問題認識調査においても、「殊に地区代表者が、実行上に於て物質援助と各種施設を要望し、対策に就ては既述の如く融和を強調し、自然解消を期待するもの一名も之なき点は特に注目を要すべ」き状況であった(『集成』三―三九九頁)と報告されているように、それだけ部落は厳しい状況に置かれていたといえよう。

そのような状況のもとで、現状打開の方策として一致したのが、すでにそれ以前から協会内で提起されていた「内部自覚」であった。前章で見たようにかつては精神面においてしか部落問題をとらえようとしなかった平沼騏一郎も、「一言にして尽さば一切の差別の除去には先づ内部同胞の自覚に俟つもの多きことゝ及其の産業上経済上に行詰れる現状を打開するにあらざれば本事業の全目的を達成することは至難であると考へられるのであります」(『融和事業研究』一一号、一九三〇年七月、一七五頁)と述べて、部落経済向上のために「内部自覚」を位置づけた。これによって「内部自覚」は運動主体の育成というねらいに加えて、経済問題の解決という意味合いを持つこととなった。

運動主体の育成が協会の一致したねらいとなった理由の一つに、水平運動と融和運動の合体が現実に進行していたことがあげられる。一九三二年八月二八日に開かれた全関東部落民全体会議において、「関東地方に於ける水平運動の不活発なるに鑑み、埼玉県宮本熊吉・東京市平野小剣等主唱となり、関東地方各水平社及融和団体を統一したる機関を組織すべく」、「皇道意識を高揚し、覇道文明を徹底的に排撃す」などの綱領を定めたこともその一つであった(『集成』二―六一三頁)。広島県共鳴会のように融和団体が差別事件に積極的に介入する例も見られ(同上、三―六二頁)、一方また、一九二〇年代後半の水平社共産主義グループへの度重なる弾圧によって水平社が弱体化し、水平運動との距離が縮小したこともあげられよう。

水平社運動に代わるべく青年融和運動をどう育成するかは、一九三〇年前後の主要テーマの一つであり、実際に一九二九年度に融和団体が青年を対象に行った講習会は三四回、受講者延人員一八二五名に上った。それを受けて一九三〇年度は受講者を中心に青年融和団体の結成があいつぎ(10)、プロレット・カルト論(プロレタリア文化)の影響を受けて「内部青年カルト」の提唱がなされたが、それは過渡的なものにとどまった。しかしながらそこには、従来の融和団体による青年を対象とする「講習会、懇談講演会等」は、「一種の改善事業」であつたり「内部の持つ自然成長的要求を圧へ、強いて一般社会的同化性を与へやうと企図されたものに過ぎなかつた」(11)とする、これまでの施策への批判が含まれていた。

それをもっとも端的に論じていた一人である成澤英雄によれば、「部落民に対する徹底せるカルトを欠いてゐた」という点において水平運動も同様であった。成澤によれば、青年カルトとは「内部青年をして一切の被差別意識に目覚めしめ、其の歴史的使命——内部の全き解放と、進んでは斯る不合理なる問題の起こり得ぬ偕和の社会の実現——を遂行せしむる処の知識と運動熱意を与へることであ」り、「特に差別問題の惹起した際の如きは絶好の機会であるといい(12)、それは初期水平運動の理念を既存秩序のなかで実現していこうとするものであったと見てよいだろう。

そのような考え方の基本は、「内部自覚」を後述する部落経済更生運動と結びつけることによって、経済更生運動開始後も保持されていた。兵庫県清和会の指導者金子念阿の「融和運動に於ける自覚の行程」と題する論文は次のようにいう。「我は被差別地区の一人なりと云ふばかりでなく、差別は如何にして発生したか、差別と地区の現在の状態とどんな関係があるものか。我等の最後の目的はどうか。之等の点を科学的にハツキリと摑む(中略)ことが必要条件になる。これが新しい被差別者意識であると私は云ひたい」(『融和事業研究』三三号、一九三四年一二月、一一一頁)と。

「自覚」の部落経済更生運動への吸収

しかし大勢は「被差別意識」にもとづく自覚の強調ではなく、たとえばかつて内部自覚の必要を説いていた山本正男も昭和恐慌を経験することによって、究極「部落問題の解決」とは、「人間性の限りなき完成」を念願し、「人格平等の社会を実現せしむることであ」り、「部落民が部落民たるの故を以つて現に受けつゝあるところの社会生活上の一切の障害を除去し、進んでその生活上国民一般と何等異なるところなき社会的地位を得るにある」ことを強調する方向へと傾斜していった。

山本は、部落問題解決のためには、「差別観念を除去する方策」と「部落それ自体の経済的地位の向上を期すべき経済的部面に関する方策」が必要であり、基本は後者であるとする。それゆえ、後述の水平社の動向をも意識してのことであったと思われるが、ユダヤ人問題との関係についても、「部落民は有産者であつても差別せられるといふやうな言葉を耳にする」が「わが国における部落と社会一般との関係と、ユダヤ民族と欧米各国の民族との関係とは決して混同さるべき性質のものではな」く、「経済状態がよくなつても「差別」せられるといふが如きことも、謂はば盾の半面であつて、必ずしも真相に触れたる意見ではない」のであり、「個人的にも部落全体としてみても、経済状態のよいものほど、比較的によく融和の実を挙げてゐる」と主張した(「経済更生運動に関する理論的考察」『融和事業研究』二九号、一九三四年三月、三六〜三七、および四九頁)。山本によれば自覚とは、被差別部落の人々が差別と遭遇することによって湧き出ずる「無限の熱と力」によるものであった。したがって山本は、それを喚起することは「その刺激が余りに強烈に過ぎ、反社会的となり却つて融和の障害となる」可能性があり、自覚を突き詰めていくと「融和」との矛盾に逢着しかねないことをも見通していた（「経済更生に関する地区指導上の諸問題」『融和事業研究』三二号、一九三四年一二月、一三～一四頁）。それゆえ山本にあっては、協同組合運動の一環に部落経済更生運動を位置づけ、協同主義を採用することによって個々人の自覚をそれに吸収し、「内部青年カルト」からの変質を図っていったのである。[13]

山本のそうした論理は、中央融和事業協会発行の冊子『経済更生への道』にも貫かれており、そこでも「一般国民と何等異なるところなき社会的地位を得せしむる」ために、差別と貧乏の因果の綱を断ち切るべきことが強調される。経済的地位の向上こそが重要なのであり、「真に己を識り、自己の人格の尊さに目覚めること」と説明されるところの自覚は、「今日の部落の経済難を打開しかつ更生せしめ」るという精神を呼び起こすための手段なのであった（『集成』三―七九～八二頁）。そのような論理に則った部落経済更生運動は、「町村や部落の協同一致」や「人の和」を説く協同主義（同上、三―八四頁）によることで「思想の動揺を未然に防止し」[14]、かつ経済状態の向上をはかることで差別と貧困の悪循環を断ち切るという一石二鳥の効果を期待したものであった。

しかしながら三重県社会事業協会融和部の部落経済更生運動の指導者河村数栄によれば、いくら「協同一致」の精神によって経済更生に励む意欲を湧き立たせても、「地区には働く場所がない」、土地がないという講習生からの訴えが噴出し、それゆえに「海外特に満蒙に対する植民の問題」は、「現在及将来に於ける我が国策として亦我が農村問題の根本的解決策として必須の重大問題であり、部落の人口対策も最後の拠り所は茲に在りと信ずる」にいたったという(「部落更生対策に就て」『融和事業研究』三二号、一九三四年一二月、三二頁)。このように抜本的対策を欠いた部落経済更生運動は、当初からそもそも「土地がない」という矛盾を抱え、移民に打開を求める萌芽を内包していたのである。

階級的同化論の逢着点——水平社解消論——とその修正

水平社のメンバーも、「部落経済問題の特異性」という認識においては、前述の協会同人たちと同様であった。しかし彼らは、恐慌下で喘ぐ部落の労働者農民を「階級的基本組織に結合」するという方法によって解決する途を選び取ったのであり、それは周知の全国水平社解消論となって現れる。

一九三一年、全国水平社九州連合会常任理事会より提起された「全国水平社解消の提議(第十回全国水平社大会への意見書)」は、「特殊部落労働者農民を階級的基本組織に組織することこそ部落民解放の根本条件となるのであ」り「部落労働者農民の階級的進出を身分的組織の下に縛りつけて阻止している全国水平社を解消しなければならないのである」(『集成』二—五九二〜五九五頁)と謳っているように、コミンテルンの社会ファシズム論を承けて、社会関係の基本は階級的組織であり身分組織は革命の妨害物ととらえられており、その背景には、昭和恐慌のもとで下層民衆の闘争が激化し、部落大衆の大部分はプロレタリアートであるとの見方が生じてきたことが考えられる。そうして被差別部落民としての連帯意識はもはや消滅したとの認識が吐露されており、それは、コミンテルンの革命論に対する理論的信仰ゆえにア・プリオリに形成されていった側面も否定できない。

解消論を容れての全水第一一回大会新運動方針書は、初期水平社の綱領「特殊部落民は部落民自身の行動に依って絶対の解放を期す」を「明らかに排外主義であり、水平社第一主義である」(同上、三一二三頁)として否定するが、それは本来、部落改善運動・融和運動等への依存主義を排し、部落民自身が立ち上がる決意表明だったのであった。

三重県・奈良県・福岡県の農民組合運動、そして和歌山県日高小作争議(一九二九〜三二年)における全国農民組合の支援等[15]、部落側が「部落民」という認識を全面に押し出さずに闘争を展開した場合の労働者・農民組織との連帯の事例はこれまでの研究の蓄積に明らかであるが、京都府宇治警察署員糾弾事件(一九三〇年三月)において労農党の積極的協力があったことはやや特異な事例といえよう。京都府水平社朝田善之助らによる労農党・労農大衆党その他労働組合借家人組合等への申し入れにより、宇治署員差別事件共同闘争委員会を組織して闘争が展開され(『集成』二一五二四頁)、まさに労農連帯の実効性が発揮されたがゆえに、楽観論が支配したという側面もあろう。

全国水平社解消闘争委員会行動綱領の冒頭には、「一、就職上・職業上に於ける身分的差別廃止。民族・性・年齢を問わず同一労働に対する同一賃金。一、社会生活上に現れたる一切の身分的偏見の撤廃。」(同上、二一六一一頁)が掲げられており、けっして差別問題を軽視するものでなかったことが見てとれるが、にもかかわらず、その課題は労働組合・農民組合に託されていった。またその一方では、他の運動との連帯を志向するがゆえに、身分問題だけでなく民族・性・年齢による平等への配慮の上に立つ「開かれた」運動の方向性を内包していたことも注目されてよい。

一九三三年時点で解消派は、大阪・京都・福岡・岡山・三重・愛知・広島・愛媛の各府県に二四団体、加盟者二六六一名が存在していた(同上、三一一五頁)。しかし、「自分が小学校時代松山末市の子供に穢多ゴローと言うて先生に叱責されたことあるが、穢多を穢多と言うてどうあるかのう」(大分県、一九三二年三月)(同上、二一六二三頁)というような発言や、寺院の再興に際し「檀徒募集中、住職等が水平部落民の募集に反対」するといった差別事件は依然頻発していた。司法当局は、「少数部落民にからまる差別糾弾其他の紛争は、既往に於ける水平運動勃発当時に比し、著しく其数を減少したりと雖、未だ全然その跡を絶つに至らず」(『集成』二一六二七頁)と記している。減少したとはいえ、それも一つには階級的同化論によって水平社側が糾弾闘争を控えたことと、今一つは、『融和事業研究』に掲載された論文、萩原貞雄「融和問題の現状を批判し其の対策に及ぶ」が、部落外民衆の部落問題に対する態度の一つとして指摘しているような「内心に差別的偏見があつても外面に努めて理解してゐるかの如くに装ふてゐる敬遠主義者」(『融和事業研究』一〇号、一九三〇年五月、四五頁)が多数を占めていたであろうことを考えに入れる必要があろう。

そのような状況のなかで、階級的同化論は修正を余儀なくされていく。権力側が、「差別糾弾事件は大正十五年以来著しく減少しつつありたるが、昭和五年以降やや増加の傾向を示し、殊に昭和八年は前述の如く高松地方裁判所に対する差別事件糾弾運動に刺激せられ、糾弾事件はとみに増加し、その数七百五十二件に及び、同七年に比し百件を超過せり。尚糾弾方法にありても近時次第に穏健化の傾向にありたるが、之又高松事件を転機として相当激化しつつあり」(『集成』三―一三頁)と記すように、高松差別裁判闘争を機に差別糾弾闘争は再燃していった。

この事件は、一九三三年、高松地方裁判所が部落出身の男性に対して、彼が「部落民」であることを告げずに結婚したことを判決文中に挙げ誘拐罪を適用したことから水平社が抗議に立ち上がったもので、すでに当時から、「封建的身分の差別観念をもって取扱われ、明治四年の太政官布告によりて公法の上では解消されてしまって差別的取扱いを禁ぜられている筈の旧身分を容認して……『特殊部落出身たることを黙秘し一般民の女と結婚しやうとした』ことを犯罪構成の第一条件として断罪された事件」として位置づけられていた。「創立当時全国水平社に参加した部落は八百、最も沈滞したときには二百をも算しなかったが、今日では三府三十三県に亘り約一千百の部落――人口に於て全部落民の約六割と称せらる――を影響下に結集した」と報じられているように、(16)それは、新たに水平社同人以外の部落民衆を組織した大衆闘争として高揚を見た。

併せて注目すべきは、この闘争のなかで水平社側はそうした裁判所の対応を、「ファシズムの露骨な現われ」(『集成』三―三八頁)と見なし、それを機に反ナチス運動へと発展させていったことであった。一九三三年八月二九日全水全国委員会は、「独逸国ナチスのユダヤ人に対する圧迫はやがて我国に於ける無産階級の最尖端に在る吾特殊部落民にも必然的に誘致せらるべし」として声明書を発表し、奈良県連合会も、ドイツ政府の日本人との結婚を処罰するという法律制定に対して、「苟くも一国の政府にして公然、日本人との結婚関係をもってドイツの国籍を汚すものとして処罰すべき法律をさえ制定せんとするに至っては、実に其増長極まれる乱暴の限りである」との抗議文を、同年一〇月二四日ドイツ大使に送っている(同上、三─一五頁)。ナチスのユダヤ人迫害は、改めて彼らの危機感を呼び起こし、少数被抑圧者としての意識を発揚させることとなったと考えられる。またそれに水平社が直ちに反応したのも、自らが結婚差別に苦悩してきたという「部落民」であるがゆえの問題を想起したからこそであろう。

こうした経緯を経つつ、同年、同じく解消派から部落民委員会活動(一九三四年に「部落委員会活動」に変更)が提起され、「ブルジョア地主政府の部落経済更生運動に全面的に対立」すべく運動が展開されていった(同上、三─一八頁)。そこでは、日本共産党のいわゆる三二年テーゼの影響を受けて「被圧迫部落民に対する規定は、身分関係と階級関係の二つの視角からなされねばならぬ」としており、部落は制度的矛盾の集約的存在であり、天皇制の「対蹠物《たいせき》」であるという理論的位置づけが明確となっていった(「身分闘争に関するテーゼ草案」同上、三─二一〇～二一一頁)。

2 「国民一体」の追求

支配層による国民一体論創出の模索

水平運動のそうした動きにも対応すべく、中央融和事業協会では国民一体論創出のためのさまざまな模索が行われていった。当該時期には、「少数同胞」という呼称が『融和事業研究』誌上で多用される傾向を見せており[17]、たとえば「その大御心を持つて我々の血を分けた少数同胞と融和するにあらざれば、いつの日になつても霊肉一如たる融和の美果は断じて結ばれないことゝ信ずる」[18]というように、それは融和を前提に、「同胞」であることを強調する天皇赤子論に通ずるものにほかならなかった。しかしその一方で、一九三〇年代前半にマルクス主義社会科学者の間で日本資本主義論争が展開されたことに示されるように、社会科学の高度な学問水準の到達が見られたのであり、部落問題をめぐっても、一九三〇年代半ばまでは、即座には天皇赤子論に吸収されえないかなり自由で高度な社会科学的議論が展開されていたのである。

溝口靖夫『我国社会史に現はれたる差別感情とタブー』は、『融和事業研究』三四号(一九三五年六月)の特集号として刊行されたものであり、それは、通常人々が抱いている「少数同胞がその起源に於て、普通民と何等かの人種の異りたるものならんとの漠然たる考」(六七頁)を打破するべく書かれた。溝口は、「一般国民中に、殆んど先住民又は帰化人の血統の混ぜざるなき今日に於て、独り部落の人々のみ純大和民族系なりと断ずるは困難なことである」(七八頁)と、逆説的に部落の起源の特殊性を否定したうえで、明治以後も差別が存続してきた要因を、①職業、②人口の増大による生活不安、③経済的原因によるところの生活様式、④タブー的要因に求め、とりわけ④のタブー的要因こそが「歴史に於ける真の差別原因」であるとする(一八九〜一九〇、および二〇六頁)。彼によればタブーは、「元来は一つの純粋なる宗教意識又は観念であるかもしれないが、それが一つの社会的制度となる時は、人々の功利心も働くであらうし、社会的な伝習や風習も働きかけるのであ」り、さらに「権力者の創作する処ともなり、又或時は、人々の功利心により、又社会的衝動により成立することともなる」という(六〇頁)。

小熊英二の研究によれば、太平洋戦争後半の時期になると、皇民化政策の高まりとともに混血のおそれが大きくなってきたことを一因として、白鳥清をはじめ海軍省主催の思想懇談会メンバー(安倍能成・谷川徹三・和辻哲郎ら)に純血論が台頭した。さらに戦局が不利となった一九四四年ごろには混合民族論はほとんど消えるが、満州事変・日中戦争から太平洋戦争前半の時期には、「ナチス型の排外主義ではなく、天皇家中心の民族同化主義」であるところの混合民族論が高唱されていたという[19]。溝口の人種起源説否定の主張も、いまだそのような混合民族論隆盛のなかで登場したものであった。しかしながらそうした支配層や学界の議論をよそに、民衆意識のレベルでは、溝口いうところの「生活様式」やタブーが依然人種と同じ意味をもって機能していたことにこそ留意せねばならないのであり、これまでに述べてきたような意味合いでの人種主義は、依然脈々と生き続けていたのである。溝口はそれによってもたらされる結果の一例として、部落と部落外の人々の通婚を唯一可能にする恋愛が成立しても、「個人主義社会に非らざる我国の家族制度」ゆえに、「仮に両親又は家族の了解ある場合も、多くは親戚の反対に遭遇して破綻となる」[20]ことをあげる。当該時期にタブーの研究は盛んで、宇野円空(東京帝国大学助教授)「タブの本質と表現」(『融和事業研究』一二号、一九三一年六月)といった論文も掲載された。

溝口の『差別感情とタブー』は、『融和事業研究』九〜一三号(一九三〇年二月〜三〇年一一月)に連載された下地寛令「融和問題の社会心理学的研究」(一)〜(五)をかなりの程度下敷きにして書かれており、もとになった下地にあっては、「一部同胞と一般同胞との間に種々の差異のある事は明である」と断じて、溝口よりもより明瞭に差異を前提に議論を展開していた。下地によれば、誤解によって差異と考えられている認識の誤りを正し、現実に存在する差異を相互補完せしめるための科学的研究こそが必要なのであった。[21]彼は、「不健康、不衛生、無智其他」のごとく「如何にしても補充し合ふ事なきもの」は一日も早く除去すべきであり(一、一五頁)、一方、地域的に隔離され、婚姻関係をもたずにきたことによる「文化的差異」を取り除くことは「比較的容易である」が、「地域の同一」や「婚姻の助長」は「急激には期待し得ない」という(五・完、一三号、九〜一〇頁)。最後まで読み継いでいくと、下地は最終的に差別意識の原因となる差異を取り除かねばならないとの立場を採っており、具体性を欠いてはいるものの、差異を「相互に補充し合ふ」というのは、そうした見通しのうえに立ってその過渡的措置として提起されたものであろう。とはいえ、排除のためにではなく、そして部落側に決定的な負の烙印を押すことなく差異の存在がいわれたことは、前章で見た楠本寛の議論の「民族問題」論の延長線上にあって、一つの新しい歴史的段階を象徴するものといえよう。下地は、「人間平等の思想」を「此等の諸方面に於ける多くの差異にもかゝわらず、人間として人格としては何等の高低軽重差別がなく万人尽く一個の人間であり人格であるといふ事」(「平等思想の由来――融和運動の指導原理に対する再批判」(二)『融和事業研究』二六号、一九三三年六月、三〇頁)と定義したうえで、差異を補うものとして、「仏蘭西革命前後の澎湃《ほうはい》たる自由平等の思想」をよりどころに人格の平等を高唱する(同上(四)『融和事業研究』二八号、一九三三年一二月、六七頁)。往々にして平等は秩序としてしか認識されず、しかもそれ以上に個の視点を欠いた国民一体論が浸食しつつあるなかで、フランス革命を支えた人権思想に遡及して平等を論じていることは注目されてしかるべきであろう。彼の求めるあるべき方向は、水平社のとくに左派の動向を意識してのことであったと思われ、「ブルヂョア的であつてはならず又プロレタリア的であつてもならない」「常に人類を地盤とする純粋の人格平等主義」でなければならぬとし、その担い手である「真の知識階級」と提携して融和運動が行われるべきことを説いた(同上、三八〜四二頁)。ちなみに彼は、水平運動に対しても容赦なく本質に迫る批判を展開しており、労農連帯が実現するなら融和問題は大部分解決したといってよいはずであると述べて、水平社左派の人々の、期待とないまぜになったリアリズムの欠如をも突いた。

差異を前提とした異集団の結合のあり方に対する社会学的研究は、当該時期にほかにも盛んに行われており、『融和事業研究』誌上に掲載されたものに限っても、部落問題を主題としないものも含めると、三好豊太郎「融和問題の基礎理論としての社会結合の研究」(上)(下)(『融和事業研究』一八・一九号、一九三一年九・一一月)や、清水幾太郎「人類としての結合に就て」(一)〜(三)(『融和事業研究』一九〜二一号、一九三一年一一月〜三二年三月)、広岡融「部落の郷土科学的一研究」(『融和事業研究』三二号、一九三四年一二月)などをあげることができる。なかでも広岡のそれは、「一般部落と所謂部落との異質性同質性をも重要視すべきであ」るとし、そのうえで過去の解放運動を再批判することをめざし、自らの生まれ故郷である奈良県宇陀郡神戸村の一部落について、歴史から現状にいたるまでの詳細な調査を行ったものとして注目される。結婚問題についても分け入った調査をし、部落では自由結婚が行われていること、従兄弟間をはじめとする部落内婚姻が多く、その結果部落内は濃密な親族関係にあることなどを指摘しており、冒頭に掲げた課題についてはいまだ抽象的な提起にとどまっているが、ともかくも部落の内部からまず「所謂部落民心理」の負の側面をも見据えたうえで「内部自覚」を高唱して、融和運動に携わる人々の部落認識の不十分さを鋭く指摘したものとして、画期的であったといえよう(五五〜五六、および七九〜八二頁)。

植民地に対する同化政策の実証的研究や欧米のユダヤ人問題政策に関する研究も紹介された。前者についての、高岡高等商業学校教授でのちに文部省社会教育官として融和教育に携わる小山隆の「欧羅巴に於ける同化政策の研究」(一)〜(完)(『融和事業研究』二六〜三〇号、一九三三年六月〜三四年六月)は、部落問題を民族問題と比較しながら、部落問題は「民族内部同胞の問題」であるが、両者には「上位を以て任ずる側の者がもつ一種の賤視観念である」という共通点があり、「この観念が民族的融合を妨げる大きな癌であると共に、又部落問題に於ける宿痾である」と述べ、それを除去するためには「生活様式の差異を除くことに主力が集中されることは至当」であると論じた(完)、二五〜二六頁)。後者に関する遠藤利男「欧米諸国に於ける人種及階級間の融和策」(『融和事業研究』二五号、一九三三年三月)は、部落問題をユダヤ人問題に比定して、「ユダヤ人が基督教徒となり、ドイツ人が知識の向上によつて異宗徒を迫害することの非を悟つたるが如く、理不尽なる待遇をうけてゐる、我国一部の人々はユダヤ人の良き点を学び忍耐を必要とし、又、社会生活において他の人々と相異した点があるならばその点を改めることである」(一四〇頁)と述べ、究極的には差異をなくすべきことを説いた。植民地やユダヤ人などの民族問題が引き合いに出されるときには、部落の差異性は解消すべきものと見なされる傾向が強かった。

部落問題に言及したこれらの研究におおむね共通するのは、部落問題の本質にかなり迫りえており、その地点から当該時期の部落問題認識や差別観念の問題を重視している点であり、かつまた社会科学的見地から自由に学問的議論が展開されていることであった。これまでに見てきたように、そのなかでしばしば差異への着目も行われたが、差異を尊重すべきものと見るか最終的には除去すべきものと見るかはさておくにせよ、それらの研究は、差異をバネに結集し、平等の権利獲得のための運動を推進していく現実的担い手を、自身も含めて発見しきれておらず、普遍的平等思想としての抵抗の砦を築きうることなくしだいに議論の場から失せていく。結局それらは、差異を過渡的なものと見なすことで人種主義と一君万民論との接合を果たし、国民一体を成し遂げるために政府・協会が「賤視観念」に着目したことに利用されていく。そうしてやがては、「現代日本は温かな同胞相愛、民族一体の国民意識によつて団結し、厳粛な正義感、公平な生活感に基く人格観念によつて邁進すべき立場と時機とに置かれてゐるのである(22)」というような議論が、それらに代わって席巻していくことになるのである。

中央融和事業協会主導の融和教育は、そのような流れのもとで推進されていった(23)。一九三二年ごろから『融和事業研究』にも融和教育に関する論文が載り始め、模索が開始されるが、同年一〇月三〇日、文部次官依命通牒「国民融和ニ関スル件」が出されたのを嚆矢として着実に準備が進められていく(24)。一九三三年八月一一～一五日には、中央融和事業協会主催による初の教育者融和事業講習会も開催され(「彙報」『融和事業研究』二七号、一九三三年九月、一四八頁)、同年一二月に設置された融和教育調査委員会は、翌三四年一一月に「融和事業ニ関スル教育的方策要綱」を出す。その「要旨」には、人格尊重・四海同胞の精神の涵養、因襲的差別観念の根絶・自覚に基づく向上発展の精神の涵養と並んで「日本民族ノ成立ヲ明ラカニシ国民一体ノ精神ヲ涵養スルコト」が掲げられた(25)。それは、大正デモクラシー期のような人類平等という普遍性に依拠するのではなく、日本民族の一体性を強調するものであり、それによって被差別部落の民衆を日本民族の内部に取り込むことを意図したものであった。そうしてそのような「内」と「外」を峻別した〝閉じた〟思考は、当然植民地民衆のごとく、そこから抜け落ちるグループの存在を出現させることになる。

当該時期に種々登場した融和教育論では、「日本人を以て全然世界無比なる融和心の豊かなる民族であるといふこと、これは歴史が証明して居る、これは明かであります。（中略）我々の信頼するところでは日本人は種々な民族をこねて今日となつて居る、決して単一なもので、外国を斥けて来たのではない」(26)というように、日本人の包容力と多民族性を強調することにより、部落もその一つであったとしても融和の対象となりうる、あるいはならねばならぬ存在であることを強調するものが一つの潮流をかたちづくっていた。しかし他方で、「日本民族ノ成立ヲ明ラカニシ」ないまま「大和民族」の一体性を説き、そこに被差別部落をも包含させてしまう議論も存在していた。神奈川県青和会常務理事を務める植木俊助(27)は、独自に『融和読本』を編み、それを『融和事業研究』(二二号、一九三二年三月)に紹介しており、それもそうした議論の一つであった。それは次のようにいう。

日出づる国、日本。皇族の国、日本。万世一系の　天皇を核心とし、九千万魂一つになつて、これをとりまいて、天壌無窮と共に窮りなく栄え行く、日本。此の貴い日本国に生を享けた我々は、皆兄弟なのだ。（中略）日本国民は、同一血族によつて形成せられ、皇室を核心とする大和民族を中心として、新附の民を養子養女とし、渾然一体となつたものである。所謂一視同仁であるのである。然るに大和民族である一部の同胞に対して、まるで筋の違つたものゝ様に思ひ込んで、国民の融和統一を害ふてゐるものがあるのである。これを其のまゝに放置して、多数の無知頑迷の徒の思ひのまゝにしたならば、其結果はどうなるだらう。こんな恐ろしい事はあるまい(一～三頁)。

ここでは「新附の民」で「養子養女」である植民地の民衆とは別に「同一血族」に連なるものとして被差別部落が位置づけられるのであり、「血族」という絶対的な基準によりその差を歴然とさせることによって、被差別部落民衆の国家への帰一心を掻き立てるものであったといえよう。

ア・プリオリに天皇の子孫であることを強調する点で、文部省成人教育課長融和教育調査委員松尾長造の「融和教育の基調」も同様であり、それは「端的に云ふならば他の国々の国民と異りて我々九千万国民は三千年来の祖先の子孫として、一君万民の尊貴なる関係に於て同胞である」としており、それゆえいまだ存在している部落差別は、もっぱら「因襲的差別観念」にすぎないというものであった(「融和教育の基調」『融和事業研究』三〇号、一九三四年六月、六〇、および七一頁)。先にみた社会学を中心とする差別をめぐるタブーや社会心理学などの観念や意識のレベルの研究は、そうした従来顧みられなかった領域を学問研究の俎上にのせ、民衆の意識や慣習の非合理な側面を明るみにだすという役割を担うと同時に、他方ではこのように、政府や協会が一君万民を呼号するとき、そのもとで何故に差別が現存しているかを説明し、転じて一君万民論の正当性を支える方向に利用される萌芽を孕んでいたのである。

このような方針のもとで現実に小学校で実践された教育は、中央融和事業協会がまとめた

『融和教育資料』(一九三四年八月)に見るかぎり、「動植物への愛情・友愛等」一般的な「愛」に解消して部落差別の不当性を理解させようとする段階のものから、「内部指導」と称して部落児童の学習指導・生活訓練を行うもの、さらに神奈川県曽屋小学校のように、実際に起こった差別事件をめぐり具体的な歴史的事実等の理解を深めるところまで踏み込んだものもあり、それらのうちのどのレベルまで実践するかは、それぞれの学校によってかなり差があったと思われる。徳島県名東《みょうどう》郡一宮村小学校では、児童の差別観念の有無の詳細な調査を行った実践報告をまとめており、それによれば、尋常二年以上の大半が差別の存在を知り、「学校内にあっても校外にあっても何時も水と油のように遊んでいる」、「地区外児童と一般児童の相違点」に関しては、学校出席率・学業操行・上級学校への進学状況等、歴然たる差があると報告されている(『集成』三―四五七〜四七六頁)。こうして学校現場での融和教育の実践のなかからも、部落と部落外の格差の存在が、統計を用いて明らかにされていった。

先にみたような多民族国家論と単一民族論が拮抗し合うなかで、一九三五年三月、『融和事業研究』三三号の巻頭に掲載された「日本精神と融和問題」と題する瀧本豊之輔の論文は、融和教育あるいは融和運動全体が日本主義・天皇主義に収斂していく転機をなした。一九三五年二月の貴族院での天皇機関説攻撃に端を発した「国体明徴運動」を経て、同年八月政府によって国体明徴声明が出されたのを機に、国体思想がタブー化し、天皇の絶対的神格化が完成して国体思想は新たな段階に入るが、融和運動の動向もそれと軌をいつにしていた。瀧本は筧克彦《かけいかつひこ》の弟子を自認する「並はずれた天皇主義者」であったといい(28)、彼は次のようにいう。「融和問題は日本精神の弛緩より生ずる。之を解決せんとせば須く日本精神の緊張を計るべし。これを除外して、唯に社会問題の一種として、殊に人類愛、自由平等、個性の発揚等総て外国の信仰思想体系を基調として努力を重ぬる如きは、決して問題を解決する所以にあらず、百年河清を待つの感あらしむ」(一頁)。

雑誌『思想』が「日本精神特集号」を出したのが一九三四年五月であり、総合雑誌『中央公論』で「転落・自由主義の検討」という特集が組まれたのが一九三五年五月であったが、部落問題の領域においても「日本精神」という名の国体観念が闊歩しはじめ、これまで平等――それは秩序という皮相的なレベルにとどまるのものではあったが――という普遍的理念を支える思想的基軸となっていた人類愛や自由主義が、外国のものとして排除されていくようになっていったのである。

他方、民族起源論の方は、以下に見るように、いまだ決着を見ぬままもっぱら「大和民族」という「血族」の一体性を強調しそこに被差別部落を包含する論と、多民族を包容する日本民族の特性を打ち出す論とが混在していた。

水平運動の融和主義への接近

一九三三年ごろには、水平運動のなかにも、国家主義に転じ、政府や中央融和事業協会の路線に歩み寄る動きが生じはじめていた。一九三三年七月四日、関東水平社は「皇国非常時打開祈願」を行い、「関東水平社五・一五事件被告減刑嘆願運動趣意書」をまとめている

(『集成』三―一六頁)。西光万吉・阪本清一郎・千崎富一郎(米田富)らも『街頭新聞』を発行し、「最近に至り国家社会主義に転じ」たと報じられ(『集成』三―二〇四頁)、翌三四年西光・阪本は、大日本国家社会党結成とともにそれに入党した。[29]

西光は自らが共産党を離れるにいたった経緯について、次のように記している。

私が共産党に加わったのは純粋なマルクス主義者としてではなく、当時の不正横暴な政府や政党に対する反抗と、組合や無産党員のふまじめさに対する不満からであった。私は貧しく苦しい生活のなかで、いちずな運動をつづけていたのである。(中略)(三・一五事件後―引用者)裁判の第一審で懲役五年の判決をうけた私は、ただちに控訴をせずに下獄した。もとより純然たるマルキストでもなく、このような場合にも法廷闘争を放棄しながら、なお何か年も共産党から離れるといい得なかったのは、他に心服すべき党もなく、また自分の考えも未熟であったからである。[30]

その後、五年間の獄中生活を経て西光は、共産主義に代わりうる思想としての「高次的な高天原」の展開に到達し、大日本国家社会党に入っていく。当初から「純然たるマルキスト」ではなかったにせよ、マルクス主義との思想的葛藤を経て、それに代わりうる思想を見いだし転向にいたった例といえるが、これに対して、そのような思想的葛藤を経ないままに転向していった場合も少なくなかった。

後者の場合を三重県の上田音市に見てみよう。

三重県の水平運動の拠点松阪市でも、融和団体松阪市共愛会が結成された。司法当局は、

「客年(一九三四年をさす―引用者)十一月十六日松阪市共愛会なる融和機関を設立し、水平部落の改善に努力することとなり、部落内の有力分子も多く之に関係、協力し居るを以て、漸次改善の実を挙ぐることを得べきものと期待せらる」(『集成』三―二四六頁)と報告している。さらに詳しい次のような報告もある。

右本県三・一三事件ニ関係セル前記部落民(松阪三地区からの三八名の関係者をさす―引用者)中検事処分未決定者全農全会委員長タリシ上田音市以下男二名女十名ノ前後措置《ママ》ニ付テハ検事局ニ於テ深甚ナル考慮ヲ払ヒツツアリタルガ柵木前安濃津地方裁判所検事正(現名古屋地方裁判所検事正)ハカカル者ノ身元引受人ヲ同部落中ニ求ムルハ其効果ヲ十分期待スル能ハズトナシ仍《よっ》テ松阪市ノ一般民中ヨリ適当ナルモノヲ選定シ併セテ之ニ依リテ同部落民ト一般民トノ間ノ融和ヲ計ルノミナラズ更ニ一歩ヲ進メテ同部落民ノ就職等ヲ斡旋シテ其生活ヲ安定セシムルハ同部落民遷善《せんぜん》ノ根本対策ナルコトヲ認メ昭和九年ノ初頭以来特高課並県社会課ヲシテ本計画ノ実現ニ努力セシメタルモノナリ(三重県特高課『松阪市共愛会ニ関スル件』一九三四年)。

三・一三事件というのは、一九三三年三月一三日、松阪を中心に県下の労働組合・農民組合・水平社の活動家一五〇余名が検挙された事件で、三重県の水平運動に未曽有の打撃を与えた弾圧であった。この共愛会の目的はここに明らかなように、三・一三処分未決定者を再び左翼的な運動に走らせぬようにすることと、さらに運動関係者のみならず部落住民の就職斡旋等を通じてその生活の安定をはかり、融和を実現することにあった。共愛会には、検事・特高課長・県社会課長・松阪署長・市長らが顧問として名を連ねており、事務所も市役所内に置かれたことから(同上)、官製的性格の団体であったことが明らかである。

上田音市は、特高課長からの誘いを受けて共愛会設立に当初から参加したというが、そこには、特高側が提示する、共産主義によらず合法的に運動を行うならば起訴保留にするとの条件を受け入れることで、刑務所への拘留を免れ、部落の生活権擁護のための運動を持続できるとの判断があった(上田音市氏ききとり)。こうして上田は起訴猶予の通知を得、翌三五年七月に同じく松阪市の被差別部落隣接三地区にできた融和団体進正会の会長にも就任していく(『伊勢新聞』一九三五年七月一三日)。しかし一方で上田は、一九三七年の総選挙では社会大衆党左派の支持を得て衆議院議員に立候補するなど、少なくとも一九三八年までは、水平社での華々しい活動をも持続していく。

このような、公的な場での運動と、権力とつながりをもつこととの葛藤なき両立は、当該時期の転向のあり方を考えるうえで重要と思われる。それと同様の傾向は水平社の場合にも見られ、その背景にはやはり、部落民衆に生活上の実益をもたらすとの理由づけが存在していた。

全国水平社は、主観的意図としては部落経済更生運動に対抗すべく経済闘争重視に転換していく。全国水平社の「一九三四年度闘争方針大綱(草案)」は、これまでの運動は、「只に地方改善費を支出する支配階級の反動的意図のみを対象とし、観念的に『恩恵的改善費反対』のスローガンを掲げて反対し排撃するのみで、部落大衆が身分関係によって低い惨めな植民地以下に陥っている生活から脱出しようとする、これ程切実な要求――しかも之こそが身分闘争等の基礎闘争であるにもかかわらず――すら取上げようとしなかった」ため、「部落大衆は全国水平社の傘下を次第に離れて反動融和団体やブルジョア政党の側に惹きつけられて行った」とし、その反省に立って「生活と文化を高める部落施設獲得の闘争を起した」という(『集成』三―二二八頁)。しかしそれによってもたらされた結果は、「融和団体の経済更生運動が部落を基礎に多少でも組織を延ばしていることは、吾が被圧迫部落大衆がたとえ一部分にしても敵の魔術にかかったことを意味している」(同上、三―二二九頁)と全水自らが指摘せねばならなかったように、経済更生運動への接近に拍車をかけることとなった。(31) 生活・文化向上のために部落施設獲得を要求することを是とする以上、融和団体の経済更生運動に参加・協力することとの間にある障壁はほとんど取り除かれてしまったといってよく、〝獲得〟に孕まれる〝包摂〟の契機は、漸次肥大化していくこととなる。

こうしてやがて全水でも、「人民的融和」というスローガンを採用するという新しい動きが見られるようになる。一九三五年に展開された予備役陸軍中将佐藤清勝執筆の「貴人と穢多」(『万朝報』一九三四年一一月二三日)と題する記事に対する全水中央常任委員会の「佐藤中将糾弾闘争方針書」では、「上層身分階級の常習的な失言による差別の正当化を徹底的にバクロし、部落大衆と一般大衆との間に横はるギャップを解消するのでなければ、全人民の完全なる融和は望まれない」とし、この事件を契機に「軍隊内融和政策の確立の要求」を行い、さらには「部落民保護政策獲得のモメント」にするという展望を打ち出していった(『融和事業年鑑』一九三五年版、二八〇頁)。

当該時期には、そもそも差別糾弾闘争自体の意義づけも、全水第一三回全国大会で、「被圧迫部落大衆の生活を擁護伸張せしめ、これを人民的融和の重要なるモメントとし、かくして被圧迫部落大衆の解放条件ならしめるところにある」(『集成』三―二六六頁)といわれているように、融和政策による生活の擁護伸長のうえになる「人民的融和」という目的に結びつけてなされていたのであり、従来の融和政策「排撃」からの大きな転換といわねばならない。

このような「人民的融和」論が採用されたことについて、藤野豊に代表される従来の研究では、「融和政策・融和運動の攻勢、社会運動全体への弾圧の強化のなか、全水への広範な大衆の理解を求めなければならなくなっていった」がゆえに、「全水は、特高や融和団体幹部との同席を辞」さなくなったという変化を指摘しながらも、「しかし、それは、あくまでも反ファシズム闘争に大衆を結集させるためであり、それをもって、全水の部落問題の根本認識が変化したわけではない」として、一貫性を保持している側面が強調されてきた[32]。しかし運動の変質を考えるうえにおいては、そうした運動の公的なスローガンに現れた一貫性よりも、実際の動きの方がより重要な意味をもつのではあるまいか。そもそも前述の全水第一三回全国大会で「第五号議案　差別糾弾闘争方針確立に関する件」の説明として差別糾弾闘争の意義を論じたのも、すでに特高に許容される合法主義に転じていた上田音市だったのである。弾圧を回避しうるかぎりにおいて、戦闘的なスローガンを維持することはそれほど困難を伴うものではなく、実際の運動や思想に比べて、最もあとまで保持しうるのがスローガンなのでなかろうか。「人民的融和」論への転換は、より広範な民衆を組織するための戦術としての側面をもつと同時に、その方針を提示した側においても、「生活の擁護伸長」という〝現実〟にずるずると引きずられながら運動を変質させていったことを示すものといえよう。

そのようなある種の現実主義は、一九三七年七月四日に行われた全水中央委員等による懇談会における泉野《いずの》利喜蔵の、次のような意見にも端的に現れている。「全水の発展の為今後左翼思想抱持者は全水組織内より一掃するの要あり。我々は百の議論より一つの実行こそ望むものなり。左翼分子のイデオロギー云々を百遍聞くよりも、一個のパンを獲得することこそ目下の急務なりと信ず」(33)(『集成』三―四九五頁)。また一九三六年の『特高月報』は、このころの「糾弾運動」について「最近全国水平社は従来の感情的差別糾弾第一主義を改め、経済的文化的生活水準の向上のための闘争に重点を置くことに方針の転換を見たる為、前年に比し六十五件の減少を示せり」と報告している(『集成』三―三〇五頁)。

国民一体への合流

中央融和事業協会の土屋政一によれば、これまで部落問題対策は、「改善事業、反省運動、国民運動、並に内部自覚の強調等幾多の変遷を経過」してきたといい(「融和運動の総合的計画化の問題」『融和事業研究』三三号、一九三五年三月、三三頁)、「国民一体」の完遂を模索していた融和運動の側がそれらを経て当該時期に打ち出したのが、融和事業完成十カ年計画であった。それは一九三五年六月二四・二五の両日に行われた融和事業全国協議会において決定されたもので、「本計画は今後十箇年間に融和事業の完成を期するを以て其目的とす。但し万一其後に於て尚本事業の必要を生ずることもありと雖も、其際は社会事業・教化事業等の一般施設に依ることとし、融和事業としての特別施設は一切之を為さざること」(『集成』三―三四六頁)とあるように、独自の施策としては一〇年で打ち切ることを謳っていた。

その計画は「融和事業の総合的進展」という謳い文句にふさわしく、これまであった「内部の自覚更生」か「一般啓蒙」かという議論の両者いずれをも取り込んだものであったが(同上、三―三四七頁)、注目すべきは、「融和事業の根本精神」は「名は融和であつても、その実は部落の一般化であり、また部落そのものゝ解消でもある」と明言されたことであり、それは「部落の経済及び文化の向上発達が、知らず識らずの裡にこの問題の解決の上に大なる栄光を与へつゝあ」り、「この意味においては部落経済及び文化の向上発達の過程は、そのまゝ差別的観念の解消過程であり、同時に融和の過程でもあるとも見做され、問題は自然に解決の方向に導かれて行くものともいひ得る」との楽観主義によっていた(34)。このような「部落そのものゝ解消」を部落問題解決の到達点とする立場は即、「人口の緩和を図り、進んで生活の安定を得るため、移住奨励の方法を講ずること」(『集成』三―三五四頁)という施策に結びついていく(35)。協会関係者の関心もこの段階からすでに部落の戸口や産業に向いており、一九四〇年に打ち出される「資源調整事業」の前提が準備されていたのである。

当該時期には、こうした「部落の一般化」などと称されるところの「同化」論を支えるいくつかの論文も発表された。下村春之助は、一九二〇年代末からの持論をさらに推し進めて、「融和に関する世論を構成して、社会的、経済的の差別機構を村落一体の機構に普遍化せしめ、そして一般から除外された部落の生活形態を、一般村落生活の標準型に当嵌めて、融合同化せしめていけばよいのである」との方策を提示する(「「村落対象施設」とその執行機関としての「市町村融和事業委員会」」『融和事業研究』三七号、一九三六年五月、四一頁)。

そうした「融合同化」を推し進めるに際して、欧米流の権利の主張は障碍と見なされ、神戸市第一中学校教諭近藤恭一郎のごとく、「融和問題に於ける彼我差別相の解消を人格尊厳の同等、権利の同等、自由の同等、等々を以てすることは比較的利益社会化せる現代に於て、表面的には頗る効果的に見え、欧米ならば或は成功を見るであろうが、全体主義、平等主義的国民性の我国に於て、然も非常時に際会して一層その徹底を期せんとしてゐる現代に於ては不徹底に終ることは論を俟《ま》たない」(「融和道確立の根本原理」『融和事業研究』三七号、一九三六年五月、一九頁)として、それらは斥けられていく。

なかには井上寛令のように、「日本人は悉く日本国家といふ特定の社会の一員であると共に、世界人類の一員でもあるから所謂日本精神は具体的には、世界の人類に共通な、精神即人類精神とも云ふべき精神と日本国民そのもののみに特有な精神とが一体となつたものでなければならぬ」と述べて、「日本精神」の名のもとに日本的特殊性のみが強調されることに抗し、「人類精神」に根ざした人格の平等という普遍性を確保しようとの提起もなされた(「融和運動の基調としての日本精神――融和運動の基調に関する諸問題(二)」『融和事業研究』四〇号、一九三六年一一月、六頁)。しかしそうした普遍性に依拠する抵抗を支持する者は圧倒的に少数派で、一九三〇年代半ば以後の、自由主義や個人主義をも否とする社会の圧力の前にそれらは潰え去っていく。そうして日中全面戦争下においては、「日本精神」に支えられた戦時体制が、より積極的に差別解消に貢献するものとして位置づけられていく。植木俊助が、「元来差別の陋習は、個人的心理的のものであつて、人間の自然性、欲望の現はれと、自然的な社会現象といつてよいもの」であり、戦時体制の進行は、そのような差別を胚胎させる個人主義を否定する「高度な倫理的な国家道徳」のもとで解決を促すものであると説いたことは、そのような考え方を代表するものであった(「皇国の使命と融和事業の重要点」『融和事業研究』四六号、一九三七年一一月、三四~三五頁)。

「国民一体」を完遂するうえには、さらに民族論の観点からの補強が必要であった。

我国に於ては国民は同胞的関係であつて、差別的関係であるべき筈はない。それなるが故にこの国民生活に於て最も忌むべきものは国民間の差別思想である。若し仮りに国民にこの同胞精神がなく和合が欠けてゐるならば、その分量だけ日本人ではないと思ふ。ドイツ人にはドイツ精神があると言ふが、そのドイツ人は盛にジユデアア(ユダヤ―引用者)人を排斥してゐる。これが独乙精神かと思ふとき日本精神の有難さ貴さを熟々《つくづく》思ふ。然し独乙本来の民族に対すればジユデアア人は異民族である。独乙精神としては無理がないかも知れないが、日本は断然事情が異ふ。優秀なる日本精神に恵まれ、然も九千万臣民悉く陛下の赤子であり、又悉く同胞の関係にある之等の点を考へて日本の融和問題を

考ふる時、まだ〴〵我が国民の日本精神をよく徹底し切つてゐないことを憂へざるを得ない。(36)

これは『融和事業研究』に掲載された松尾長造の主張である。ドイツのごとく異民族を含まず、「同胞の関係」にある日本に本来差別が「あるべき筈はない」というア・プリオリな論法でもって現実を超えようとするものであり、したがって、にもかかわらず現に存在している差別は、もっぱら「日本精神をよく徹底し切つてゐない」ことに帰せられる。そこでは、日本精神と差別の関係は検証されないままであった。

ところが実際には、一九三七年六月五日に行われた中央融和事業協会主催第一回融和教育研究協議会の場においても、各県の教員たちから、「一視同仁の聖旨の御趣意はよく解るが、内部と一般との間に血族的の差異があると云ふが如き観念で、内部を先住民族か異民族かの様に考へこれが結婚の際の第一の障碍に衝突する」(前田・和歌山)といった声や、「異人種間との国際結婚は行ふが国内の同胞間に付ては差別嫌悪する。人種が異なるためなら国際結婚せぬ筈である。この根本は地区の環境状態、精神上の欠陥、生活力、経済力等が原因と思ふ。十カ年計画では此点に力を傾け地区並に地区の人を明朗にせられたい」(辻・滋賀)といった結婚差別の障害を指摘する発言があいついだ。これらは、そのような国民一体のたてまえとは裏腹に、民衆の間では人種主義が保持され、ことに結婚という場面に遭遇した際に、それが頭をもたげることがしばしばであったことを示している。あるいはまた、京都市の崇仁尋常高等小学校における融和教育の先駆的な実践者として知られる伊東茂光から、「五百戸の中朝鮮人の人が百あるが、この人々が内部児童を差別する。又私のことを赤玉ポトワイン(37)とか終にはエッタの校長などと平気で悪口を言ふ」という、在日朝鮮人と部落民衆の間で差別や紛糾があることをうかがわせる報告もなされた(38)。

それゆえ、日中戦争開始後総動員体制が実施されると、そこに「融和問題」の観点を据えることを要望する声は強かった。一九三七年一〇月三〇日、「非常時」と称して開かれた緊急全国融和事業協議会では、次のような発言が出された。

最近時局に関する各種の運動に従事してゐる人の中に融和事業を敬遠し、甚しきは此の際如何なる忌しき差別事実起きるも見逃されたいと言ふ様な傾向がある。又融和問題が今回の総動員運動の中に一項目も挙げられてゐない。そこで我々は融和事業を抜きにした精神総動員はないと言ふと、それを恰《あたか》も非国民的運動かの如く誹謗する者があ る　我々は此の運動こそ挙国一致日本国民として当然なさなければならないものと確信する(京都・阪口)。

斯くして時局下の国民一体の実を齎《もたら》し、因襲を芟除して明朗日本建設のモットーで進むべきである。此の見地から速に明確なる具体的方策を樹立し、政府より精神総動員は融和事業が中心である事を強調して戴くことが必要である。(中略)第三には集団的差別事象が目についてゐないか。事変を通じて出征者の送別・祈願祭等行事を共にする機会が多くなるに当り、潜在意識が顕現的事象となつて来てゐる(群馬・上井)(『融和事業研究』四六号、一九三七年一一月、七九、および八一頁)。

これらはいずれも、融和事業を抜きにした挙国一致や国民一体などはありえないとすら言い切るもので、中央融和事業協会関係者らがそれらの名のもとに、現存する差別を覆い隠そうとしたのに対して、地域で部落問題と直接に向き合っていた人たちは、差別の存在にこだわることによって、美名に覆われた虚偽性を暴き出す方向性をも内包していたといえよう。

しかし、日中戦争への突入を機に水平社もまた「挙国一致」協力を表明するにいたり、水平社という最大唯一の自力解放運動団体が国家との距離を縮めたことで、しだいにそうした抵抗は拠点を失っていく。一九三七年九月一一日に全水拡大中央委員会が発表した「非常時に於ける全国水平運動」では、「事ここに至った以上は、国民としての非常時局に対する認識を正当に把握し、「挙国一致」に積極的に参加せねばならぬ」と述べて「挙国一致」への参加を表明したうえで、「非常時局の下に於ける差別糾弾は真の挙国一致を実現せしむるという建前から問題を処理しなければならぬ。われわれは常に差別に対する糾弾を、国民融和への契機として処理し」ていく態度を明らかにした(『集成』三―四九八〜四九九頁)。ただしここでは、とりあえず「挙国一致を実現せしむる」ことはたてまえであり、本来の目的は差別の解消にあるとの姿勢が保たれていた。

この「非常時に於ける全国水平運動」の内容がまとまった九月七日の時局懇談会のあとに、警視庁は北原泰作を呼び、経済問題を強調するのは「現下の時局に鑑み穏当ならざるものある」ため、「此際一切の感情と相克を超越し、全国民一体となりて時艱克服に協力するの方針を樹立し、全水組織を指導するよう警告を加え」たという(同上、三―四九七頁)。「差別事象の土台をなしている貧困なる部落経済の組織化と向上を図」るべきことを謳う(同上、三―四九八頁)水平社の経済主義に対して、政府は、経済対策事業にはコストが嵩んで限界があるため、観念主義の運動に誘導しようとしたものと思われる。もはや「挙国一致」に転じた水平社に対して、政府はあえて費用を要する経済対策を講じてまで懐柔を行う必要はなかった。

そのようななかにあって、全水中央執行委員長の松本治一郎が、衆議院議員として議会で部落の人々の「対蹠《たいせき》的存在」である「特権階級としての華族」を批判し、「人民平等の原則に立脚した融和達成」を求め続けた(同上、三―五〇一頁)ことは、特筆されてしかるべきであろう。彼は、一九三六年五月二〇日にも、「華族制度改廃に関する質問書」を提出し(同上、三―三二三頁)、合法の枠内での華族制度批判を続けた。彼のこの姿勢は、後述する「カニの横ばい事件」へとつながっていく。

3 「大東亜共栄圏」建設への献身と裏切られる期待

「大東亜建設」への国民一体の従属

一九三七年末から三八年にかけて行われた人民戦線事件と呼ばれる二度にわたる弾圧は、反戦・反ファシズムの運動や言論を終息させ、これまでそれらの運動を担ってきた人々をも戦争支持へと駆り立てる転機となった。水平社もまた、一九三八年二月七日の全水中央委員会で、「全国水平社の運動は何時の場合に於ても国家的立場から為されるものである事は言ふ迄もない。殊に吾々は現下戦時体制下に於ては国難に殉じ、一方昨年九月中央委員会決定の運動方針大綱を積極化し、国策の線に沿ふて運動を進めんとするものである」(『特高外事月報』一九三八年二月、一八二頁)との声明を出した。綱領も六月一五日の中央委員会において、「吾等は国体の本義に徹し国家の興隆に貢献し、国民融和の完成を期す」と改められ、運動方針大綱には、「一、国家総動員への積極的参加。二、民族発展策への協力。」等が掲げられた(『集成』三―五四六頁)。それは前年の「挙国一致」表明の段階からさらに一歩後退して、水平社が主体性を喪失し、国家主義実現に部落問題解決を委ねる方向に転じたことを意味するものにほかならなかった。

挙国一致・国民一体実現に差別からの解放への願いを託すという点では、かつての水平社共産主義グループがそれを社会主義実現に委ねたのと共通していた。そのなかの一人であった西光万吉が、マルクス主義に疑問を抱いて日本共産党を離れたあとに構想したのが、「高次的タカマガハラの展開」すなわち国家社会主義の思想であった。共産党員のころから、「小さな小作争議にまで天皇制打倒を持ち出そうとする共産党の方針に反対した」[39]という西光にとって、天皇制は当初から否定の対象にはなっていなかったのであろう。そうして共産主義社会にかわる平等社会を構想するとき、自己のなかの水面下で温存されてきた天皇制が浮上し、すでに見たような「高次的タカマガハラ」の思想に行き着いたと考えられる。西光ほどに明確な思想的変遷を辿ることはできないにせよ、前出の上田音市をはじめ一君万民思想をよりどころとしながら水平社に結集した大半の人々も同様であったと考えられる。

しかし、階級的連帯に希望を託した際には、あくまで差別からの解放が目的であり、社会主義社会の実現はそのための手段であった。それゆえにそのような方法では現実に頻発している差別事件に対応できないとあらば、水平社解消論を取り下げて、ふたたび差別糾弾闘争に民衆を結集させるべく方針を転じることは容易であったし、その是非はさておきそれゆえにこそ国民一体論に転じることも可能だったわけである。ところがひとたびこのような目的と手段の倒錯した途を水平社が選び取ったとき、たとえそれが主観的意図としては、戦時体制下において部落問題の解決を訴えていくための戦術として選択されたものであったにせよ、挙国一致の実現を至上の命題として、差別からの解放という課題を後景に退かせる方向に道を開くこととなったのである。

翌一九三九年には、全水総本部が主導する八・二八解放記念日も、そのような方針変更に沿って変質していった。「融和観念宣揚」が掲げられ、記念式では「遥拝、国家斉唱《ママ》、五カ条の御誓文拝読」が行われるなど、融和団体の行うものとの相異はなくなっていった(『特高月報』一九三九年八月、九〇頁)。

中央融和事業協会の打ち出した「十カ年計画」も、このころから変わっていった。一九三九年七月に開かれた全国融和事業協議会において要綱改訂が決定され、そこで新たに打ち出された「指導方針」では、「皇国日本の真姿を顕現し、新東亜建設の国策に即応せんがため、国民生活各般にわたり旧来の陋習を根絶し、全一体の成果を招来すべき各種施設を講じ、以て計画的組織的に強力なる進展を期するにあり」(『集成』三―三八〇頁)と謳われ、部落問題解決のための独自の対策は後景に退いてしまった。その点をもっと直截に語っているのが下村春之助であり、彼は、「部落の利益のためにする融和事業、若しくば融和事業のための融和事業といふのではないのである。それが部落において実施しやうと、社会一般において実施しやうと、総て対象は国民に一元化され、その方法は凡て一体一環の関係において皇国日本の真姿顕現の目的に到達せしむべく指導してゆかうといふのが、今回の改訂された新指導方針の意義である」（「新融和事業概説（上）――改訂「融和事業の総合的進展に関する要綱」解説」『融和事業研究』五六号、一九三九年九月、二八頁）と述べていた。

変質を遂げた「十カ年計画」の中枢をなすものとして浮上したのが、「満州」移民であった。一九三九年にまとめられた「「融和事業完成十箇年計画」拡充計画」では、産業経済政策は移住と転業の二つからなっており、前者について次のように記されていた。「部落は約三五％の過剰人口を有し、而も年々一万五千余の増加を見つつあり。ために生活資源の欠乏並びに不足に基因して、地区内生活の不安をかもしつつある実情に鑑み、国策に順応して人的資源の供出に努ると共に、部落の恒久的更生をはからしむるため大陸に向い移住せしめんとす」（『集成』三―三八五頁）。ここにもすでに「人的資源」という語が用いられているように、転業奨励と併せて「満州」移民は、翌四〇年より行われる「資源調整事業」の根幹をなすものとなっていく。これまでの移住・移民政策の場合と同様、ここでも移民先で差別を受けることがないよう、「一般開拓民ニ比シ特ニ取扱ヒヲ異ニスベキニ非ズ」(40)ということが繰り返し強調された。このような移民政策は、国家主義に転じた全水指導者により、「我が日本の国が東亜共栄圏を確立するために人的資源が満洲に北支に南洋に必要だということを感じます」(41)として支持されていったのである。

しかし移民に解決を求めることは、本来の意味での国民一体の完遂ではない。〃国民〃として一体化されえない人々を放擲することにほかならなかったが、その点は「満州」も「東亜協同体」の一部であることによってカムフラージュされた。たとえば、「私はつとに国民融和より民族融和に迄、融和精神を高め、茲に大和民族の歴史的融合性を遺憾なく発揮し以て東洋民族をして本然の姿に立ち還らしめねばならないことを痛感してゐた者であるが、今次の事変は同胞融和にすら悩む迷蒙な一部の民衆をして、将に高次融和の画期的現実を直感せしめ呆然たらしめたかの感がするのである」(42)(傍点、原文)というように、「五族協和」「民族融和」の発現を「満州」移民のなかに見いだす主張が跋扈した。その意味でも、前述の日本民族の起源をめぐる議論は、大和民族の血族としての一体性を強調するよりも、多民族性と包容力を強調する方が状況に適っていたといえよう。

このような事実上国民一体を断念した政策がとられたのは、たんに部落が過剰人口を抱えており、かつ「満州」では人的資源を欲しているという資源調整の観点からのみではなく、現実に差別を解消して国民一体を達成しうる展望が存在していなかったことも少なからぬ要因であった。

国民一体のたてまえと人種主義の相克

前出の一九三七年の緊急全国融和事業協議会では、「事変を通じて出征者の送別・祈願祭等行事を共にする機会が多くなるに当り、潜在意識が顕現的事象となつて来てゐる」という発言がなされ、差別的言動の頻発が問題となった。また司法当局が、全水第一五回大会において、三重県津市における水平社未組織地区の帰還兵が中央委員に選任されたことをとらえて、大阪控訴院管内の状況について次のように記していることも注目される。

帰還兵として有力なる地位を占めたるは、応召に関連を有する差別問題に関し相当神経過敏なる状況下に於ては、特に注視を要すべき事項なりとなす。今期中に於ける差別問題は岐阜県一、福井県二、富山県三ありたるのみにて、いずれも円満解決を了しおれども、福井県の二は戦死者の村葬関係と国防婦人会関係とより発生したるものにして、要注視事項として看過し得ざる実例なりとなす（『集成』三―五九二頁）。

このような、戦争を支える国民動員のなかでの差別の顕現は、政府の唱える国民一体を足下から揺るがすものにほかならなかった。それゆえ、そうした場面での差別的言動が明るみに出ることに対しては、権力側はことのほか敏感とならざるをえなかった。

全水第一五回大会の場でも、「軍事関係の差別根絶に関する件」が議案として出され、可決された。そこでは前述のような町村葬・区葬・慰霊祭や、出征軍人の慰問・見送りの際の差別事件のほかに、「一般工場は勿論、陸海軍工廠等に於ても、特に職工間に於て差別行為をなすものすこぶる多く、ために犠牲産業関係者の工場・工廠への進出を阻害している現状」が挙げられており、それらは「未曽有の時局に遭遇せる吾国の挙国一致体制を攪乱し、ひいては皇軍の士気」にかかわるものであり、「国民精神総動員達成の上にも大なる障害をきたすもの」ととらえられた(『集成』三―五五三~五五四頁)。差別を告発する側も国民一体に期待をかけただけに、それを裏切るそうした局面での差別は容認しがたいものであったといえよう。

政府や協会は、こうした国民一体のたてまえと実態との乖離を多少なりとも埋めるべく、その方策にのり出さねばならなかった。その意味で国民一体のたてまえが、戦争遂行という最上位の国家目的に付随して必須のものとして公認されたことは、平等の処遇を勝ち取るうえで一定の貢献をなした。

一九三八年六月一三日、その一つとして政府は、戸籍上の族称欄廃止を決定し、司法省、各地方裁判所長に通牒を出した。それは、同年三月一六日の融和週間に開かれた全国中堅青年研究協議大会に提案されて全会一致で決議され、中央融和事業協会が政府に陳情したのを受けてのことであったが(43)、やはりそれも制度的矛盾是正のための対応の一つにほかならなかった。

当該時期に、教育面の対策も進行する。中央融和事業協会は、すでに一九三三年度から教育者融和事業講習会実施に着手していたが、三七年度からはそれに加えて融和教育研究協議会を開催し、さらに翌三八年度より融和教育研究指定校制度を設けた。三八年八月には文部大臣訓令「国民融和ニ関スル件」、文部省依命通牒「融和教育ノ徹底ニ関スル件」が出され、四〇年一月には、文部省内にはじめて融和教育研究会も組織された(44)。文部省自らも、「支那事変勃発以来、全国各地に於て或は護国の英霊に対し或は慰霊祭を繞《めぐ》り、又は出征軍人に対し侮蔑問題が起り、更に砲煙弾雨の下に於てすら差別事件の惹起を見、又純真なる学童、又は工場鉱山等の職場に於ける限りなき差別問題は何れも東亜新秩序建設途上の一大障害たる」ことを慨嘆せねばならなかったのである。[45]

融和教育研究指定校制度により、この制度が実施された四〇年度までに協会から一八校が選ばれ、それとは別に三七年度から各府県融和団体が指定した学校は、全国で二〇〇を超えた。[46] 各地の小中学校で融和教育が行われるようになり、とくに指定校となったところでは、そのための教材や報告書が作成された。それらによると、当該時期の融和教育の基軸の一つとなっているのが「和」であった。

三重県の融和教育研究指定校であった度会郡浜郷《はまごう》村浜郷尋常小学校のテキスト『和の読本』(一九三九年一一月)は、「我が国の歴史発展の跡を辿る時、常に、そこに見出されるものは和の精神であります」(七頁)と述べたうえで、そのような精神は「国内に於いても国外に対しても少しもかは」らず、「内に於て国民全体がよく和親協同するときは、それは又外国とも、仲良くつき合つて行ける基とな」り、「かりそめにも偏狭な差別観に捉はれた言動があつてはな」らないとする(一～二頁)。このように差別や対立などのすべてを包容しうるものとしての「和の精神」を持ち出すことによって、部落差別をも包み込んでしまうことを意図したのであった。

とりわけその際にも意が払われたのが日本民族の起源についてであり、『和の読本』でも、

「学者の研究によりますと、凡そ十幾つといふ民族の血が今では渾然一体となつて日本民族の血をつくつてゐます。それゆえに同化力と包容力に於ては、他民族の及ばぬ偉大さをもつてゐて、如何なる文化をも消化し、又将来どこの国の人々であつても皇化にうるほひ、皇道精神を体得すると、自ら血族的にも融合して、立派に日本民族となるのであります」(一一三―一一四頁)と説明している。日本民族を同化・包容や融合によって説明するのは、当該時期の政府・協会に見られる方法であり、文部省社会教育官となった小山隆も、「偏狭な民族観に捉はれることなく、よく他民族を同化して、生理的にも心理的にもその長所を採り入れたところに、日本民族の偉大なる発展の歴史があつたのである。従つて部落民に対する差別感情が、ひとり種族的民族的差異に基いて居り、これを差別し続けることが謂はゞ民族的純潔を保持するかの如き考へ方をする者が苟《かりそ》めにもありとしたならば、我々はその短見をあはれまざるを得ないであらう」(「時局と融和教育」『融和事業研究』五六号、一九三九年九月、一〇一頁)と説いた。協会が「一般向」として作成した「東亜新秩序建設への心構――「誤解されたる同胞」問題の即時解決を要望して」と題する「講演資料」でも、部落に対する人種主義的認識のみを問題にするのではなく、「東亜協同体」をも射程にいれて「人種が異つてゐ」る人々に対しても折り合いをつけるべく、次のように述べている。

学説に拠れば、人種の相異に因つて出来たものでないことを、明かに教へて呉れる。然るに、「朝鮮の帰化人の子孫である」とか、「筋が異つてゐるのである」といふやうな、漠然たる理由の下に毛嫌ひすることの、さまで不都合でないかの如くに、考へてゐる人がある。よし其の由来を知らない為めであるとしても、同じ民族の流を汲み、同じ歴史に貢献し、同じ宗教を信じ、同じ文化を建設する為めに努力して来た同胞に対して、「相済まぬこと」であり、洵《まこと》に「申訳なきこと」であると、いはねばなりません。併し乍ら、人種上の相異から出来たものではないことを、強調したからとて、毛嫌ひしたり差別したりしてはならないといふ理由を、そこに求めやうとするのでありません。よし仮に、其の祖先の人種が異つてゐたからとて、何等差別すべき理由はないのであります。仮令筋が異つてゐたからとて何処に差別してよい理由がありませう(『融和事業研究』五八号、一九四〇年三月、一一五頁)。

こうして当該時期には、血族や人種の同一性のみで線引きをするのではなく、それらの違いをも包み込む論法が主流をなした。

しかしながら、当該時期にいくつか行われている児童や父母の意識調査を通じて浮かび上がってくる部落問題認識に大きな変化はなかった。和歌山県田辺中学校が五年生七六名に行った調査では、七二名が自分の町村内の所在も含めて被差別部落の存在を知っており、「友人として交際するか」との問いに「なし得ない」と答えた者は三五名、同じく「共に食事をするか」に対して「なし得ない」が五六名と、日常の交わりすらも回避しようとする傾向が強く現れていた。「相互に婚姻をなすか」に対して「なし得る」との回答は三名、「なし得るだらう」が二名、「なし得ない」は七一名であった。また、「何故差別が行はれるのであらうか」との問いに対しては、「気質が粗暴に近く人を恐れしめる」三二名、「不潔で人に悪感を起させる」二三名、「下賤な職業に従事してゐるから」二一名、「昔からの習慣による」一七名、「生活の程度は低いから」一六名、「教育の程度は低いから」一五名、とつづいた。「被差別民の起源」については、「職業上の差別観念が基因する」二七名、「氏族制度の部民の遂に更生し得なかつた者」六名、「異民族の移住し来り連合出来なかつたもの」四名、となっており(『融和事業研究』四七号、一九三八年一月、九八〜九九頁)、人種(異民族)起源説に立つ者はそれほど多くはないが、それらはたんなる知識の注入で済む問題であり、融和教育ですでにどの程度の知識が与えられているかに左右されるところも少なくなかったと思われる。むしろ自己の率直な心情を吐露したそれ以外の問いに対する回答の方が問題であり、それらは、人種起源説をとらずとも、部落という集団に運命づけられた特異性をもっているとみなしている点で、一八九〇年代から日露戦後にかけて定着し浸透したと考えられる人種主義による認識を継承したものであったといえよう。人種起源説の克服は、ただちに人種主義の克服には結びつかなかった。

児童数約九〇〇名を擁するある学校で父母に対して行った調査でも、部落外の親が「融和についての意見」に寄せた回答は、多い順に、「内部同胞の自覚を促し向上せしめよ」一一、「時節柄国民偕和の気分を作るによい」九、「内部は利己的で下劣極まる」九、「内部は衛生思想に乏し」七、とつづいた(本山慈楼「大衆の観たる融和事業の方策」同上、三四頁)。「内部同胞の自覚」に期待をする者が少なからず存在していることは、個々人の恣意による改変可能性という環境要因を認めつつあることを示すものではあるが、なお依然、人種主義の痕跡が見てとれる。先にも述べたように、日本における人種主義は、遺伝的要因のみならず環境的要因をも重視する傾向をもっており、したがって「自覚」に期待することがすなわち人種主義を払拭しえていることには必ずしもなりえなかったのである。

「部落民」と「皇民」の二つの立場をめぐる対立

国家主義に転じた水平社の人々の側からも、部落問題解決を組み込んだ国民一体実現の途が模索されていた。そうしたなかから生まれたのが、一つには部落厚生皇民運動であり、もう一つが大和《たいわ》報国運動であった。両者についてはそれぞれにすでに詳細な研究があるので(47)、ここでは本稿の論点に即して必要なかぎりにおいてのみ論及しておきたい。

部落厚生皇民運動は、小山三郎常務理事との意見の相違から中央融和事業協会を辞職して有馬頼寧の後援のもと産業組合中央会に入っていた山本正男が(48)、北原泰作や、当時全水常任中央委員の任にあった野崎清二・松田喜一と国民精神総動員中央連盟に勤務する成澤英雄を巻き込んで、一九三九年二月に組織した大和会から分離して成立したものであった。山本正男らは大和会も「単なる研究団体あるいは指導団体程度」でよいとして、山本の加盟する日本国体研究所の一翼たらしめようとしたのに対して、北原泰作・野崎清二らは実践団体として積極的に厚生皇民運動を展開すべきであるとして、大和会の内部で意見の対立が生じた(49)。山本と袂を分かった野崎・松田・北原は、朝田善之助と、のちに上田音市を加え、一九四〇年四月三日、部落厚生皇民運動全国協議会準備会を発足させて、「宣言」「部落厚生運動の実践指針大綱(案)」を発表した(『集成』三―六六四〜六六九頁)。「宣言」は次のようにいう。

「部落民」の真の解放とは、人格の独立と尊厳とを基調とする国民一体の実現であり、それは日本国体の尊厳そのものの中に、国体精神の高揚と国民精神の協同的建設の中に実現されることを明確に知らねばならない。かくて今日も早や部落問題解決に役立っていないのみか、逆にその妨害物に転化した水平運動及び融和運動を止揚し、新しき世界観と国家意識に立脚する解放運動が、革新的国民運動の一環として勃興すべき歴史的段階に到達しているのである。

皇民運動を主導したメンバーは、かつて全水解消論を主張した共産主義グループと重なっており、これはかつての「階級意識」が「国家意識」に置き換えられたにすぎず、水平社を「その妨害物に転化した」ととらえる点で解消論と同様の発想から提起されたものであった。さらに「大綱(案)」では、「部落問題の解決は、一般国民に対する「部落民」の対立闘争によって達成されるものではなく、国体国家の建設と国民的自覚の高揚が問題解決の唯一の方向である」こと、「部落民の生活向上は如何なる場合にも功利主義であってはならず、協同体国家の基礎単位の建設という建前と方向に於て推し進められねばならない」ことをあげて、「部落民」独自の要求は「国体国家」「協同体国家」の建設の目的の前に、あえて背後に押しやらなければならないことが強調された。

運動の中心メンバーの発言から彼らの意識をたどってみると、次の点が指摘できる。

一つは、のちの同和奉公会中央協議会の場で、「部落形態の解消こそ最も効果的なりと確信するものなり」と述べる上田音市に顕著に見られるように、「部落形態」そのものの解消に期待がかけられていたことである。つづけて彼は、「農村方面に於ける部落形態は、この協同体を通じ、また部落の再編成を通じて、特殊の形態が順次解消して行くと思います」と発言しているように（『集成』三―八三五頁）、上田の居住する三重県で展開された伊勢表生産組合などの協同組合運動を通じて協同体建設を推し進めることにより、ひいてはそれが国民全体に拡大して部落そのものが解消していくとの希望が抱かれていたのであろう。部落経済更生運動を推進していく際にかつて山本正男が述べたように、協同組合主義は、部落大衆の大部分を圏外に置くことによって重圧を加えている資本主義の弊害を防衛し、封建的機構を解消して「社会改造」を成し遂げ、「相互扶助」の精神によって「理想的な経済生活に対する輝しい希望を附与する」ものと考えられていた（「部落経済更生運動の方策に関する一考察」『融和事業研究』二五号、一九三三年三月、五八～五九頁）。しかし現実の被差別部落における協同組合運動は、おおむねいまだ部落という枠組みを越えて展開されてはおらず、そこにただちに「部落形態解消」の光明を見いだすにはかなりの飛躍があったといわねばならない。

したがって上田らにあっても、「満州」移民によって部落の〝解消〟をはかることがより現実的な方策として想定されていたと考えられる。上田は「満州」移民を熱心に推進した一人であった。上田は一九三九年五月から六月にかけて三重県厚生会嘱託として「満州」視察に行っており、その結果、「先遣隊と移民団との関係がどうもうまく行っておらんというようなことを痛切に感じ」て「一般青少年と混成して進出せしめる」という点を力説した。(50)この「部落形態解消」という上田の持論は、のちの同和奉公会三重県本部の活動のなかでも貫かれ、上田が委員長となって、転住と職業転換を具体的な方策とする「部落形態解消三カ年計画」が策定された(『同和国民運動』一九八号〈近畿各地版〉、一九四三年五月一日)。

第二は、個別の集団ないし個人の利害や権利にかかわる主張を自由主義によるものとして否定する風潮は彼らのなかにも浸透し、部落民衆独自の要求は、朝田自身もいうように、「反国体的な反社会的な」ものであり「非国民たるの譏りを免れない」とされたのである。[51]

上田音市もまた次のように述べる。

とくに軍隊内の差別でありますが、今日本は大陸に皇軍を百万以上も送りまして、東亜新秩序の建設のために血を流して戦っております。その時に当って、僅かな感情とはいえ、軍隊内の差別事象を公開の席上で採り上げることは、その及ぼす影響というものは甚大なるものであります。ただ感情の動くままに、軍隊内の差別を公開の席上で出してはいけない、論議すべきではないと思います。(中略)我々は襟度《きんど》を大きくもって、大東亜共栄圏を建設するために、差別を黙視して笑って通るという大きな気持を持って、指導的立場に立って貫いたいと思います(前掲「同和奉公会第一回中央協議会会議録」『集成』三―八三五~八三六頁)。

すなわち、差別に遭遇してもそれを押し殺して差別を顕在化させないようにとの主張である。これらに見られるのは、前提としての部落形態の解消と、そしてもっぱら部落民衆の側が部落民としての自覚や意識を潜在化させることによって行われる、部落問題の記憶からの抹消であり、それに代わって、ひとえに天皇のもとでの国民一体と大東亜共栄圏の建設に期待を託すことが奨励されたのである。

ちなみに一九三八年一一月に行われた全水第一五回大会において、一九二九年に絶版に付された藤村の小説『破戒』を再版するという緊急動議が可決されたが、それに対して朝田善之助が、「改訂版は依然として差別的傾向濃厚」であることと手続き上の問題を理由にこれに異議を唱えて、「全水の分裂を賭するもやむを得ず」というところまで紛糾したと報告されている。ここにも、そのような部落問題を正面から論じた作品を「同化」の障害と見なす朝田ら皇民運動派の立場と、「むしろ啓蒙文献として効果的」と位置づけた井元麟之《りんし》ら全水福岡県連の人々との間に存在する認識の違いが反映されていたのである（『集成』三―五五六頁）。

皇民運動派は、水平社の存在意義を否定するがゆえに全水との対立を深め、一九四〇年八月四日に開かれた緊急拡大中央委員会において、常任中央委員会より野崎清二・松田喜一・朝田善之助が、全水より北原泰作が除名、上田音市が処分一時保留となった（『特高月報』一九四〇年八月、一二〇～一二一頁）。

一方、一九四〇年一一月三日に発足した大和《たいわ》報国運動は、その役員構成を見ると、常任理事が伊藤末尾（聖訓奉旨会）・中西郷市《（ママ、き）》（大和会）・深川武（全水）、理事が松本治一郎・朝倉重吉・栗須喜一郎・井元麟之（以上全水）・小山三郎（協会）・中村至道（同）・山本正男（大和会）等となっており（同上、一九四〇年一一月、四八頁）、かつて協会が主張してきた水平社と融和団体の双方が集う「国民運動」実現の可能性を有したものであったということができよう。松本治一郎は、一九四〇年の第七五議会斎藤隆夫代議士舌禍問題を契機に分裂した社会大衆党の被除名派の人々とともに勤労国民党結成を企図するが、同党は四〇年五月七日結社禁止となったため、いよいよ近衛新体制への期待を強めていた。山本正男もまた、有馬頼寧とつながりのある近衛の新党には大きな期待を寄せており(『集成』三―六九〇、六九五、六九七頁)、松本ら全水と協会のメンバーは山本を媒介として結びついたものと考えられる。

しかし「新体制が樹立された場合全水は発展的解消をなすべきだと言ふものがあるが、当局又は融和団体が徹底的に我等の問題を取り上げて完全解決を図つて呉れない以上徒らなる解消は許さるべきでない」(『特高月報』一九四二年八月、一二二頁)との、大和報国運動の中心メンバーの一人である深川武の一九四〇年八月四日の全水緊急拡大中央委員会における発言にもあるように、大和報国運動は無条件にそれに包摂されていくのではなく、あくまでも「一君万民・君民一体・八紘一宇の国体原理にもとる反国家的事実として、また現在の社会体制が内包する最たる諸矛盾の一つとして」の部落問題にこだわり、「本問題についての国家的任務を持つ、無二の能動的存在である」融和団体と全水が新体制の産婆役として活躍せねばならないことを主張するものであった(『集成』三―六五七〜六五八頁)。

それゆえ、松本は、「満州」移民政策にも批判的であり、一九三九年八月五日に三重県松阪市で行った全水地方別演説会においても、「改善区民の集団移民は面白くない、之は考え方に依れば明かに部落民の国外追放政策だ」と述べ、「植民地に於ても相当差別事件が惹起さるゝので、全水では将来満洲其他植民地に向つても水平運動を展開して行く考へだ」との態度を表明した(『特高月報』一九三九年八月、九三頁)。これは先に見た上田音市の姿勢と対照的であり、松本は、「新体制」に期待をかけてひたすらその一翼を担っていればよいとするほどのオプティミストではありえなかった。むろん上田ら皇民運動派の人々がすべて本心から、それで部落問題が完全解決すると考えていたわけではあるまい。彼らの婉曲的表現のなかから垣間見られるように、彼らにとっては部落問題に固執する態度をとらないことが、むしろ部落問題を解消するための戦術であった。それゆえにこそ個の立場を否定して協同体という「全体」に流れ込んでいく立場をとったのに対して、松本ら全水に残った人々は、部落民の立場を強固に保持しつつ、その立場から「新体制」に修正を迫るという方法を選んだのである。

このような両者の方法の相違は、すでに当時から北野実が、「全水(松本派)は部落意識に基づく運動、皇民運動は国家意識による運動という点に根本的な相違がある」と端的に指摘していた。北原泰作も、全水は「部落民は圧迫され差別されるもの、即ち一般人に対する部落民と言う対立的な階級闘争をなす」ということを指導方針とするのに対し、皇民運動は、「「部落民はすべて皇民である」という観点よりして、一般国民と同様なりという自覚の下に進む所に、本質的な相違点があ」ると評していた。当然ながら北原は、自らが率いる後者の方が「民族国家と言う立場より部落の特殊事情をしん酌し、そこに我等の生活の拠点をみいだして行く、又革新的気はくに富んでいる」として、それに新たな運動としての可能性を見いだしていた(『集成』三―六九四、六九六頁)。実際には皇民運動は、地域に根ざした運動とはなりえなかった。

上田音市の居住する三重県では、一九四〇年九月三〇日、松阪市で上田以下三六名が集まって全水三重県連の県下代表者会議を開き、全水三重県連の解消と皇民運動三重県協議会の結成を満場一致で決定しているが(『特高月報』一九四〇年一〇月、四二〜四三頁)、全水三重県連合会執行委員長の新田彦蔵ら非皇民運動派[52]との間にさしたる紛糾が起きた形跡が見られないのも、地域レベルでは、むしろ皇民運動側が協同組合運動以外に具体的な方策を打ち出すものではなかったことによろう。上田の回想によれば、上田の居住地である松阪地区の人々は日和見主義的に皇民運動についてきたという(上田音市氏ききとり)。大和報国運動か皇民運動かという選択は、中央レベルでは全水組織を維持するか否かという問題に絡んで大きな政治的対立点となりうるが、地域民衆レベルでは、「皇民」となることに期待を託すことと部落民の利害を守ろうとすることは、一人のうちにもさしたる矛盾もなく受容されうるものであったと考えられる。のちに見る同和奉公会に対して噴出した批判に明らかなように、部落民衆の大勢は、「皇民」化に期待を託す不確かでかつ迂遠な方法よりも、直截に自分たちの利害につながる政策を望んでいたにはちがいないが、部落民としての立場を共有しうるかぎり、あえて「皇民」の立場を否定する必要はなかった。民衆はプロセスにこだわってはいなかったのである[53]。

松本治一郎らの「部落民」という個別の立場の保持は、朝鮮・台湾・中国の人々に対する差別の問題にも目を向けさせることとなった。一九四〇年一一月二六日に開かれた大和報国運動在京理事会では、「政府に対し建言の件」のなかで、「日本人が支那、朝鮮、台湾人に対し侮蔑観念の存する限り国内融和問題の解決も困難なるを以て大和報国運動に於ては先づ東亜部国内部(何れも仮称)等の部を設け、東亜部は支那、朝鮮、台湾人に対する侮蔑観念の是正、国内部は従来の融和問題の解決に努力すること」が申し合わされた(『特高月報』一九四〇年一二月、四〇頁)。それはあくまで、「大東亜共栄圏」を認めたうえでその内部での差別を問題にしたものであり、植民地放棄論でもなければ侵略否定論でもないことはいうまでもない。しかし、大半の国民も越えることのできなかった「大東亜共栄圏」の枠組みに彼らがとらわれていたことをもって彼らの運動の意義を全否定するのではなく、部落問題に徹底して固執するがゆえに、心情的レベルにとどまっていたとはいえ、かえってアジアに対する〝開かれた〟目を持ちえていたことにも注目してよいのではなかろうか(54)。

その後皇民運動は、一九四〇年一二月九日、「その任務遂行の過程に於ける不可避的な運命として対立的、分派的性格を持たされ一定の限界性を与へられたのである」との「宣言」を発表して、自ら解散の途を選び取っていった(『特高月報』一九四〇年一二月、四三頁)。それは、「全国水平社の解消と融和団体の根本的改組」(「宣言」)を掲げたところ、全水の解消を掲げたことによって水平社との対立が生じ、融和団体との関係についても協会を巻き込んで大和報国運動が成立するに及んで、大政翼賛運動のもとで別個に運動を展開していくだけの具体的な展望を見いだしえなくなったことによろう(55)。

一方大和報国運動の方は、同年一〇月に新体制運動が大政翼賛会として決着するなかで、協会側が大政翼賛会のもとで中央機関と府県単位の組織に再編する構想をあたためていったため、融和運動を大和報国運動に合流させることには失敗する。その間、運動の内部では、「大政翼賛運動との表裏一体関係を一層強固にすること」を大前提としつつ、「中央融和事業協会が我々と誓を一にすることが出来」なかったことへの遺憾の念(伊藤末尾)や「飽迄協会と一元化の方針である」(中西郷一《(ママ、市)》)といった希望が表明されていたが、(56)それはならなかった。そのような状況のなかで、運動の独自性を発揮すべく大和報国運動を興亜団体に改組する方向が提起されるが、松本はこれに反対したため、一九四一年八月三日大和報国会と名称を改めた。それは、松本ら全水との関係を断ち切り、大日本興亜同盟に加盟し、翌四二年四月三日、それへの発展的解消を謳って解散する。(57)

全国水平社もまた、言論出版集会結社等臨時取締法にもとづき思想結社の適用を受け、許可制のもとで願書不提出により、一九四二年一月二〇日、自然解消にいたったことはよく知られているが、かたや融和運動の方は、一九四一年六月二六日、中央融和事業協会の改組により、懸案であった「官民一体の強力なる融和運動」(『集成』三―七三八頁)と銘打って同和奉公会が誕生した。

「反国家的」存在としての部落差別と噴出する矛盾

アジア・太平洋戦争下、同和奉公会に一元化された融和運動がめざしたのは、すでにその前年に決定し具体化に移されつつあった「資源調整事業」と融和促進運動の二本柱による「一大家族国家」建設のスローガンのもとでの国民一体体制の実現であった。

部落問題が国家的課題として認知されたのに伴い、これまで具体的な取り組みを行ってこなかった大日本青少年団も、融和促進運動が「社会教化施設」に委ねられたことにより、それに着手することになる。一九四一年五月に作成された「青少年団融和促進運動指針」は、「吾々はいささかも躊躇することなく異民族起源説を否定することが出来る」として、「関係地区」の「起源」について、「日本民族は上代に於ては、君民一体の国家生活原理をそのまま具現せる一大家族的生活を営んでいた」ことを強調し、「関係地区の起源は決して民族的関係によるものではなく、大和民族の歴史的発展の過程において国民生活体制の内に生じた反国家的矛盾の一つの現われにほかならない」とのべる。にもかかわらず差別が生じたのは、(1)「一君万民の国体の本義」の不徹底 (2)封建遺制が自由主義・個人主義・功利主義と結びついたためであるといい(『集成』三―七六六〜七六七頁)、ここでも自由主義・個人主義は君民一体の破壊要因であり、それこそが差別の原因であると見なされた。

かつての水平運動指導者たちも、基本的にそうした支配層の路線を支持した。同和奉公会第一回中央協議会において、これまで皇民運動とは一線を画してきた泉野利喜蔵までが、「この差別問題に対して、部落民も従来のような態度であってはいけない。部落民の問題だという見方は間違いであります。大所高所から日本の国の使命遂行のために、そういうイデオロギーは間違いであるということを覚醒せしめて、本当の日本人たらしめるような指導を翼賛会が率先してやるということが現代の日本人の態度ではないかとかように思うのであります」と述べて部落民の立場を否定するにいたる。また、かねてから「皇民」としての立場を打ち出していた朝田善之助は、「日本が高い国防国家を要請、その方向に邁進しようとすることと」により部落問題が解決するのであり、「日本の高度国防国家の建設を阻害するという点に於ては部落問題は大きな責任があると思います」として、「高度国防国家の建設」への邁進を説いた(『集成』三―八〇四、および八二六～八二七頁)。彼らは「高度国防国家の建設」に差別からの解放への期待を託したのであり、それは部落問題の解決が国家目的に従属させられてしまったことを追認するものには違いなかったが、その反面、「差別問題は反国家的な反時局的なものとして排撃しなければならぬ問題である」(『集成』三―九六二頁)という発言が同和奉公会の場でも繰り返しなされていたように、部落差別を「反国家的」という大義名分のもとに否定し得るようになったことも注目されてよい。

文部省の「同和教育」の方針が直接に提示されたのは、一九四二年八月に社会教育局が作成した『国民同和への道』においてであったが、それも基本的な方向性は、先に見た「青少年団融和促進運動指針」と同様であった。その本文は、「第一　差別せられる同胞」「第二　部落の沿革」「第三　同和問題の所在」「第四　同和運動の経過」「第五　国民同和の実現」の五章からなり、その表題に明らかなように、現状・部落の起源・解放運動の歴史から説きおこして教育の課題へとつないでいく(『集成』三―四四六～四五七頁)。

そこでもやはり、「日本民族はもと単一民族として成立したものではな」く、「混融同化」

した結果「皇化の下に同一民族たる強い信念をつちかわれて形成された」という同一性を強調し、部落差別には「今日その存続を承認すべき何等の合理的根拠も見出されない」と言い切る。したがって現存する差別は「国民生活の内に残された反国家的な欠陥であり、時代錯誤的な矛盾」にほかならないのであり、それらは「東亜新秩序建設」とともに漸次克服解消されていくはずのものなのであった。現状認識においても、「確かに今日においては、以前のような露骨な差別は減少しつつある。そうして差別意識も老人よりは青年に、婦人よりは男子にうすいという傾向が見られる。これは国民的自覚が高まり、文化が向上するに伴って漸次それが薄らいでゆく証左とみなしていいものである」というように、解消の契機を見て取る楽観的見解が示されていた。部落差別を反国家的と位置づけるところまでは、従来の認識の多くに共有されていたが、このような差別を本来ありうべからざるものとしたうえで、その解消の契機や方向性までをも強調する主張が登場したことは、新たに注目されてよいだろう。周知のように十カ年計画は翼賛体制のもとでしだいに形骸化し、アジア・太平洋戦争の長期化に伴って、同和政策は、戦争遂行のための部落産業再編成等を行う以外にほとんど行われなくなっていった(58)。すなわちここでの部落問題解消の方向の強調は、そうした政策を後退させていくうえでの布石となっていく。

とはいえこれらを通じて、部落差別は反国家的との位置づけを獲得したことは、少なくとも差別の不当性を告発し、平等化を推進するうえでは大きな意味を持った。第一次大戦後に平等というたてまえが浸透したことに加え、それにそぐわない言動に対して反国家的として断罪する武器を獲得したことは、差別の位置づけという点において、第一次大戦後の時期に次ぐ大きな節目をなしたといえよう。

しかしその反面、「部落厚生のための諸政策は、単に部落本位の立場からその劣勢を克服することをめざすものではな」いとされ、それは個人主義の名のもとに明瞭に否定されるようになった(前掲『国民同和への道』四五四頁)。したがって「満州」移民は、たんに部落民衆にとって「資源が豊富」であり「満洲に住めば差別は解消する」という利点ゆえの自由選択に委ねられるものではなく、「よし満洲に住んで差別があるとしたところで、そのために満洲移住を拒否することは、国策への協力を拒むことであつて臣民の践《ふ》むべき道ではない[59]」として、「全体」の論理の前に個人の立場の徹底放棄が求められた。部落差別の解消を国家目的遂行の一環に委ねることは、現実には強制的移民はなかったにせよ、このように「国策への協力」の名のもとに部落民衆の自由意思による選択の機会を奪う言説をも生むこととなった。

同和奉公会が発足してまもない一九四一年一一月一〇・一一日に行われた第一回中央協議会は、早くも国民一体への期待と現実の乖離に対する不満の噴出の場と化した[60]。そこでは、各府県からの、泉野利喜蔵・朝田善之助・上田音市ら元水平運動の指導者を含む代表が集い、同和運動・同和教育・同和事業の進展に向けて協議が行われたが、そのなかで発言が最も集中したのが、新体制とそのもとでの同和奉公会に期待をかけたにもかかわらず、現実には運動が不活発であるという点であった(『集成』三―七七七〜八五九頁)。「大政翼賛会も一環の関係にあると申しているのは、同和奉公会の申し分であって、翼賛会自体に於ては一億一心の先決的必須の運動として本運動を認識されているかどうか判断に苦しむのであります」(岡山県山崎利吉)というように。

とりわけ大政翼賛会の側の無関心については指摘が続出し、「従来の運動はと角当事者の関心事にとどま」っている(新潟県大井一星)という不満をはじめ、「聖戦既に第五年、外皇軍勇士の健闘により偉大なる戦果を収め、東亜の天地に八紘一宇の肇国の理想を着々と顕現し、内には大政翼賛会を組織して国内体制を整備し、興亜建業の完遂に努力しありと雖も、今尚一部同胞は差別的偏見と生活的苦惨に呻吟しつつある事実は、真に遺憾のきわみ」である(滋賀県藤野正夫)といった痛切な訴えがあいついだ。大阪府を代表しての泉野利喜蔵は、運動の指導者らしく依然前向きの姿勢を失わず、「歴史的に未曽有の現時事変下に於ける同和問題は、その性質上急速に徹底的に一挙解決策を樹立しなければならぬ。(中略)系統的一元的な非常時的強力なる運動として再出発しなければならぬ」と力説し、そのために「皇国日本の正しき八紘為宇の大理想の精神を世界に光被すべき挺身隊たらねばならぬ」ことを喚起し続けていたが、参加者の大半は失望の念に深く覆われていた。既成の体制のもとでの抑圧の度合が強かっただけに、それに比例して新体制にかける期待もことのほか強かったと考えられるが、それが実効力をもたないことは、早くもこの段階にして露呈していたのである。それは、さらに以下に見るような具体的な方策への不満によって裏打ちされていた。

その一つが、「満州」農業移民の停滞であった。「部落の実情は貧農及び安定せる職業を有せざる者に於ても満洲農業移民をいとう傾向ある」といい、理由は不明として留保されているが、「送出者中には中途挫折して帰郷する者もかなりの数に上って」おり、「送り出されたる拓士は関係部落総戸数の一割にも及ばぬ状態」(岡山県山崎利吉)であるともいわれている。

「資源調整事業」のもう一つの柱である転職も容易には進まなかった。「現在地区民の教育程度は一般に比し劣等にして、他面職業的による差別を受くる事象多し。しかして職業的より見るも、父祖より伝統的に差別を受けおるも、この職業の転換はきわめて至難の事なり」(山梨県野中善一)との発言にあるように、「地区の厚生」や転業の奨励がいかに叫ばれようとも、「何としても地区の経済状態はやはり一般の部落から考えまする時は、大変低い程度になっております」(滋賀県藤野正夫)というような状態にあり、またそれゆえに教育も十分に行われていないために、現実には新たな職業の道は容易には開けなかった。

依然深刻な差別実態から抜け出せなかったことも、人々の不満を掻き立てた。「一般民の未反省の実例」として、「1、出征兵への侮蔑問題。2、神社の合祀未解決状況。」が詳細に語られ(神奈川県藤川林蔵)、またそうした実態をふまえて「一般民衆の迷夢は依然としてさめず、教育教化の徹底は容易に期し難いのである」(島根県中村義男)との怒りも吐露された。戦時下に差別が横行していたという認識は、「部落民」の立場を否定して「皇民」となることを主張する朝田善之助にも実は共有されていたのであり、彼はのちに、「戦時下には、その時局を反映して、軍隊の入隊歓送や、戦死者の遺骨出迎え、戦死者の石碑などにからまる差別事件が至るところにひんぱんにおこっていた。こういう差別事件には、必ず事件に警察が介入し、金銭でおさえるという方法が常套手段となっていた」[61]と証言している。

一九三九年の『特高月報』『思想月報』に掲載されている差別事件一覧を見ても、日常に生起している多様な差別が告発されていることが読みとれる（『集成』三―六〇七〜六一七頁）。一つには、戦時体制の進行のなかで、取り締まる側が、些細な紛争でも大きな運動に発展することを危惧して、より敏感にそうした事件を掌握するようになったということが考えられる。が、それ以上に大きな要因として、水平運動のもたらした遺産としての大衆闘争の広がりがあり、さらに融和運動の成果として国民一体のたてまえが流布したことによる、部落民衆の権利意識の成長が背景にあったと考えられる。たとえば三重県では、当該時期には水平社未組織地区、ないしは運動が弱体である地区での差別事件の増加が目立っており、戦時体制に動員するための一君万民論の普及が、かえってそれの孕む矛盾を明るみに出したといえよう。

このように差別事件が頻発したがゆえに、「同和教育」の徹底への要望は強く、教育こそが人心のあり方を変え「同胞の一体化」を実現しうるとの期待のもとに、銘々の熱い思いが語られた。そのなかで、「みんな——極端に言えば、もう少し内面に触れて部落民の生活の実相に触れて、足をしっかり地につけて融和教育をして貫いたい。唯単なる融和教育という美名の下に、僅か一日二日の融和教育・児童教育というような問題でなしに、建築案にも書いてあります通り、少なくとも本教育を徹底せしめるならば、融和教育は言うに及ばず教師自ら挺身するいわゆる殉職の気分をもって地区のなかにはいり込んで、本当に地区民と一丸となりこの教育の進展をはかって戴きたいと私は信ずるのであります」(滋賀県藤野正夫)というような、現実の不満に根ざした意見も出され、「差別問題の起るその大半は国民学校・中等学校に於て起されております」(和歌山県北条鉄心)との実態も暴露されていった。文部省の方針が提示されたとはいえ、「同和教育」の遂行は何ら強制力を伴うものではなく、現場の教員の恣意に委ねられたから、その実態にはかなりのばらつきがあり、一部の研究指定校などを除いて大半は、ここにいわれているような御座なりなものに終始していたのではないかと考えられる。

このような問題の噴出は、「民族の同和」「大東亜共栄圏」を掲げる体制そのものが、いかに矛盾を抱えているかとの根元的な問いにつながっていくのであり、実際に会議の場でも、「我が国は今日東亜共栄圏の確立を目ざして聖戦完遂に努めておりますが、その理想たるや、アジア民族の白人からの解放を大理想の旗印に掲げているのであって、それが足元を振返って見ると、赤子であり大和民族であると自称しているところの国民同士の間に、なおかつこうした忌わしい事実の存在しているということは、聖戦自体が奈辺にあるかを疑わざるを得ないのであります」(徳島県藤井正一)といった発言があいついだ。

これまでにも見てきたように、総力戦に動員するための平等のたてまえの鼓吹は、確かにこのような多くの矛盾を噴出させた。しかし、部落民衆について見るかぎり、ここで遂行されていった強制的同質化は、ドイツのナチズムがユダヤ民族に対して行ったような国家権力による意図的な排除や抹殺を伴うものではなかった。(62) 国家が部落民衆の立場からの政策遂行を放棄し、部落問題対策をもっぱら戦争遂行のための手段としか見なしていなかったことは疑いないが、資源調整事業にしても、ことさら差別政策によって被差別部落が転業や移民の対象に選ばれたとはいえない。被差別部落が貧困とこれまで受けてきた差別によって、それに「適合」した条件をたまたま備えていたということにすぎないのである。もちろん米騒動後に生起した、水平社を主力とする自力解放運動の威力が示されたことによって、被差別部落に対して平等の処遇をする方が、体制の安定のために得策との判断がなされたであろうことは疑いなく、したがって差別的政策がとられなかったことが直ちに、人種主義を乗り越えた平等意識の定着を意味するものとはいえない。しかしともあれ、ここで露わになった差別実態は、社会の側にその要因が求められるのであり、国家による意図的排除が主たる原因ではなかった。政府や中央融和事業協会は、国民一体のたてまえのもと日本民族への包容に意を注いだのであり、協会作成の「講演資料」に見たように、同じ「包容」のなかでも、「人種の相異」する植民地民衆との間には一線が画されることもまれではなかった。

このように彼らが国家から〝劣等な構成員〟という処遇を受けなかったことは、一方で後述するような国家への積極的な献身を引き出し、他方において、かねてから保有されていた大和民族としてのアジア民衆に対する優越意識に拍車をかけることにもつながった。一九四二年の大和報国会解散の際の決議には、「思うに大東亜民族指導の要諦は、いやしくも立遅れたる民族を軽侮することなく、親邦としてよくその指導に任じ、仁愛寛容の精神を以て鋭意之が育成に努むるにある」（『集成』三―九二二頁）と述べられ、そうした意識を垣間見せている。しかし、勤労奉仕の際に工場で差別を受けたという沖縄出身の少年少女に思いを及ぼす福岡の田中松月の、同和奉公会第一回中央協議会での発言(『集成』三―八一一～八一二頁)や、同じく第二回中央協議会で「大東亜建設」のためのアジアの連帯を説いた泉野利喜蔵の、「永い間不当なる差別の体験を持つ吾々こそ、真実の弱小民族の好伴侶者として条件がかなっていることと思う」(同上、三―九二九頁)と述べるなかに、心情的な共感に発する歩み寄りの契機が孕まれていたことも注目されてしかるべきであろう。むろんそれらは普遍性を欠いており、日本の侵略に抗するだけの思想とはなりえなかったのであるが。

なおこうした同和奉公会中央協議会での発言のなかにも、まだ一九四一年の第一回の段階では、やはり部落問題固有の対策を肯定するものと否定するものの双方が混在していたが、翌四二年一二月二・三両日に開かれた第二回協議会では、一年前とは打って変わって、もはや被差別部落固有の利害を守る発言はほとんど消え失せ、いかに「大東亜戦争」を完遂するか、そして部落の人々も「皇国民」の一員としていかにそれに尽力しうるかという観点からの発言一色になっていった。戦時動員の強化と拡大のなかで、大政翼賛会に追認するだけと化した同和奉公会を内部から批判する声も、もはや消えていった。

社会的地位上昇への期待と「同和運動」否定論の席巻

水平運動が解体したのち、かつての水平社の指導者たちは地域の経済更生会や融和団体などの指導者として、経済的利害を核に部落民衆の結集を図っていく場合も見られた。

大阪を中心に多くの被差別部落住民が従事していた皮革産業は、戦時統制経済のもとでとりわけ大きな打撃を受けた。全体的に原皮の輸入は減少したが、そのなかにあって大会社は軍需用の革の製造を請け負って好況に沸き、他方部落住民の大半が該当する中小の製革業者は、その影響を直接に受けたのである(63)。一九四一年七月には、日本皮革工業組合連合会のもとに、全国八四八あった組合が生き残りを賭けて三一に統合されていった(64)。

そうした困難を切り抜けるために、輸入原皮に代わって犬皮を用い、かつその原皮から製革・製品・販売にいたる一貫統制配給権をもつ犬皮革統制の会社を作ろうとの動きが起こってくる。その一つが、一九三九年四月ごろからはじまった大阪市浪速区の石田秀次らによる、奈良・名古屋・兵庫・埼玉・東京浅草区・大阪西成区の業者を結集して、日本犬皮革統制株式会社を設立しようとの試みであった。それはたんに収入の途を確保するという経済的理由のみならず、「大体に於て教育程度が低」く「世間の人達から蔑視され」しばしば「泥棒視」までされていたという捕犬人夫を各府県が指定人夫として公認することで、彼らの社会的地位の改善を図ることをも目的としていた。そうして彼らは、会社設立が、思想善導・生活向上・犯罪防止・資源愛護等の観点から、いかに社会政策ひいては国策に資するものであるかを訴えるのであった(65)。

そうした動きを受けて、さらに一九四一年七月には、社長に松本治一郎を迎え、全水常任中央委員成川義男・深川武・朝倉重吉・小山紋太郎ら全水幹部らの参加を得て日本新興革統制株式会社が設立された。それは、折から犬皮までが一般皮革配給機関を通しての取り扱いになるという危機に見舞われたことから、犬皮革の統制配給権を獲得すべく起こされたものであった。ここでもやはり、「部落に於て人格的被排斥者たる捕犬人夫の職域的向上を図り生活環境の打破により精神的安定感を享受すべ」きことが第一義的目的とされた。警察はこれを、水平運動が衰退し皇民運動によって分裂にいたるなか、「此の失策に鑑み部落の特殊事情と部落民の実生活を観取し之に即応したる実践的生活指導権を把握し恩恵的施策に依り逐次全水運動を部落の経済的紐帯として浸透せしめ一挙にその退勢を挽回せんとして焦慮中偶然にも本会社設立運動に着眼し之を奇貨として全水の勢力を会社組織に結集したるものと窺知せらる」として注視していた(『特高月報』一九四一年八月、四五〜四六頁)。そこに結集した人々の主観的意図や詳細については明らかでないが、部落民衆の生活擁護に徹することで、その観点から部落民衆の利益を守ろうとしたものと考えられ、彼らにあっては反体制運動を復活させようとの意図はなかったと見てよいだろう。

また一九四一年末ごろから、松田喜一は大阪府下の靴修理業者約三〇〇〇名を結集して全日本靴修理工業組合連合会結成のための陳情運動を行い、翌年四月には、「自己の主宰に係る経済更生会内意識分子数名を糾合しひそかに啓蒙運動をなしつつありたる容疑事実」によって、四月一四日大阪府で検挙されたと『特高月報』に報告されている(『集成』三―七七五〜七七六頁)。

一九四三年七月には、東京・大阪・京都等の八大都市屠夫連合会結成の動きもおこり、結局それは、同年八月、大日本食肉技術員連合会の結成となって実現を見る。特高はこれも、

「その内情よりして将来階級闘争乃至水平運動の具に供せらるるにあらずやとも思料せられ、その動向相当注意の要あるものと認めらる」として注意を払っていた（『特高月報』一九四三年九月、三二頁）。実際に翌年一月、日本食肉統制株式会社が屠夫を直接雇用し統制下に置こうとしたのに対して、彼らは基本月給を提示し、「屠夫従来の利益擁護」を要求したにとどまった（『集成』三―七七六頁）。

特高側にすれば、部落民衆が結集するとあらばこうした動きすらも警戒を余儀なくされるものであったが、もはやそれらは「国体の本義に徹した道義実践の運動」以外の何物でもなく、そこにはイデオロギー性や反体制運動と結びつく契機は存在しなかったと思われる。彼らの期待するところは、これまでにも見てきたように、一君万民理念を逆手にとることによって積極的に総力戦体制に参加し、そこでたてまえ上のみならず実質的に経済的平等を獲得することにあったと考えられる。ここで注目されるのは、捕犬人夫や屠夫といった従来被差別部落のなかでも社会的地位が低いと見なされていた人々が結集し、その地位回復を求めて立ち上がっていることであった。一君万民、天皇の赤子といった疑似的ではあれ平等主義の鼓吹がなされたことは、こうした人々の上昇への期待をも引き出すことにつながったといえよう。

被差別部落在住の水平運動や融和運動の指導者たちには、社会的地位の一定の上昇が戦時下に顕著に見てとれる。朝田善之助の場合は、「わたしは一九三八年三月一日から敗戦後の一九四六年三月一日まで京都市役所に勤務した。（中略）特高警察は、これまで働くことにまで干渉して働くにも働けない状態をつくっていたのに、そのころになると仕事につくようにとすすめるようになり、勤めたいところがあればこちらが世話をするからと、大変な変わりようであった。(中略)いよいよ仕事をするということになると、市役所と府庁から同時に就職してほしいと要請があった」と語っている(朝田前掲『新版 差別と闘いつづけて』一五〇～一五一頁)。上田音市も、一九三七年には松阪市隣保館主事、三九年には三重県厚生会理事となり、さらに四三年には翼賛壮年団松阪支部本部長と、着々と役職に就いてその地歩を固めていった(三重県部落史研究会『解放運動とともに――上田音市のあゆみ』三重県良書出版会、一九八二年)。北原泰作も先に見たように、山本正男を介しての有馬頼寧とのつながりから、「丹羽(喬四郎、内務省役人―引用者)や山本が私を大日本連合青年団に就職させるために骨折った背景には、近衛新体制の胎動があったという推測もできるのである」(北原前掲『賤民の後裔』三〇九頁)と自ら語っているように、近衛新体制のもとで大日本連合青年団の職員となって社会進出を果たしていった。そうした状況が、これまで述べてきたような翼賛体制への期待感となって、それへの、より積極的な献身を引き出したといえよう。しかし、現実に翼賛体制のもとで同和奉公会活動が展開されていくなかで、そうした期待は長くはつづかなかった。

一九四二、三年には、「同和運動」否定論がより明確な形で生起してくる。アジア・太平洋戦争の深まりのなかで同和奉公会がいっそう無力化したことが同和運動無用論に拍車をかけたと考えられる。また、固有の対策を強調することが、ユダヤ人迫害と同じような結果につながりかねないとの危機感もあったと考えられる。

全国水平社発祥の地奈良県掖上村柏原では、一九四三年九月一一日、南葛城郡同和事業決戦態勢樹立協議会を開いて部落改善費の返上献納と時局活動の申し合わせを行い、次いで同年九月二二日には、委員長阪本清一郎、副委員長西口紋太郎のもとに、吉村清太郎・清原一隆(西光万吉)らが幹部に就任して南葛城郡報国協議会が設立された。それは、供出米完納協力、裏作の増産等を活動内容としており、特高警察が伝えるところによれば、とりわけその常任委員を務める彼らは、自らをユダヤ人に比定して、差別され疎外されているがゆえの強い危機感を次のように表明している。

前記四名は相謀り所謂部落問題は未だ解決され居らず、決戦下の今日此の儘推移せむか、部落民は永久に救はれざるの結果を招来するのみならず、戦後は国内に於てユダヤ人化されむとの自省的観点より、過去の運動を回顧してその誤謬を指摘し新たなる構想の下に地区民の奉公運動を熾烈に展開する事となり活動を開始せり。然して其の理念とする処は「従来なされている所の同和運動の如き、差別問題を対象としての戦争観ではなく、それとは反対に、あく迄国家並びに戦争を対象とする赤子行動、戦時生活を高揚し、他に率先して過去の国家貢献力の不足を償う意味で臣道実践の具体化を目ざして、ここに地区の一大奉公運動を起こさむ」とするにあり(『特高月報』一九四三年四月、一〇七〜一〇八頁)。

それゆえに彼らは、個別の立場を否定してひときわ積極的な国家への貢献の途をたどることにより、「ユダヤ人化」ということばに象徴される差別と迫害を回避しようとしたのである。

岡山県の野崎清二の場合も、「同和運動推進の先輩諸兄に訴う聖戦完遂と同和問題の根本的な解決私見」を一九四三年一〇月八日に発表している。それは、概して部落は「怠慢であり功利的」であり、「しかるに国家存亡の重大時局に直面しながら、今なおユダヤ的功利我欲を以て国策を裏切る者共の上には、やがて部落としての差別観念の上に、更に売国奴、裏切者のユダヤとしての侮辱と憎しみを加重されるものであり」、ゆえに「今日の同和運動は、何等理由なくして一部の国民を差別する一般国民のその蒙をひらいて、部落と呼ばれる人々を同和せしむると言う事に重点がおかれる時ではない。部落と呼ばれる人々をいかにして皇民としての自覚に立たせて、一般国民と等しく聖戦完遂に邁進せしむるかと言うことにあると思うのである」と述べて、「同和問題の解決は、問題自身を忘れて、その一切を挙げて聖戦完遂に献身奉公の誠をいたす以外に絶対に有り得ない」と、同和問題の否定と国家への貢献をも訴えるのであった。彼は、奈良県掖上村での航空志願兵の多数出現を愛国的情熱と讃え、それを好まない青年を「怠慢であり功利的」と非難して国家のために命を落とすことをも辞さなかった。それは、「皇民」としての使命を果たし、ユダヤ人化を免れて同和を実現しようとの悲願に支えられていた(『特高月報』一九四三年一二月、四五〜四七頁)。

在日朝鮮人が国家的忠誠心が希薄であるがゆえに私的なエゴイズムを追求し、国家に全面的にのみ込まれることを回避しえた[66]のとは異なり、被差別部落民衆の場合には、このように一部の元水平運動指導者のように同和運動否定の示威行動を起こす必要に迫られないまでも、少なくともたてまえ上、同一大和民族であり、国家の構成員としての対等の位置づけを与えられていただけに、大半は、部落民という個別の立場を後景に押しやって、国家に丸ごと包摂されていったといえよう。

ただし、そのような部落の内外から生起する同和運動否定論に対して、最後まで細々とではあったが異を唱え続ける声も存在していた。その一人が金子念阿であり、彼は、同和奉公会改組に伴って『融和時報』から改題された『同和国民運動』紙上で、「近頃と云つても必ずしも今初まつたわけではないが、所謂部落側にも所謂一般側にも、運動無用、即ちこんな問題は取りあげないのがいゝのだ、と云ふ思想がある」ことを憂えた。そうして、差別観念なるものは「ない」とする「当為の世界」に、差別観念が「ある」現実の世界を近づけるために、「公然たる運動として、差別観念の誤れる所以を説き、社会の理性に訴へること、即ち所謂差別撤廃の運動をしなければいけない」ことを訴え続けた(「公然運動の必要――同和運動は社会意識への呼びかけだから」『同和国民運動』二二三号、一九四四年九月一日、および二二四号、一九四四年一〇月一日)。しかしこの時期になると、『同和国民運動』の紙面を見ても、部落問題にこだわり続ける主張はほとんど金子の執筆によるものであり、大半は、「戦力増強」を目的とする運動や施策を伝える記事に覆われていた。

そのようなものであれ、中央や各地の動向を報じてきたその機関紙自体も、一九四五年一月を最後に発刊されなくなっていった。

第6章　戦後民主主義下における国民的「同化」の希求

1　民主主義下での〝平等〟達成への期待

制度としての天皇制との対決

部落解放運動は戦前の水平社運動を基盤にして、敗戦直後、いち早く再建に向けて動き出していった。水平社の中心メンバーであった松田喜一・朝田善之助・上田音市・北原泰作の四人が、三重県志摩に集《つど》って部落解放運動の再建について相談したという、いわゆる志摩会談によって、その第一歩が踏み出された。同県松阪市在住の上田が、敗戦の翌日大阪の松田を訪ねて会合を呼びかけ、八月一八日、志摩の渡鹿野島にある大阪屋旅館で会談したという。(1)全国水平社内の共産主義派であった四人は、戦中は部落厚生皇民運動の提唱者として歩みを共にし、戦前・戦中をつうじて絶えず交流しており、(2)その延長線上で会合が実現したのであった。

上田音市は戦争中、大政翼賛会・翼賛壮年団の運動を担っており、以下の警察の報告は、その上田が、そうした戦争協力をしてきたことに対する罪の意識ゆえに、結党準備が進みつつあった日本社会党参加をめぐって逡巡している様子を伝えている。

本月(九月―引用者)十五日日本社会党結成準備会ヨリ入党ノ招待状ヲ受ケタガ、自分トシテハ戦争勃発以来兎ニ角戦争一本デ進ンデ来テ居リ、軍官ニ対スル協力モ真剣ニヤツテ来タ。敗戦後ノ思想ハ再ビ戦前ノ社会様相ニ還元スルニ至ツタガ、戦争中軍官ニ協力シテ来タ手前直チニ馳セ参ンズル訳ニハ行カナイシ、又今後ノ推移ヲ看取セナケレバ態度ヲ決スルコトハ出来ナイノデ、近ク上京シ中央ノ情勢ヲ充分把握シテ態度ヲ決スルツモリデアル。然シ自分ガ社会党ニ参加スルナラバ、戦争中軍官ニ対シ協力シテ来タコトニ対シ同志ヨリ批判ト制裁ハ免レヌガ甘ンジテ受ケル覚悟ヲセネバナラヌ……云々(3)

このような社会党への参加を躊躇する態度とは裏腹に、部落解放運動においてはその再建に向けて率先してリーダーシップを発揮しているのは、部落解放という課題自体がイデオロギーに左右されずに存在しうるものだったからにほかなるまい。

翌一九四六年二月一九日には、志摩会談で合意をみた委員会組織という方針に則り(4)、戦前の全国水平社主催による呼びかけで部落解放全国委員会が結成される。松本治一郎・北原泰作・山本正男・武内了温・梅原真隆らそれにつどった人々の顔ぶれに明らかなように、それは水平運動と融和運動との合体によるものであった。それを可能にしたのは、一つには戦時下に水平社・融和団体の活動家が挙って流れ込んだ同和奉公会の運動の経験であったと考えられるが、もう一つには前述のごとく、当初はこの運動がイデオロギーを留保して出発したことによろう。

とはいえ、一九四五年一〇月四日のいわゆる人権指令を契機として議論が噴出した天皇制の問題は、部落解放全国委員会でも議論の俎上に上らずにはおかなかった。ことに部落解放運動においては、戦中の弾圧で頓挫を余儀なくされたとはいえ、日本共産党の三二年テーゼ以後、絶対主義的天皇制こそが身分差別の根源と考えられていたためなおのことであった。

福岡の井元麟之は、「部落民と一般大衆」という対立の図式を否定し、被圧迫民衆と「征服者」との対立という構図でとらえたうえで、「我々被圧迫部落民衆こそは、征服者が支配してゐる天皇制に、最も鋭く対立する処のものであります」と述べて、征服者の頂点に天皇の存在を位置づけている。北原泰作も同様、「天皇族によって征服された処の土族」に「被圧迫部落民の遠い祖先」を見いだし、「ブルジョア革命を不徹底に終って、天皇制的な絶対専制的な財閥、結託せる軍閥、官僚的な地主のこの日本の支配体制こそ、我々を極めて悲惨な奴隷的な状態に陥れてゐる処の歴史的根拠であることを我々は知らなければならないのであります」としたうえで、「差別観念を発生せしめる処の根拠の、溝水てきな天皇制支配の打倒なくしては、溝水を徹底的に整理しなければ、蚊は絶対に殺されたと云ふことは出来ないのであります」と、そのための「民主統一戦線」を呼びかけた。松本治一郎も、明示的にではなかったが、「完全なる民主々義革命の達成とは、封建的な旧勢力を根本的に一掃することであります。即ち人民大衆の上に不都合極まる優越感を以って、君臨してゐる上層身分の者を、完全になくすることであります」と述べており、天皇制が含意されていたことは明らかであろう。(5)しかし部落解放全国委員会はイデオロギーを超えた大同団結のうえになるものであり、現に進歩党代表中川喜久から、「現在の天皇制そのまゝではなく、即ち修正された天皇制として、民主々義的に天皇制を護持しようと云ふのであります」との発言も出ていたため、そうした点を配慮して、「決議」には松本の主張と同様に、「我等は華族制度・貴族院・枢密院その他一切の封建的特権を廃止して身分的差別の撤廃を期す」と記すにとどまったが、[6]旧水平社の左派のメンバーを中心に、天皇制は克服すべき対象として重視されていた。

ただし、この時期に噴出した天皇制論の大半がそうであったように、[7]天皇制は封建的反動勢力の象徴といった理解であり、彼らは制度としての天皇制を打倒することに終始した。それと結びつけての部落問題理解も同様で、それは、当該時期に運動につどった人々が「被圧迫部落民」という呼称を多用したこと自体に示されるように、経済的政治的な支配による抑圧を重視し、そのような観点から天皇制との関係がとらえられていた。しかし、実際には和辻哲郎が「国民の全体意志の表現者」と称し、南原繁が「国民の道義的精神生活の中核」をなすものと記して、「民族共同体」あるいは「国民共同体」の表現者として天皇をとらえていたように、[8] それこそが国民多数の保守的な心情をもっとも体現するものだったのであり、丸山眞男はそれを、ヨーロッパ絶対君主のような「無よりの価値の創造者」ではなく、万世一系の皇統、皇祖皇宗の遺訓によって統治する「無限の古にさかのぼる伝統の権威を背後に負つ」た存在であり、また、国家主義の精神的権威と政治的権力の一元的占有により倫理と権力の相互移入が行われており、そうした社会では「国家社会的地位の価値基準はその社会的職能よりも、天皇への距離にある。（中略）我が国に於ては「卑しい」人民とは隔たつているという意識が、それだけ最高価値たる天皇に近いのだという意識によつて更に強化されているのである」と分析して見せた。(9)しかしながらそのような日本社会の構造に楔を打ち込むことはできず、一般の被差別部落民衆はもとより、部落解放運動を担う人々でさえ、戦前、ことに戦時下に「天皇の赤子」であることを部落外民衆との一体感のよりどころとしてきたのが、自己の内面において自覚的かつ主体的に十分な対決をせぬまま、敗戦を経てたんに日本「国民」に移行させたにすぎなかったのである。天皇制打倒を掲げる人々でさえ、それは外部からもたらされた政治的スローガンにとどまり、自己の内面に照らしてとらえ返すことはほとんどなされなかったといえよう。

そのようななかで一九四八年一月、当時参議院副議長であった松本治一郎が「カニの横ばい事件」をつうじて提起した問題は、運動がすり抜けていこうとしていた精神構造としての天皇制との対決の契機を孕むものとして注目されてよい。周知のようにそれは、国会開会式に臨席する天皇に対する拝謁の姿勢があたかも「カニの横ばい」のごときであるとして、それを拒否して議論を呼び起こした事件であった。GHQ民間諜報局の得た情報によれば松本は、「……天皇には、敗戦によって人々をたいへん悲惨な状態に陥らせた、あの無謀な戦争の責任がある。彼には、何も知らされず、権限もなかったという事実は、この責任を回避する口実にはなりえない。人民を搾取する機関として長い間利用され続けてきた天皇制は、人民共和政府を実現するために、直ちに根本的に廃止されるべきである。このために、私は絶え間なく闘い続けるだろう」(10)と主張していた。また松本は自らこの事件を振り返って、「要は、日本の民主化のためにうしなわれた人間性をとりかえすために、天皇制につきまとう古い無意味なハンブンジョクレイ(繁文縟礼―引用者)を一つ一つ打破していく必要があったのである。(中略)人間天皇を人間以上のものにデッチあげ、これを神格化して拝むような形で崇拝するということは人間に対する尊敬ではなくて、むしろ侮辱である。(中略)人より上に人はなく、人より下に人はないのだ[11]」とも述べている。

この松本の提起は、第一に、日本国憲法の発布を経て一九四七年以降天皇制をめぐる議論が後退していったあとになされたものであり、一時の熱狂に押されたものではなく、人間の尊厳を踏みにじる貴賤の別に対して、戦前の水平社の時代から松本が徹底してこだわり続けてきたことの延長線上に位置づくものとして、注目すべきである。第二に、自らの言動がたえず運動の理念に忠実であろうとし、権威や権力に屈することなく集団ではない個人でそれを身をもって示したことであろう。そうした自己の言動に対する省察の集積が存在してこそ、政治的スローガンも前述のような精神構造を突き崩すに足りうるものとなるはずであった。

民主主義革命への期待と不信

しかしながら運動の大勢はその点を十分に省みることなく、もっぱら敗戦と占領によってもたらされた民主主義・民主主義革命に期待を託していった。部落解放全国委員会もその「宣言」に、「軍国主義的・封建的反動勢力の徹底的打倒!　一切の民主々義勢力の結集による民主戦線の即時結成!　民主政権の樹立による部落民衆の完全なる解放![12]」と謳っている。

次いで結成された岡山県人民解放同盟も、「吾等ハ民主主義革命完遂ノ先駆トナリ被圧迫部落民ノ完全ナル解放ヲ期ス」を「綱領」の一項に掲げ、「宣言」では「今や我が国民は好むと好まざるとに拘はらず、この革命に抗することは断じて不可能であり、又国民の一人と雖もその埒外に立つことは許されぬ。それはポツダム宣言によって我等日本民族が世界人類に誓った起請文《きしょうもん》であるからだ」と述べた(『運動史』三三頁)。そこには、民主主義革命の一環としての部落の解放は「世界の大勢」であるととらえる「開かれた」思考と同時に、極言すれば、民主主義革命の一翼を担ってさえいればよいとのオプティミズムが存在していた。

日本国憲法が公布され、ともかくも民主主義が明文化されたことが、いっそうそれに拍車をかけた。一九四六年一二月一六・一七日と、憲法公布の直後に開かれた部落解放全国委員会では、「我等は此の際部落民の卑屈なる依頼心、安価なる現実主義、隷属的なあきらめ思想を徹底的に排除し、新憲法に於て規定されたる、自由と健康にして文化的なる生活保証《ママ》の意義を明らかにし、失業者のルンペン的生活とその思想を解消せしめねばならぬ」(同上、四〇～四一頁)と、自らの封建的隷属的精神を恥じるとともに、他方でそれを取り除く外的要因として早くも新憲法への期待が表明されている。しかしその憲法も、占領統治に混乱を来すことを避けようとするアメリカの意図が反映されて、運動が標的としていた天皇制の問題を曖昧に付し、象徴天皇制として存続させていったことは周知の事実である。華族制度は廃止され、「社会的身分又は門地」による差別の否定も謳われたが、そもそも天皇制を温存したことは人間平等の原則に例外を作りだし、差別温存に道を開くこと以外のなにものでもなかったはずである。そうして実際にも以下に見るように、彼らの期待を裏切る状況が厳然と存在していたのであり、部落解放運動に課された問題は、そうした不徹底な要素を孕んでいるとはいえ〝外〟からもたらされた民主主義を、いかに民衆の生活意識のレベルにまで下降させ、内面化させていくかということであった。

運動の領域のみならず、民主主義ということばは敗戦を機に氾濫したが、封建的残滓《ざんし》の最たるものと見られていた被差別部落に対する社会の認識は、戦前の延長線上にあった。それは、次のような事例のなかに見られる。

教育は精神革命の問題と密接不可分であり、それだけに、民主革命の名のもとに制度革命にのみ目が奪われがちであった状況のなかで、唯一同和教育は、比較的差別意識の問題を明るみに出し続けていったといえよう。和歌山県は一九四七年三月、教職員組合が伊東茂光の命名で責善教育と称していち早く教育問題に取り組んだことで知られているが、それを組み立てるにあたっての部落問題の現状認識としてあげられているのが、「一般側に残存している因襲的差別観念が極めて濃厚で且根強いものである事実」「関係地区が一般的に、衛生思想や文化、教養等の面から見て遜色がある事実、これは政治や経済機構等より生じた歴史的罪悪の所産と考えられる」「水平運動当時の恐怖観念が今なお一般側に残り、さわらぬ神にたたりなしとして敬遠的態度をとる事実」等であった(13)。

また、連合国総司令部民間情報教育局の一員として占領行政に携わったハーバート・パッシンは、当時、自らは日本に来る前から部落問題について知っており、「封建時代からの遺物」であり「人種問題として考えなかった」というが、社会の状況は必ずしもそうではなかったことを、後年のききとりのなかで次のように語っている。

日本人もよく言いました。特に地方へ行けば、そういう偏見がよくあった。実態調査の時、村に行くとね、「ちょっと人種が違うんだ。朝鮮から来たんだ。顔だちが違うでしょう」って、よく言われたんです。[14]

これは、被差別部落の民衆に対する人種主義的認識が、戦後にも持ち越されていたことの一端を示すものである。

一九四七年春に三重県飯南郡花岡町でおこったジープ供出事件は、そうした差別意識の問題を顕在化させた。事件から八年後の調査記録によれば、再建された日農三重県連合会の指導のもと、花岡町の農民は軍政部の命令に抗して割り当てられた米の供出を拒否したが、警察による検挙取り調べがなされ、同年五月、「検挙が始まると未解放部落民以外の中上層に属している農家は二五％の不足分の供出をしはじめ、また組合指導部に対する不信、非難を表明するに至り、六月初めには遂に日農を脱退し、M・T氏を中心に農民連盟をつくった」。そうして「未解放部落と一般部落との統一的農民組織は破れた[15]」という。戦前の三重県では、日農が部落に基盤を拡大するにつれて部落外農民の加入がほとんどなくなってしまったが、それと同様の状況がふたたび生じていた。

当時、皆が民主革命に対する楽観論に立っていたわけではなく、部落における地域の指導者たちのなかには、民主革命が果たして部落問題をも包含してくれるのかとの危機感を持ち、それを表明する者も現に存在していた。一九四八年に、朝田善之助・木村京太郎らによって京都市に設立された部落問題研究所の主催する座談会のなかで、部落解放全国委員会京都府連合会の三木一平が、「結婚の問題にしろ、部落のボスの問題にしろ、大体これは現代の日本全体の封建性を無くする社会革命の問題なんです。これは全人民解放運動の一手段であって、なんといいますか、人民政府樹立、社会主義社会の建設を目標として、その過程においてこういう問題は処理解決されていくと思うのです」というのに対して、大阪の島田稔から、「民主革命が行われたら部落問題が終熄するということに対して、私は疑問を持っておりますというのは、民主革命が徹底的に行われたら、それはできるわけなんです。民主団体との提携は、私自身も痛切に感じていますが、民主革命の最先端にゆく人々の間でも、部落問題だけは別のように考えている人が多いように思われる」と、すかさず疑念が呈された(16)。

しかし現実の部落解放運動では、「差別観念は差別的実在の反映であり、この実在なくして観念は発生しない」(部落解放全国委員会「第三回大会方針書」一九四八年五月九日、『運動史』四四頁)として、もっぱら「実在」すなわち観念を支える土台にのみ目が注がれた。花岡町のジープ供出事件で改めて明るみに出たような民衆の差別意識の問題についても、一九四九年四月の「第四回全国大会方針書」では「とくに注意すべきこと」として「一般大衆との間に対立の溝をつくるような結果をまねかぬこと」があげられたが、その解決は、「差別の糾弾は人権をまもり、人間の尊厳を傷つける行為に対する抗議であるから、部落民のみの問題とせず、広汎な人民闘争として遂行するよう世論に訴え、協力を求めるべきである。(中略)かくしてこそ人民の融和と理解が生れるのである」(同上、五二頁)と、漠然と「広汎な人民闘争」にその課題を託すにとどまった。

一九五一年一〇月の「第七回全国大会方針書」でも、「最近一年あまりの間に差別事件が目立って多くなり、しかも悪質になりつつある。わが国最大の新聞ですら、ろこつな差別記事をひんぴんとのせて、積極的に差別を挑発している。二流三流の雑誌にいたっては、公然と「特殊部落の賤民」と書いている。これほどまでに恥知らずなことは、水平社運動のおこされる以前でさえも、なかったことである」というほどに、近年の差別的言動とそれに大きな影響力をもつマスコミの実態を深刻にとらえてはいた。しかし、「なぜ戦後の「民主化」にもかかわらず「部落」は解消の方向が確立せず、最近とくに差別が激化し、貧乏がひどくなったか」という問いかけに対する回答は、「それはただたんに人々の心に古い偏見が残存しているからではなく、日本の政治、経済、社会のすべてのしくみに、反動性、反民主性がひどくなり、国民生活が破壊されてきたからであ」り、「敗戦以来外国の占領下にあり、日本人は民族としての独立自主の権利をもたず、植民地的に従属させられている」ことが、「直接に、部落民衆にたいする差別を温存し、激化させ、日本民族の正当な民族的自尊心をうばい、人間は民族や人種の差別なく、すべて平等であるという思想感情を破壊し、他国人に対する卑屈な劣等感を、日本人の間に養成している」というものであった。そうしてそこから「独立と平和と民主主義のための闘争に結集せよ」というスローガンが導き出されるが(同上、五五～五六頁)、そこでは「独立と平和と民主主義」と部落解放の関係が厳密に論理的に説明されているとはいいがたく、コミンフォルムの批判を受けて「民族の独立」へと路線を転換した日本共産党の方針に則り、そのような問題を残したまま部落解放全国委員会もまた平和・民主主義運動の一翼を担っていった。

「部落解放国策を要求」するという方針が打ち出されてきたのも、この第七回大会においてであった。このころ北原泰作は、部落民衆意識の状況について次のように語っている。

昨日姫路へ行つて、或る鞣《なめし》製造業者に話をしたのですが、差別撤廃だとか、部落解放だとかいうようなことには、われわれは関心をもつていない、われわれの最大関心は自分たちの企業がつぶれるようとしておる、自分達の生活が窮地に追いこまれておる、これをどうするかということだと、そこで私はそれこそ、この部落解放運動であつて、部落の産業防衛、生活擁護のために闘つているのだと話しましたら、そういう運動をやつてくれるのだつたら我々も賛成だ、資金がいるならだそうといつていました。こういう点でわれわれ自身は、水平社運動から脱皮をしたと考えていても、啓蒙宣伝の不十分のために現在の部落解放運動をやはりハツキリと知りこれを急速に克服しなければならない、それにはただ説教で啓蒙宣伝をするだけでなしに、今部落民が当面しておる産業防衛の運動、生活擁護の運動、それを具体的な形で強力に押し出すことによつて、部落解放運動の新しい性格というものが大衆の間にはつきり認識される。(17)

全国水平社以来「部落民」の立場を前面に押し出した運動の展開ぶりは華々しいが、しかし、確かにそうした被差別の立場を公然と打ち出しえているのは、部落民衆のなかの一部にすぎないことも事実であり、そうでない人々にとっては、日々向き合わねばならない生活の向上こそが最大の関心事なのであった。解放委員会の側も、運動の大衆的基盤の獲得を考えるとき、そうした要求を汲み上げる必要があったし、何よりもまた部落の生活基盤・環境の改善をはかることは、戦前の融和事業完成十カ年計画も不完全に終わり、劣悪な状態に置かれていたほとんどの部落民衆にとって緊急の課題でもあった。

このように運動がまだ手探りの状態を脱しきれていないとき、政府・行政の側もまた模索の段階にあった。一九四九年五月、自治体のなかではいち早く出された京都市同和問題協議会の「同和問題は今後いかに解決さるべきか」についての答申においても、被差別部落内外の封建制を指摘して双方に差別の原因を求めるなど、確固たる姿勢を打ち出せないでいた(18)。一九五一年に日本政府が連合国総司令部をつうじて国連事務総長に報告した「日本のマイノリティ」という文書も同様で、そこでは部落問題について次のように記している。

部落出身の若い男性はこう述べている、「それは、私が生まれた所を尋ねられるだけで始まる」。日本国憲法の上述の条項を過度の感受性が問題の解決の途中に横たわっていると言えるかもしれない。また暴力的に行なわれる差別糾弾闘争が一般国民の悪感情を引き起こすという思いがけない結果をもたらしてきたとも言えるかもしれない。彼等が特別な地域に住んでいて生活水準が低いという事実もまた一因としてあげられるかもしれない。しかしながら、彼等がわずかな差別的言動にも敏感に反応せざるをえないのは何故なのか。日本の新憲法の中で規定されているように、封建的な意識を排除し基本的人権を強調すること、この二つは本来一つであり、同じ事である。ここに、この困難な問題を解決する鍵があると言えよう。[19]

これについては、「部落の側にこそ問題があるとの立場を強調した」[20]という否定的評価もあるが、この記述のみからはそうとも言い切れず、むしろ先の京都市の答申と同様、いまだ模索の途上にあり、考え得るさまざまな要因を列挙したと見るべきではなかろうか。

2　問題の噴出

「家」意識の持続と変容――家格から血縁へ

このように戦後数年間は、全国委員会がいまだ被差別部落が抱えている問題を十分に汲み上げられないまま、その戦闘的グループのイニシアティブによって政治運動の一翼を担うことで部落解放を実現しようとしていたが、その一方で、部落問題研究所の発行する機関誌『部落』(当初は『部落問題研究』、次いで『部落問題』)等をつうじて、すでにこのころから、戦闘的な運動の裏面に存在する問題の一端が提起されていた。

とりわけ部落問題の最も根幹をなす結婚問題も、部落問題研究所主催の座談会などではすでに取り上げられていた。奈良の岩本慶輝は、「部落内部の結婚が多いのは、その交際とか接触というものは限られた狭い範囲から一歩も出なかつたからで、今度の戦争のため、応召とか徴用などで外との交渉が多くなつたので相当結婚も出てきました。また近頃買出しなど

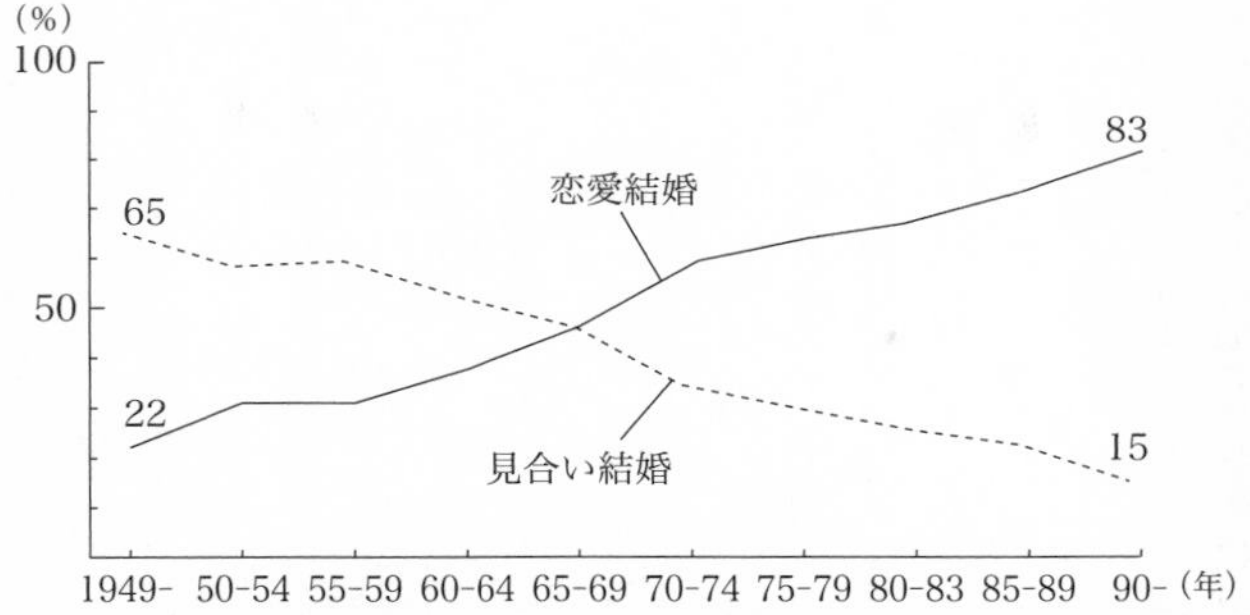

出所）湯沢雍彦『図説 家族の問題の現在』日本放送出版協会，1995，83 頁．
注）落合恵美子『21 世紀家族へ〈新版〉』154 頁より．

図１　見合い結婚と恋愛結婚の割合の推移

で、行先で親しくなり自由結婚をする者もあつて、これまでのように同一部落内の者と結婚するというのでなしに、他部落のもの、あるいは一般の者との通婚が多くなつている傾向があります」[21]と指摘する。第3章で述べた滋賀県木之本町の被差別部落でもやはり、戦後、子や孫の代になってしだいに部落外との通婚が増えたことが語られている。「一九一四年生まれの男性は、「今、どっからでも嫁にきてる」と具体的にとなり町の地名をあげて、孫の結婚や最近のむらの若者の結婚について隣接する地域との、いわゆる「通婚」がすすんでいる事実を述べた」という。[22]

図1に明らかなように、戦後見合い結婚は下降線をたどり、代わって恋愛結婚が増加を続け、一九六〇年代後半には、恋愛結婚が見合い結婚を凌ぐにいたる。そのような結婚形態の変化の波は被差別部落にも及び、さらに部落外との交流の機会の増大によって通婚が増加したことは、一方にお

いて、部落出身であるがゆえに結婚の夢が打ち砕かれ、絶望の淵に追いやられる若い男女を多く生み出すことともなった。その果てに自殺にいたる事例も少なくなく、早いものではたとえば、雑誌『部落』(二四号、一九五一年八月)に、「愛はなぜ結ばれなかったか」と題して、広島市役所に勤務する女性が同僚の男性との結婚を「子々孫々まできずがつく」といって反対され、服毒自殺未遂にいたった事件が告発されている。

また一九五四年九月、広島県では、戦前の高松差別裁判事件と同様、部落出身の男性との結婚に親や親戚が反対し、裁判所が男性に営利誘拐罪の判決をくだしてそれを追認するという福山結婚差別事件がおこり[23]、戦後もなお常態化している結婚差別の氷山の一角が明らかとなった。

それらは、戦前の「家」制度を否定した戦後の新民法のもとでも、依然民衆の間に「家」意識が保持されており、家柄・家格・血筋といったことばに置き換えられる、実態を伴わない「家」を守るという意識が、被差別部落との結婚を排除する方向に作用したためと考えられる。それ自体、戦後民主主義の内実を問うべきことがらであった。

落合恵美子の研究によれば、一九六〇年代以後核家族化の進行ということが盛んにいわれたが、実はそれは、「家」制度と決別しないままの核家族化であった。戦争末期から戦後にかけての第一次ベビーブーム世代は子どもの数が多かったから、「長男」以外の子どもは必然的に親から離れて別に世帯を形成することになった。すなわちそれが核家族化の推進力だったのであり、彼らは新たに世帯を形成するにあたって、別段、「家」や親の問題と対決する必要もなかったのである。それゆえ子どもの数が減ってくるとにわかに、「家」の墓や姓を継承する役割を背負った「跡取り娘の悲劇」という問題が顕在化してくることになる。夫婦別姓の問題にしても、本来は、女性の社会進出や意識の成長によって、当然のように男性の姓を名乗ることに対して異議申し立てがなされるようになったことが、議論を生み出した大きな要因であるにはちがいないが、実は「家」に向き合う姿勢という点ではそれとまったく対極にある意識が、夫婦別姓のもう一つの推進力になっていることにも留意せねばならない。すなわち子どもの数の減少に伴い、男子がいない場合が増え、ひいては「家」を継承し「家」の姓を継ぐという役割が女子にも課せられることになるのであり、そうした、ともに「家」継承の期待を背負った男女が結婚する場合には、別姓にして互いの姓を継承する方が合理的というわけである。[24]

また、上野千鶴子のあげる、高度経済成長期を経てマイホームを獲得したあとに「家」の墓を買い求めるという行動様式[25]も、同様に執拗な「家」へのこだわりを示す象徴的事例といえよう。少なくとも一九九〇年代にまで続くこのような意識が、戦後初期にあってはより顕著に、「家」を守るための一族からの部落の排除という行為となって現れたことは推測に難くない。

さらにそうした「家」意識の内実の変化を示すのが、**表7・8**である。これによると、**表8**に示された祖先崇拝の意識は、一九五〇年代から高度経済成長を経た七〇年代末にいたるまでほとんど変化は見られないが[26]、**表7**の方は、その間に大きな変化が生じている。すなわ

表7　子がない場合の養子の必要性(%)

	1953	1958	1963	1968	1973	1978
総　　数	100	100	100	100	100	100
つがせた方がよい	73	63	51	43	36	33
つがせないでもよい 意味がない	16	21	32	41	41	48
場合による	7	8	12	9	17	12
その他，わからない	4	8	5	7	6	7

表8　先祖崇敬(%)

	1953	1973	1978
総　　数	100	100	100
尊　ぶ　方	77	67	72
普　　通	15	21	16
尊ばない方	5	10	10
その他，わからない	3	2	2

注）統計数理研究所「日本人の国民性調査」
　森岡清美「戦後の家族構成の変化と家意識の崩壊」(『歴史公論』50号，1980年1月，126頁)より．

ち子どもがいない場合に、養子をとってでも「家」を継がせたいという人の割合は一九五〇年代前半から七〇年代末にかけて激減し、そうすることに大した意味を見いださない人の割合が増えている。それは、一口に「家」・祖先崇拝といっても、血縁を重視する方向に人々の意識が変化していることを示していよう。そうした血縁へのこだわりは遺伝による能力重視と結びついており、その背景として、社会全体のなかで戦前にはそれなりの意味を有していた家格が、戦後の民法改正によりともかくも制度としての家が取り払われたことによってしだいにその価値を低下させ、代わって競争社会のなかで勝ち残るために、個人の能力重視へと移行していったことが考えられる。すなわち、学歴を重要な指標としつつ、学歴競争において優位を占めることを可能にする先天的な資質をつくり出すものとしての遺伝という要因が、以前にもまして注目されることとなった。

むろん、最初にも述べたように、そのような家格重視から個人の能力重視へという変化は、家格の要素をまったく払拭してしまったわけではけっしてなく、前者の要素が現在なお機能していることが、今日の部落差別を支える大きな要因のひとつであるといっても過言ではない。しかしながら、徐々に進行するそうした変化は、被差別部落に対する認識のありようにも確実に投影されつつあった。

三木一平は、「京都で進歩的な学園といわれている人文学園で、結婚問題について語られたとき一青年が、「部落の人たちは長い間結婚の自由がなく特定の人たちとの結婚によつて、遺伝の方面からゆけば、知能も体質も低下している、だからこの人たちと結婚することは自殺行為だ、部落の存在は封建的な遺物であることは分かつているが、結婚ということになると考えさせられる、」との意見が出たのです(27)」と語っているが、それは、「進歩的」とされる人々の間にも部落に対する偏見が存在していることの指摘に加えて、その偏見の一要素として、被差別部落は「血族結婚」を重ねることによって遺伝上問題がある、との認識が存在していることを明るみに出した。後者の認識は、戦前から一部の知識人層にすでに見られたものであったが(28)、戦後、恋愛が増大したことや戦後の経済活動の活発化とその範囲の広がりによって、一般に農村部においても通婚圏が拡大しつつあったため、かたや被差別部落は差別によって依然そうした変化から取り残されていると見なされ、ことさらそのような認識が浸透していったものと考えられる。加えて遺伝という要因が注目され、民衆の間に遺伝に関する知識が浸透していくなかで、部落に対しては、血族結婚に起因して遺伝的に劣るとする認識が、戦前の家格の序列による価値に代わって差別を支える一要因として浮上してきたのであった。

そのような認識は、『部落の女医』の著者として知られ、奈良県桜井市の大福香久山診療所の医師として、部落の人々と一〇年にわたって起居をともにした経験をもつ小林綾をもとらえていた。小林は、部落の子どもが「非常にかしこい子と手に負えない成績の悪い子」に分かれている原因について、「あるいは血族結婚の多いためかしらなどとも考えます」と述べている。(29) それはまさに「むら同士の結婚」という実態から出てきたものだが、こうして部落外の農山村との比較も十分に行われないまま、血族結婚ならびにそれに伴う遺伝上の問題を抱えていることが部落特有の問題として、ステレオタイプ化した部落認識をかたちづくっていった。そうした認識がいとも容易につくられ、浸透していくことこそが、人種主義に通底する差別意識の反映でもあったといえよう。すなわち烙印を押す側である部落外の実態は不問にしたうえで、部落の側にのみきわだった特徴があるとする姿勢である。さらに付言すれば、遺伝上の問題を避けようとする一見科学的で合理主義的とも見える意識は、実は前述のような部落を排除して家格を維持しようとする意識とない交ぜになっており、両者は未分化なまま、後者が前者の認識の浸透を促す受け皿になっていったのではないかと考えられる。

行政施策不備の暴露

一九五〇年代は、種々の問題がさまざまな形で噴出し、提起された時期であり、とりわけ一九五一年一〇月におこったオール・ロマンス事件が行政的施策の不備を暴露し、それ以後の行政闘争の高揚の契機になったことはすでによく知られている。

この事件は、雑誌『オール・ロマンス』(一九五一年一〇月号)に掲載された「曝露小説　特殊部落」に見られる、被差別部落に対する猟奇的で差別的な認識を問題にしたものであるが、加えて作者が京都市内の保健所に勤務する市職員であったことから、そのような小説の背景となるような部落の実態を放置してきたことと、ほかならぬ市職員の差別認識という二重の意味における市の責任を問うたものであった。小説それ自体は、在日朝鮮人の父をもつ青年医師の主人公浩一と京都の部落に住むやはり朝鮮人の女性純子の、ともに同じ境遇を背負う者同士の恋愛が一つの軸をなしており、その背景として、在日朝鮮人と部落住民が混在しながら織りなす部落の実態が描かれたものであった。

当初運動の側が問題にしたのは、安易な恋愛小説に興味本位に部落の実態を持ち出す作者の姿勢であった。しかし部落解放全国委員会京都府連合会は、その後そうした認識をさらに掘り下げる方向には向かわず、この事件を生み出した原因を、「その意志がどうあろうとも、天皇崇拝を強化し、日本を外国の植民地にしようとする、日本の支配者の手先となって、部落民衆にたいする差別を激化するために、一役買った」ものと位置づけ、政治運動一般のなかに昇華させていった。同時に京都府連合会は、「保健所の職員として市役所につとめ、業務として部落の家庭指導に当っている人間によって、何気なしに書かれた小説が、実に差別感にあふれており、そのために、社会的にはかり知れない差別感情を生み出してゆく事実に、事件の重大さをみなければならない」とし、「差別は市政の中にある」との認識のもとに、市の責任を追及した。これまでにも見てきたように、「差別観念とは、正に、差別される実態の、即ちその存在の反映にすぎない。差別される実態が厳然として存在するとき、差別感のみを処断することの無意味さがあきらかであろう」と考えられていたから、運動はこれを好機と見なし、「差別される実態」の改善を求めて、土木行政・保健衛生行政・民政行政・教育行政・水道行政・経済行政にわたる二二項目をあげ、京都市政に対する闘争を挑んでいったのである(『運動史』九九〜一〇〇、一〇三、および一一一〜一一二頁)。

登場人物が在日朝鮮人でありながら解放委員会がその点を不問にしているのも、そもそもこの事件を敷衍して民衆の差別的な認識を問うことよりも、住環境改善の要求に運動を集中していったことの結果として当然であった。

同年一〇月、三重県松阪市の自由労組員二七一名が市職業安定所に完全就労を要求して座り込み、検束されるという事件がおこった。このうち二〇〇名は部落住民であるといわれており、これも部落の抱える大量失業者の問題を改めて世に問うきっかけとなった(30)。さらに翌五二年二月、和歌山県でおこった「西川議員差別事件」と呼ばれる県会議員の差別発言に発する糾弾事件などを経て、一九五三年七月三一日、部落解放全国委員会は、部落民に対する差別は地方自治体の、ひいては政府の行政的貧困に起因するとして政府に「部落解放行政に関する要請書」を提出し、行政闘争に力点を移していった(同上、八四〜八六頁)。

雑誌『部落問題』に掲載されたルポルタージュは、京都市のある部落の様子を、「たいていの家は三畳か四畳の部屋が二つ位で、奥の方では、暗く垂れた蚊帳の中で、子供達が折り重なるようにしてねむつている」「これらの人々の大部分は市交通局関係(運転手、車掌、車両工、軌道工夫など)と安定所通いの日雇労働者(土建)が大多数で、民間工場に勤めている人や、事務系統の仕事にたずさわつている人は極く少数である」と伝えている。(31) そのような問題に対して運動ばかりでなく、各地方自治体はすでに独自に予算を計上して対策に取り組んでいたが、和歌山県で一九五一年七月に開かれた西日本同和対策協議会を機に、部落問題にかかわる地方公共団体の職員が中心になって全日本同和対策協議会を結成し、国策要求の陳情をしばしば行っていった(『行政史』一九〇頁)。京都府議会も、一九五二年一二月一〇日、「地方自治体においては、同和問題の現実とその喫緊性にかんがみ、終戦後極度に窮迫せる財政にもかかわらず、同和事業の推進に日夜努力を続けてきたのであるが、地方自治体の財政力はもはやその限界に達し、終局の目的を達成することの困難な事態に当面するに至ったのである」として、「同和問題解決の国策樹立に関する意見書」を出しており(同上、九九頁)、深刻な部落問題の現実を前に、直接それに向き合い部落民衆との接触の窓口となる地方自治体は、国策要求の牽引力となった。

大同団結のもとに出発した部落解放全国委員会は、一九五五年八月、部落解放同盟に改称し、「名実共に部落大衆を動員し、組織し得る大衆団体としての性格を明らかに」した(『運動史』一四五頁)。それを可能にした要因として、行政闘争路線への転換により部落民衆の日常的な生活要求を汲み上げることで、支持基盤の拡大が容易になったことがあげられる。また全国委員会のなかの旧水平社の指導者たちがこれまでの運動を、一九五一年以来「民族解放民主革命の有力な一翼としての主体的な条件を強めることができた」(同上、一四五頁)と総括している以上、かつての融和運動関係者たちと袂を分かつべきときが来ることは当然であった。

部落解放同盟に参加していった旧水平社の指導者たちのなかには、「民族解放民主革命」の一翼を担うということこそが解放の途であるとする、戦前の階級的同化論[32]の延長線上の志向が見てとれる。しかし運動がすべて階級一元論で推移していったわけではなく、高桑・北原論争として知られる、京都人文学園講師で部落問題研究所所員であった高桑末秀と北原泰作の間で、一九五〇年に『部落問題』誌上において展開された論争に代表されるように[33]、たえず部落問題の本質論をめぐる「身分か階級か」の対立を孕んでいた。こうした状況の変化を背景に、部落解放同盟への改組は、運動の大衆路線の明確化と戦闘化を意味するものであった。

一九五七年一月三〇日には、アメリカ軍基地の群馬県相馬ヶ原演習場で、弾丸拾いをしていた部落の女性が米兵に射殺されるという事件がおこった。この事件は、加害者のアメリカ兵の名前からジラード事件として知られているが、そのような危険を冒してまで弾丸拾いをし、それをクズ鉄問屋に売って収入を得ないことには、生計を維持していくことのできない部落の困窮ぶりを再認識させるきっかけともなった。

中西義雄の追跡によれば、犠牲となった「故坂井さんの家では、田畑五反あまり、ブタ一匹飼っており、これでも部落では中流の家だ。この田畑から米五俵、大麦・小麦が二五俵。マユは年に一五貫。サツマイモもつくっているから、喰うだけはどうにかやっていける。だが、それだけでは、副食や調味料、きもの、学費などが出てこない」状態だったといい、それでも部落のなかでは中流に位置していたという(『部落の民』一九五七年六月、『運動史』二七六頁)。同年一二月の部落解放同盟第一二回全国大会でも、「じっさいに差別はなくなっているだろうか。なくなっていない。ただ言葉や身ぶりで差別するようなことが、前よりはすくなくなり、また部落の上流・中流の人々の生活がいくらかよくなっただけで、大多数の人々は、あいかわらず、きわめてみじめな、おくれた、差別された生活にとじこめられている」と、部落住民の生活そのものの問題性を具体的に指摘している(同上、一六二頁)。

部落解放同盟による国策樹立請願運動は、翌一九五八年一月に、部落問題解決のための国策樹立に関する要請書を提出するなど、そうした問題の顕在化を通じて進められていった。

同和教育による民主化の内実への問いかけ

すでに部落解放全国委員会は、オール・ロマンス事件とならんで行政闘争のきっかけとなったことで知られる一九五二年二月の和歌山県西川県会議員差別事件の際に、「従来の責善教育は、全く差別再生産のための教育である、ということをはっきりさせたということである。(中略)いかに、主観的で誠意があるとしても、その主観的な誠意と、涙まじりの訓戒とでは、限界がある、ということをバクロしたのである」(同上、一二六頁)として、同和教育も新たな段階に踏み出すべきことを提起していた。前述のような意味をもつ責善教育を、「全く差別再生産のための教育」であったとするのは、土台還元論に立ったあまりに性急すぎる評価といわねばならないが、部落問題に向き合う人々の間で、従来の同和教育のあり方が不十分であるとの認識が共有されていたことは、まぎれもない事実であった。

こうした認識の広がりのうえに、続く同年五月大阪でおこった南中学校事件、翌六月の広島県における吉和中学校事件(34)という教育現場でのあいつぐ差別事件の発生、そしてそれとほぼ重なり合う時期に出された、学校・社会教育をつうじて「同胞一和の精神を徹底させること」の必要を述べた「文部次官通達」(一九五二年六月二七日)などを経て、一九五三年五月、全国同和教育研究協議会(以下、略称全同教)結成にいたる。

その中心となった一人の大阪学芸大学教員盛田嘉徳は、それ以前から、「部落の子は乱暴で卑屈で困ると言われる。それは先生からも、また当の父兄からさえも出る言葉である。(中略)しかし、一口に乱暴とは言うものゝ、幼年期の悪戯と、少青年期の反抗的な、暴力的な行動とは別けて考えなければならぬ。大体、幼児はその旺盛な生命力が溢れ出て悪戯をしないでは居られないものであるが、特に部落に於いては、一家をあげて労働に追われてゐて幼児期の面倒を十分に見てやれないこと、適当な遊び道具さえ与えられないこと、要するに貧困なために幼児が放任されているので、そうした境遇に置かれた幼児は、本能的に大人の注意を引くような悪戯をやるものである。仕事に忙しい大人はたとえ幼児が良いことをしたとしても、めったに眼をとめて褒めてはくれないものである」と、部落の子どもの置かれた問題を内在的にとらえ、それが部落の置かれた経済的低位性や労働条件によって生じているものであることを訴え、部落の子どもに対する偏見の粉砕に努めた。そのうえで盛田は、「我が国民の思想・感情の中に根強く残存している封建性の、最も端的な現れとしての部落の存在は、我が国の民主化の程度をきわめて明瞭に示しているもの」と断じた(35)。

このような、部落問題の存在を民主化の程度の試金石と見る姿勢は、結成された全同教にも継承されており、その結成趣意書は次のように謳い上げている。

人間が人間を差別している。日本の封建制は今も尚、固く殻を閉して解放への真の喜びの日は尚遠しの感が深い。吾々はその最も代表的な姿を同和問題に見る。実に同和問題の解決こそは新生日本民族に課せられた最も重要な課題であると言わねばならない。この問題の解決なくして日本の民主化は絶対に有り得ない。民主教育とは個人の自由、平等、人格価値の尊厳を基調とする教育である。若し個人の自由が奪われ、人格が無視され、甚だしく傷つけられる様な事態が存在するならば、民主教育は、敢然としてこの事態と取組み、これと闘う教育でなければならない。――即ち民主教育は当然同和教育に高い位置を与える教育であるべきである(36)。

それは、のちに顕著となる、部落問題さえ取り上げていれば民主教育の証たりうるとするような倒錯した姿勢とは異なり、部落問題の視点から日本の民主化の内実を問い、民主教育を上辺だけのものにしてはならぬとする真摯な態度に支えられていた。そこでは、従来の同和教育の地域における実践の違いの大きさを痛感することによる連携・情報交換の必要と、運動の力量の拡大をはかる必要が認識されていた。そうして被差別部落の経済的低位性が生活・文化的教育的環境の劣悪さを生み、それが部落児童の長欠・不就学や学力の低位・高校進学率の低位につながり、それに加えて就職差別が、さらには部落の失業・半失業状態の比率の高さを招くという悪循環に陥っていることを告発していった。

3　格差の強調と「国の責務」承認の実現

格差の強調による「同化」の追求

戦後は日本国憲法による民主主義体制にせよ社会主義体制にせよ、理想とする規範が提示され、しかもそれが近未来に実現可能なものと考えられるようになっただけに、その体制が実現すれば部落も解放されるとの希望を与え、ひいてはそれの達成に向けて「民主改革」の一翼を担えばよいとの、国民的ないしは階級的な「同化」の志向がいっそう強まった時期といえよう。そのためにはまず、現段階で部落がいかに部落外との格差を強いられているかを告発していく作業が必要であり、敗戦後、部落解放全国委員会と部落問題研究所が中心になってそれを担ってきたのであり、とりわけ一九六〇年代前半は、これまでのそうした営みの集積がまとめられ、改めて世に問われた時期であった。

　その一つが、一九六〇年における部落問題研究所による『講座部落』の刊行(三一書房、一九六〇年)であり、それは、「部落の歴史」(上下)、「部落の現状」、「同和教育」、「部落の人間像」の五巻からなる。第三巻「部落の現状」の「序章にかえて」では、「私たちは、部落は悲惨でみじめてどうにもならないほど暗い存在だという、最近多く行われている固定的・公式的な考え方には反対する」とし「あるがままの部落をとおして考えたい」との態度を表明してはいるが、やはりその講座全体に貫かれているのは、「農村に住みながら農業で生活できるだけの土地をもたず、都市におりながら近代的な生産関係からしめ出されているとすれば、部落の人々の仕事は、「いやおうなしにおしつけられた」伝統的な部落産業か、もしくは近代的な生産関係からとりのこされた文字どおりの雑業か、さもなければその日の天候に左右されながら、親ゆずりの肉体だけを唯一の生産手段とする単純な労働におちつく以外にはない」[37]というように、最も抑圧され疎外された存在であることを強調する姿勢であった。

　この講座の一環として出された『部落　藤川清写真集』(一九六〇年)も、「これでも我が家だ」「ここは廃屋ではない、私たちは露路をはききよめる」といったキャプションを付して、バラックや傾いて今にも崩壊しそうな家屋が軒を重ねるなかで働き生活し、夜間中学に学び解放運動に参加する人々の「たたかい」の姿を映し出していた。

　同じ年、亀井文夫監督により映画「人間みな兄弟――部落差別の記録」が上映され、前掲の写真集と並んで、映像をつうじて同様の問題が提起されたことの衝撃も大きかった。しかしそれについては、部落問題研究所主催の座談会で北川鉄夫から、「私が気になっていたことは、部落を映画にする場合、下手をすると、部落の貧しさみじめさだけに終って、なぜそうなのかという問題が出てきにくいということですね。もちろん現実の部落はみじめで暗いものをもっているわけですが、それだけだと、部落はやっぱりちがうではないかと特異な感じをもつということになりかねない」といった懸念のうえに、「それが、日本の全体としての貧乏人の問題、被圧迫階級の問題、底辺の矛盾としてどうとらえるか」ということでなければならないとの意見が出された(38)。

それらの仕事は、部落問題の深刻さを告発するという役割を担いつつ、一方でそれが部落の否定的イメージから生じる「特殊性」を強調し、差別の再生産につながる結果を招いてはならぬとする危惧をたえずもち、それゆえにその突破口を被圧迫階級共通の問題としてとらえることに求めたのである。戦後復興が進み、日本が高度経済成長へと邁進していくなかで、それから取り残され、依然戦前のままの様相を呈している部落と部落外の格差は、いっそう歴然としたものになっていった。そのなかで、先の理由から部落解放運動は、一方では身分の問題としてよりも被圧迫階級であることを強調することで社会構造自体の変革に託し、他方で前述のような部落の現実を前にして、そのような部落固有の問題を強く訴えることによって国策を引き出し生活の向上を勝ち取るという、二つの異なった力点の置き方から出発したが、ともに究極求めるところは「同化」であった。すなわち、前者は階級のなかに一体化することで部落の独自性を否定し、後者は部落問題対策を引き出すことで部落外との格差を埋めるという意味においてである。しかし前者の場合にしてもやはり、被圧迫階級のなかで部落がとりわけ貧困であることの説明がなされねばならず、依然「身分か階級か」の問題は解決されずにあった。

一方、社会の側の部落を「特殊」とみなす意識の問題性は、運動の力量の増大と、すでに見たような部落問題の告発に力が注がれる傾向のなかで、やはり従来にもましてより鋭く明るみに出されていった。一九六一年、部落解放同盟は、「結婚問題で自殺する部落民が増加したことは最近の特徴である」ことと、独占資本に圧倒されて「部落民の生活はますます苦しくなった」ことを指摘しており(『運動史』二五三頁)、その背後には、高度経済成長に突入し、かつまた民主主義といわれる戦後が一五年を経過して部落だけがなぜ、との思いがあり、それがいっそうそうした矛盾に対する感覚を鋭敏なものにし、理論的には差別は「現代の独占資本主義の構造そのものがつくり出すもの」[39]と説明されることにつながっていった。

それらと同時期に書かれた東上高志『差別――部落問題入門』(三一新書、一九六九年)においても、自殺全体のうち部落差別を原因とする割合が高いことを指摘し、一九五八年に広島県でおこった、息子の部落の女性との結婚に断固反対し、自分が死ねばそれを阻止できるとの思いで命を断った父親の、それほどまでに「血統」を守ることに頑なであったいたましい実例を紹介している(六〇、および六三〜六六頁)。当時の慶応義塾大学部落問題研究会が長野県小諸市の住民から行ったききとりによれば、「職業に貴賤があるというのではないが、あの人達は下品です。庭先で鶏や兎を殺すので血しぶきで服は汚れ、肉を扱うから特殊な臭いがする。犬でさえとても変な吠え方をする。彼等は牛小屋にも劣る様な家に住んでいる。家を建てる時も、誰の土地ともはっきりしない所へ建てていく。一般の人が良心的に考えて出来ない様な事でも平気でやる。(中略)自分は部落の人と結婚する事は出来ない。これは項目たてて理由を述べる事は出来ないが、いわば先天的なものである。部落の娘を嫁に貰えば、両親がよいといっても、隣近所の者から絶縁される。部落の人と結婚する事は朝鮮人と結婚する事よりむずかしい」(七六〜七七頁)という認識が浮かび上がってきたという。それは、若干の程度の差はあれ広く民衆のなかに共有されている認識であったといえよう。

「特殊部落」という表現をめぐる差別事件もあいつぎ、その言葉から連想されるイメージとして、日本国民のママッコ、変わった経歴の持主、賤民、良識に反する人間等があげられている(同上、一一二〜一二〇頁)。部落解放同盟もまたそうした状況のもとで、「一般的にいって、まだ労働者階級が部落解放を自身の任務として理解するまでには至っていないし、一般国民も封建的な身分差別のなごりを根絶することは国民の義務だと考えるようになっていない」との警鐘を発せざるをえなかった(『運動史』二五六頁)。

獲得、包摂、再生の模索へ

このような運動の力量の増大とそれによるさまざまな問題の告発がなされたことと、日本の高度経済成長が背景となって、政府はいよいよ本腰を入れて部落問題対策にのり出し、一九六〇年同和対策審議会を設置して一九六五年八月その答申を受けた。それは、その前文において、「いうまでもなく同和問題は人類普遍の原理である人間の自由と平等に関する問題であり、日本国憲法によって保障された基本的人権に関わる課題である」と述べて、近代の基本的な理念に照らして「その早急な解決こそ国の責務であり、同時に国民的課題である」ことを明言している。部落問題の解決を「国の責務」として認めたことは、以後の政策を引き出すうえに大きな意味をもつとともに、もはや部落問題対策は体制内のものとなったことを意味した。

併せて留意せねばならないのは、そこに、「ただ、世人の偏見を打破するためにはっきりと断言しておかなければならないのは、同和地区の住民は異人種でも異民族でもなく、疑いもなく日本民族、日本国民であるということである」と書かれている点であり、そのことはそれだけ人種起源説がいまだ一定の影響力をもっていたことの証左にほかならない。現にそれから一〇余年のちの部落の起源についての調査でも、神戸市(一九七八年)では回答者の八・七パーセント、大阪市(一九七九年)では九・五パーセントが人種起源説を支持しており、(40)部落を「特殊」なものとする前述のような認識の多くは、いまだその根拠を人種起源説に求めることと結びついていたと考えられる。

答申はそうした「心理的差別」と「実体的差別」の相互補完作用を指摘したうえで、それを絶つために、「しばしば社会問題として提起される主観的な差別言動よりも、むしろ一般地区の生活状態および、社会、経済的な一般水準と比較して、同和地区なるがゆえに解決されず取り残されている環境そのもの」に取り組むことを明らかにしており、一九六九年七月、それにもとづいて出された同和対策事業特別措置法は、「同和対策事業の目標は、対象地域における生活環境の改善、社会福祉の増進、産業の振興、職業の安定、教育の充実、人権擁護活動の強化等を図ることによつて、対象地域の住民の社会的経済的地位の向上を不当にはばむ諸要因を解消することにあるものとする」(第五条)と謳った。

ただしそれに則った政策は容易には着手されず、実際に事業が全国各地で進展していったのは、一九七〇年代半ば以後のことであった。

そのような事業の進展、そして高度経済成長の影響は少なからず部落にも及び、部落の様相はそれ以前と大きく変化し、それとともに部落問題のありようも変容していった。その点については改めて詳細な検討が行われなければならないが、ここでは考えうる問題を提起して本稿のまとめとしたい。

まず第一に、すでに答申の段階でも指摘されている「同和地区」という「地区的」把握のみでは問題をとらえきれないという実態は、部落のスラム化、混住、転住の進行によりいっそう進んでいる。加えて、少なくともかつてのような経済的低位性が克服されたことは、部落内外の格差の縮小という意味での「同化」の進展をもたらした。それらは同時に「部落民」という自己認識の希薄化を促し、被差別の主体の側が従来のような枠組みではとらえられなくなった。そうしてそれは、解放運動のあり方自体にも変化を及ぼすものであった。

第二には、運動が多くの成果を獲得したが、それは反面権力への包摂の契機を孕むものであり、一九八六年一二月一一日に地域改善対策協議会「意見具申」が出されたのを契機に、その点に運動の立場から警鐘を鳴らしたのが藤田敬一『同和はこわい考――地対協を批判する』(あうん双書、一九八七年)とそれをめぐる『朝日ジャーナル』や京都部落史研究所発行『こぺる』誌上での議論であったといえよう。ほぼ同時期に鹿野政直が、部落という集団を「マイノリティ・グループの中のマジョリティ」[41]と評したのも、そうした段階の部落の置かれた位置を象徴するものといえよう。

藤田の提起は、部落解放運動の現状を内在的に批判することによりその自浄を希求したものであり、具体的には、地対協が指摘する「こわい」に象徴される差別意識を打破するためには、「部落民」としての「資格・立場の絶対化」を乗り越える差別・被差別の関係のありようを追求し、「共同の営み」を創出しなければならないとするものであった。そのための作業として、差別・被差別双方の意識の自己切開と「対話」が必要であり、そのためには、そこからの逃げ場となっていた既成の理論や部落政治起源説を見直していかねばならぬとする。

実はそうした提起につながる兆しはすでに、野間宏・安岡章太郎編『差別　その根源を問う』(上下)(朝日新聞社、一九七七年)や、井上ひさし他『シンポジウム　差別の精神史序説』(三省堂、一九七七年)等に見られ[42]、そこでは既成の枠組みにとらわれることなく、文化・心理等実に多方面からのアプローチによる自由な議論が展開されていた。しかし、それらが運動のあり方の問い直しというところにまで影響を与えるには、しばし時間を要したのである。

第三に、少なくとも近年、運動の再生のための新しい理論的枠組みの構築が緊要であるとの認識は多くの人々に共有されており、その際のキイ概念として、社会学をはじめとする領域でしばしば用いられるのが「差別と共生」である。(43) それは、前述したような現在の運動をめぐる状況のなかに「部落民アイデンティティ」崩壊の危機を見て取るがゆえに、運動の再生をめざしつつ「部落民」という「差異」性を打ち出し、差異を承認したうえでそれとの共生可能な文化的多元主義を提唱するものである。近年歴史学でも国民国家論研究が盛行している。それらは近代国民国家のもとで自明であり普遍とされてきたものを問い直そうとするものであり、国民国家の作り出した「普遍」が孕む矛盾の一つとしてマイノリティに着目する点で、社会学研究のそうした動向と共通する側面をもっている。

第四に、このような研究の興隆のなかで、従来「特殊」な領域としてアカデミズムで十分に認知されていたとは言い難かった部落問題研究も、そのようなマイノリティ論や差別論の一環としてではあれ、新たに脚光を浴びつつあるようになったことがあげられる。

また、一九七〇年代以後、「人権」ということばが氾濫し、人権への社会的関心も高まりを見せてきた。(44) しかしながらそれが部落問題の解決に即結びつくかというと、問題はそう単純ではない。「はたして人権は救済たりうるものなのか、人権意識が広がることは、差別をけだしなくさせることになるのか、逆に人権を振りかざすことによって、労せずして免罪符を得ている意識だってあるんじゃないか」との金時鐘《キム・シジョン》の問いかけにもあるように、あるいはそれに応えて土方鉄が、「人権は、差別よりももう少し幅が広いわけでしょ。幅が広いから薄められている関係だと思います。差別、とくに部落差別ということで、非常に単純明解に問題を突きつけていたのに普遍化されてしまう」と述べるように、社会的風潮としての人権一般に対する関心の高まりが、部落問題という個別の問題への理解を深めることには必ずしも直結しないし、部落問題を〝人権一般〟に解消してしまうために、人権ということばが用いられる場合もありうる。そうした場合の人権は、たんなる道徳的題目でしかない。とはいえ、そのようななかに見られる部落問題の枠を越えた他の差別問題への関心の広がりが、部落問題の解決に新たな息吹を与える可能性をもっていることも事実である。

これらの問題と可能性を抱えつつ、部落問題はいま大きな転換点にあるといえよう。

おわりに

本稿では、部落民衆と社会の側の意識、および政府・融和団体等の部落問題認識を対象に据えて、「一君万民」論や天皇赤子論による臣民的平等論と普遍的平等思想が互いに交錯しながら、人種主義や「家」意識と結びつき、あるいはそれをのり越えることによって、どのような部落問題認識をかたちづくってきたのかを、時代ごとの変遷をたどりつつ考察してきた。

各章ごとにその特徴をまとめると、以下のようになる。

まず、第1章「「文明開化」と伝統的秩序意識との対抗」は、開化政策の一環としての「同化」と旧習への固執による差別との対抗が存在した時期にあたり、明治新政府は、一君万民と開化推進政策の一環として「解放令」を打ち出したため、被差別部落民衆にとって「開化」は、賤民であることからの解放を意味した。それゆえ彼らは、開化と不可分に創出された一君万民理念にも深く取り込まれながら、臣民への「同化」を開化とほぼ同義に受けとめ、開化領域に参入することによって臣民的平等を勝ち取る努力を行っていく。しかし、封建的身分制度のもとで自分たちよりも絶対的に下位にあった人々が浮上し、自らの地位をも脅かしかねないことに恐怖と反発を抱く民衆は、伝統的秩序を維持することを望み、それを正当化するものとして「穢れ」をもち出すことにより、日常生活から部落民衆を強硬に排除していく。政府もまた、圧倒的多数派を構成する部落外民衆の差別意識に迎合することによって既存の支配秩序を維持する途を選んでいくのであり、そこに「解放令」が容易に実体化されない最大の要因があったと考えられる。それに対して、在野にあって自由な立場にある開化派知識人たちは、開化＝平等理念を貫いた。

第2章「「特殊化」の標識の成立」が対象とする一八八〇年代から一九〇〇年代初頭までの時期には、従来の旧身分にまつわる呼称の乱立に代わり、「新平民」という呼称が定着したことにも象徴されるように、不潔・病気・異種などの被差別部落に対する新たな排除の標識が形成され、被差別部落を「特殊」な存在として差別する構造が成立する。一八八〇年代後半の自由民権運動の敗退に伴う国家主義的風潮の高まりのなかで開化の主張は後退し、松方デフレ下での経済的窮乏の進行と、部落がコレラ等の急性伝染病蔓延の温床と見なされたことなどがそれらを促した要因であり、さらにそれに人種起源説に由来する「異種」との認識が加わって、しだいに部落と部落外との間に恒久的線引きができ上がっていった。

それに対して部落上層部を中心に、部落の生活習慣や風俗などの可視的な要因を改めることで自らに付与された標識を取り除き、「国民」としての同等の資格を勝ち取ろうとする部落改善運動も台頭しはじめる。それとともに、もう一つの国民化の途として浮上してきたのが移住・移民であるが、部落改善運動が道徳や風俗の改善によって「異種」認識も払拭できるものとのオプティミズムに立脚していたのに対して、それは「異種」という標識を与えられた「部落民」に対する差別解消を断念することから出発しており、日本から出て大日本帝国発展の一助を担うことではじめて日本国民になりうるとするものであった。

そうした「異種」認識と結びつき、それを支えていたのが、それとほぼ軌をいつにして浸透した「家」意識であり、それは当該時期の文学作品などにも見られ、以後部落問題はその「家」意識と密接不可分に存在していくこととなる。

第3章「「特殊化」と「同化」の併存」の時期においては、第2章の該当時期に作られた標識を核に、家格を頑なに守ろうとする民衆の「家」意識と結びつきながら、地方改良運動遂行過程のなかで被差別部落に対する人種主義的認識が浸透する。人種主義とは、明確な科学的根拠を持たないにもかかわらず、部落という集団を構成する各人にあたかも生物学的差異が存在するかのごとき認識を与え、それゆえにその集団への永久帰属が個人の恣意では変えることのできない運命であるかのように見なすものであり、それによって部落外の民衆も、その集団に組み入れられる可能性のないことの恒久的保証を獲得する。民衆は境界の流動化が行われないことを支持し、自らが安泰たりうることを欲するのである。そうしてこれ以後、少しずつ変化を来しつつも、血統を核に風俗・習慣・衛生などの実態がその周縁に位置して、部落を排除する認識が維持されていくこととなる。

町村間の競争を煽る地方改良運動において被差別部落はその障害物となり、それを是正すべく部落改善政策が展開されるが、部落は「特殊」な人種からなるがゆえに改善は期待しえないとの認識も生じ、被差別部落は統合と排除の微妙な境位に置かれていく。さらには肉食の普及に伴う日露戦後の屠場の拡大といった背景も加わり、新聞などを媒介としながら人種主義が民衆レベルに流布していく。

大逆事件を機に内務省も、被差別部落を「異化」し排除することに対する反省と修正を迫られ、可視の世界からの問題の消滅をはかる移住・移民策と併せて、部落を「同化」=「融和」の対象とする途を模索しはじめる。そのような動きに照応して一九一〇年代には、被差別部落民衆の向上進歩の可能性への信頼を前提に、帝国臣民として「同化」実現をめざす運動がいくつか生起する。その一つが、最も必要なのは「外部の反省」であり部落に求められるのは「実業の育成」すなわち個々人の立身出世であるとの主張を掲げた大和同志会の運動であり、またその影響下に、被差別部落の修養と風俗改良・産業の育成などの部落開発を謳った諸団体も叢生する。帝国公道会もそのような潮流の一環のなかで結成されたものではあったが、大和同志会が、被差別部落民衆の平等実現が目的であり、国家への奉仕はそのための手段であるとの立場をとったのに対して、帝国公道会は、部落問題の解決は、植民地をも領有するにいたった日本が民族の融和を達成し〝一流〟の帝国主義国家たりうるための手段の一つとして位置づけていた。とはいえ、帝国公道会は部落外の側の部落問題に対する姿勢を問題にしたため、それに触発されることによって、そのことの重要性が社会に認識されはじめていく。

第4章「「異化」と「同化」の交錯」では、被差別部落民衆の米騒動参加を機に、支配層によって部落民衆に対する「恐怖」意識が宣伝され、人種主義的認識がより鋭く現れることとなる。米騒動直後は、民衆蜂起拡大への危機感から部落外民衆と部落民衆の対立が煽られ、大日本帝国を堅持するために、一時的に融和よりも部落民衆を「異化」することが優先されたのである。しかしその後は、ふたたび人種主義と平等のたてまえの溝を埋めるべく同情を冠しての融和に転じ、さらに第一次世界大戦後の人類平等の大義の浸透のもとで、多分にたてまえと実際の民衆意識との二重構造を孕みつつではあれ、部落差別は正義人道に反するものとして社会的に認知されるにいたる。また、学問的に人種起源説が粉砕され、部落と部落外の差異は、たんに近代化の進展の度合の違いにすぎないとの認識も登場する。

そのようななかで部落民衆はしだいに「同情融和」に反発し、それに代わるものとして自覚・誇りを追求していく。その到達点が水平社の創立であり、それは、失われていた集団的自我の奪還であり、中下層の部落民衆を運動主体として措定するにいたらしめ、「エタ」としての誇りを軸に強烈な主体意識を打ち出したものであったが、同時に、同じ国民・臣民としての「同化」志向も強く保持されており、民衆の反発に遭遇するなかで、やがて運動は二つの方向をたどる。一つは全水青年同盟につどった共産主義グループの人々が採った、労働者階級の理性に期待をかけ無産者に一体化することで社会主義社会を実現し、そこで平等を達成しようとする方法である。もう一つは、日本水平社や「純水平運動」派と称される人々が選び採った、あくまで「エタ」意識を死守し部落民としての連帯意識によって差別撤廃を実現しようとする方向であった。

水平社創立後は、政府・府県当局も融和団体組織化にのり出し、それらの統轄機関として一九二五年に組織された中央融和事業協会は、部落問題の本質をめぐって差異か同質かの議論にまで及びながら対策を模索するが、そこで出された差異や部落民としての自覚は、国民への「同化」の一階梯にすぎないとされ、しだいに国民としての同質性の強調へと収斂していく。

第5章「「国民一体」論と「人種主義」の相克」が対象とするのは、水平運動との対抗を経て国民一体論が、人種主義を温存したまま部落内外民衆の意識を覆い尽くしていった時代であった。

昭和恐慌によって被差別部落内外に「部落経済問題の特異性」が再認識されることとなり、中央融和事業協会はそれを出発点としながら、部落民としての自覚を部落経済更生運動への専心に振り向けていく。その一方、水平社同人もまた経済問題から出発し、恐慌下で喘ぐ部落労働者農民を「階級的基本組織に結合」すべく、階級的同化論の極致としての水平社解消論に向かう。

一九三〇年代前半は、ふたたび差異の有無をめぐって社会学者を中心に社会科学的見地からの自由な議論が展開されていたが、それらは、過渡的にせよ差異をバネに結集して平等の権利獲得のための運動を推進していく現実的担い手を発見できず、普遍的平等思想としての抵抗の砦を築きうることなく、国民一体論に吸収されていく。水平運動においても、部落経済更生運動に対抗すべく経済闘争重視に転換したことから、経済的施策を要求するなかでしだいに〝獲得〟に孕まれる〝包摂〟の契機が肥大化し、日中全面戦争開始後は挙国一致への参加を選び取っていく。民衆の間では依然人種主義的認識が保持されてはいたが、中央融和事業協会においては、日本精神に支えられた戦時体制のもとでは差別はありうるべからざるものとして、「部落そのもの〻解消」をめざしてたてまえのうえでの国民一体論が創り上げられ、融和運動関係者や水平社同人たちにもしだいに受容されていく。

しかしながらその段階ではいまだ差別の解消が目的として位置づいており、部落問題の視点を欠いた挙国一致はありえないとの姿勢が水平運動・融和運動関係者双方に保持されていたが、一九三八年以後は挙国一致実現が目的となり、差別解消はその一手段とされて、戦時体制下で部落問題対策が葬り去られる端緒が開かれていく。中央融和事業協会は、至上命題となった国民一体を足下から揺るがすような、人種主義に根ざした民衆の意識を覆い隠すべく融和教育を遂行したり、「東亜協同体」をも射程に入れて、血族や人種の違いをも包容しうる日本民族起源論を説くなどの方策をとる。にもかかわらず、たちはだかる人種主義の前に国民として一体化しえない人々を、「東亜協同体」の構成員としてカムフラージュする役割を果たしたのが、「満州」移民であった。

国家主義に転じた水平社の人々も、部落問題解決をも組み込んだ国民一体実現の途を追求して、あくまで部落民の立場を保持しつつそれをめざす大和報国運動と、部落民の立場を後景に押しやり皇民としての一体化を実現しようとする部落厚生皇民運動をそれぞれ提起するが、やがてそれらは翼賛体制下の同和奉公会に一元化されていく。

「国民運動」として一元化された同和奉公会体制のもとでは、部落差別は反国家的との大義名分が与えられ、その名のもとに差別を断罪する武器が得られたが、反面、全体の論理の前に個別の立場の徹底的放棄が求められ、実際には国民一体のたてまえと現実との乖離に対する不満が噴出していたにもかかわらず、「部落本位の立場」からの要求は否定されるようになった。しかしながら、部落民衆が国家から〝劣等な構成員〟という処遇を受けなかったことは、アジア民衆に対する優越意識に拍車をかけるとともに、国家への彼らの積極的な献身を引き出していくこととなる。戦時下、一部の被差別部落民衆は、自らの社会的地位向上への期待をも込めて経済的利害を核に結集する一方、ユダヤ人化すなわち人種的迫害を免れるために、あえて「同和運動」を否定するという行動にも向かう。

第6章「戦後民主主義下における国民的「同化」の希求」では、敗戦後から主として同和対策事業実施までを論じた。敗戦からまもなく再建された部落解放運動は、天皇制は封建的反動勢力の象徴であるとの認識のもとに、制度としてのそれとの対決に主力を注ぎ、敗戦と占領によってもたらされた民主主義革命に部落問題解決への期待を託していく。しかし被差別部落の人々に対する民衆の人種主義的認識は、「家」意識とともに戦後にももち越され、恋愛結婚の機会の増大とともに結婚差別問題も噴出する。ただしその「家」意識の内実は、社会の価値観が、家格重視からしだいに学歴競争社会に優位を占めるための個人の能力重視へと移行するのに伴い、遺伝を視野に入れた血縁へのこだわりに変化していく。それは、部落は血族結婚に起因して遺伝的に劣るとする偏見と結びつき、さらには、部落を排除して家格を維持しようとする以前からの意識とない交ぜになったまま、以前からの意識が新たな偏見の浸透を促す受け皿となって、戦後の差別意識を支えていく。

戦後に再開された同和教育は、そうした民衆の差別意識を比較的射程に入れていたが、総じて部落解放運動は民主主義体制ないしは社会主義体制のもとでの「同化」をめざして、まずは現段階での部落外との格差を告発することに主力を注いでいき、それも奏功して、高度経済成長のもとで同対審答申が出され、同和対策事業が実施されることとなる。それらは経済的平等を著しく促進させ、部落内外の経済的格差の縮小という意味での「同化」を促し、部落民という自己認識の希薄化を推し進めるとともに、運動における獲得の反面の包摂にともなう問題も顕在化させ、部落問題のありようを大きく変容させる転機となっていった。現在、部落問題は大きな転換点にあり、運動再生のための新しい理論的枠組みの構築が模索されている。

これらの考察をつうじて浮かび上がってきた差別からの解放を求める運動の歩みは、差異の承認ではなく圧倒的に、たとえば帝国臣民としての、国民としての、同じ労働者階級の一人としての、近代市民社会の一員としての平等を求めるものであり、「同化」の希求であった。そのような「同化」志向の強さは、マイノリティが併せ持つ宿命であるが、朝鮮やアイヌの人々の場合、しばしば「同化」を否定・克服の対象に据えることから出発せねばならなかったのに対して、被差別部落の人々の場合には、一つには、自らに付与されてきた「特殊」という標識を取り払うために、まずは部落外との格差を埋めることが必須だったからであり、もう一つには、「いわれなき差別」という表現にも象徴されるように、差異性を打ち出すことが困難であるという性格にもよっていよう。

しかし、「同化」といえどもその内実は歴史的段階ごとに異なりけっして一様ではなく、またそこに立ち現れる「同化」はたえず「異化」の契機を内包しており、差別からの解放を求める側は被差別部落民衆に付与されたそのような「異化」による差異を発見することにより、それをバネにしてさらに新たな段階の「同化」を模索していったのである。すでに見たように、差異には差別・排除を意味するものから、誇りに支えられたプラスの価値づけによるものまでがありうるが、そのいずれであるにせよ、差異を自覚することは、そうした新たな運動の段階への移行を促す起爆剤たりえてきたと考えられる。むろん差異のなかでも、本稿でも指摘したように、自己拒否や第三者からの過小評価の反動として、被差別者がしばしば陥りがちな差異をことさら強調し、それの過大評価を求める傾向には歯止めをかける必要があり、またさらにいえば、「異化」が部落問題解決の最終的到達点とは考えられないが、「異化」はそのような意味で、より高次の「同化」に向けての触媒的役割を果たしてきたといえよう。

それに対して、一君万民論から出発した社会の側の平等論は、大正デモクラシー期をピークに、普遍的平等思想と交わりながらも、一九三〇年代にはふたたび特殊日本主義を軸とした国民一体論へと流れ込んでいく。戦後は、象徴天皇制という形で天皇制思想の呪縛を引きずりながらも、「第三の開国」と称される戦後民主主義の時代を迎え、部落問題をとりまく様相は大きく変化した。しかしその民主主義は、占領軍という権威によって〝外〟からもたらされ、民衆がその権威に追随することによって獲得されたという性格を免れないものであり、そのような、民主主義が十分に内面化されないところでは、個人の尊厳を前提としない〝秩序としての平等〟という感覚も、完全に払拭されることなく戦後にもち越されていき、血筋や「家」などの非合理な意識の入り込む余地を与える一要因となっていったと考えられる。

本稿でも述べたように、部落差別を支える主たる要因は、生存競争に打ち勝つ優種を生み出すという、競争原理に則った社会ダーウィニズムのようなある種の合理主義や科学主義によるものではなく、本稿で人種主義と称したように、被差別部落という集団を、個人の恣意では容易に変えることのできない身体・習慣・道徳等の特殊性をもつものと見なし、それにもとづく忌避の感情が「家」・血筋などの明確な実体を伴わない要素と結びついて、結婚を頂点とする社会的交わりから排除していくという意識なのである。民衆が優生思想のような合理主義で行動を決定しているのであれば、被差別部落という集団が遺伝的に劣種でないことを明らかにしさえすれば、民衆の差別意識を払拭できることになるが、そうではないところにまさに部落差別の困難さがある。

排除する民衆の側は、被差別部落の人々に対して先に述べたような「特殊」という標識で線引きをし、それによって自己はそれに組み入れられる可能性のないことの永久的保証を得ることを望んでいたから、日常社会生活や就職というすぐさま標識の変更には及ばない場面では、徐々に平等＝「同化」が進行するが、被差別集団との間に作り上げてきた線引きを直ちに揺るがすことを意味する結婚においては最も障壁が高く、容易に通婚が実現しないのはむしろ当然であったといえよう。

その際の排除の論理をかたちづくっている民衆の被差別部落認識は、民衆自身が実際に見聞したものによっているのではなく、近代社会に成立したジャーナリズムを媒介として、認識の歪みがいっそう増幅されている場合がほとんどであった。一八八〇年代から一九〇〇年代にかけて人種主義を形成し浸透させていくうえにおいて、また、米騒動直後の時期に被差別部落民衆に対する恐怖意識を迅速かつ広範に宣伝するうえにおいても、ジャーナリズムが大きな役割を果たしているのである。これまで見てきたようなステレオタイプ化された被差別部落像は、こうして作り上げられていったのである。

むろん権力もまた、積極的に差別を作り出さないまでも、民衆のそうした差別意識を追認し、それを大いに利用してきた面をもっており、その構造はおそらく今日にいたっても変わっていない。その点をも射程に入れつつ、権力の支配に利用されないためにも、まずは民衆の非合理な意識を正面から見据え、それと対峙していかなければならない。と同時に、民衆にとって、現存する被差別部落を差別することは、これまた先に見たような意味において、ある種の合理的な選択にもとづく行動なのである。したがってそれを断ち切るためには、差別を支えている制度の変革がなされねばならない。

部落問題は、日本の近代社会の病理現象の一つの象徴である。しかし、それをもって直ちに近代そのものの否定に結びつけることには論理の飛躍がある。まずはこれまで述べてきたような部落問題をとりまく状況を打破すべく努めることであり、それによって戦後民主主義を真に内実を兼ね備えたものとすることができよう。

補章　部落問題の〝いま〟——その後の二〇年

ここでは、本論で問題の提示にとどめた同和対策審議会(同対審)答申以後の問題について、最初の刊行からの二〇余年を経た今の時点から述べておきたい。

格差の縮小と「誇りの語り」

本論で属地主義による同和対策事業が各地で進展をみるのは一九七〇年代後半以後と記したが、それとほぼ同時期の一九七五年一一月に、「部落地名総鑑」等と銘打ち全国の被差別部落の地名を掲載した本を、多くの企業などが購入していたことが発覚する事件があった。それは、結婚差別とならんで深刻であった就職差別の存在の動かぬ証拠を明るみに出したものであり、それが契機となって就職差別の問題は大きく好転した。同和対策事業の進展と就職差別の軽減という二つの要因が重なって、一九八〇年代ごろから被差別部落の生活水準が向上し、被差別部落外との格差が縮小していった。

そのような変化とそれに伴う新たな問題を描き出した映画が、「人間の街——大阪・被差別部落」(監督　小池征人、一九八六年)であった。部落解放同盟の協力のもと、同対審答申二〇年を記念してつくられた作品でもあり、そこには、前述のような実態の変化を背景に、被差別部落の〝誇り〟をうちだそうとの姿勢がみてとれる。しかしながら、そうしたなかにも、常にその後も続く差別の厳しさへの言及を伴わざるをえなかった。極めつけは、部落の誇りの一環として登場したはずの屠場で働く男性が、被差別部落に生まれてよかったことといえば「おいしい肉が食べられるだけ」で「あとは何もあらへんわ」と語る場面である。「部落の人間て胸張って言えていうけど」「みじめやで」。彼は自分の娘が成長して結婚する際にその壁を乗り越えなければいけない、そのことに思いをいたらせながら、部落解放運動や「部落」という共同体の〝誇り〟を重々認めつつも、「部落の人間」というどうにも逃れることのできないものと真正面から向きあうのである(1)。

ところが、同和教育・啓発は、人々のそうした葛藤に思いを寄せることなく、部落解放同盟が〝誇り〟を前景化したのに便乗し、被差別部落が抑圧され悲惨な状態にあることを強調する語りから、被差別部落の芸能・食文化、共同体のもつあたたかさなどをアピールする「誇りの語り」へと大きく舵を切っていった。前者の語りのベースにあった、部落差別は時の権力がつくり出したとする政治起源説は、同和対策事業という国策が実施されていったことによって存在意義が薄れ、またマルクス主義の退潮とも相俟って、徐々に後景に退いていった。それは、部落問題を社会構造のなかでとらえる視点の後退でもあった。一九九〇年前後のことである。

たしかに〝誇り〟は、当事者の自己肯定感を育み、差別の原因ともなりかねない負のイメージに対抗する役割を果たしてきた。しかしながら教育・啓発の発信者がそれを積極的に受け入れたのは、一つには、ステレオタイプの「誇りの語り」を用いることによって、差別の歴史や実態に踏み込むことなく安全地帯に身を置くことができるため、と考えられる。しかし、丑松を呻吟させ、被差別部落の人々を今日にいたるまで長らく苦しめてきた「身の素性」を、そのような「誇りの語り」によって克服することができるのだろうか。

「市民社会」への包摂

被差別部落の人々が生活の安定を得て「市民」となっても差別は潰えたわけではなく、(2)「市民社会」のなかでもなお、生得的な差異を見いだそうとする「人種の語り」が水面下で生きていることを文学という手段で剔抉《てっけつ》しようとしたのが、和歌山県新宮の被差別部落出身の作家中上健次(一九四六〜九二年)であった。中上は、小説のなかでは被差別部落を一貫して「路地」と称してきた。そのことは彼の意図とは別に、あるときには被差別部落を都市の光景の一部に紛れ込ませることにもなった。そして部落問題と交わらないままに中上の作品が論じられることも多く、それゆえにというべきか、中上の作品は映画や演劇にもなって人々の注目を集めてきた。しかしながら中上は、差別を抱え込んだまま「路地」が解体させられ「市民社会」に包摂されていくことの欺瞞と危険を見抜いていた。同和対策事業によってあたかも「差異」が打ち消され、同時に差別もないかのごとくに見なされてしまいかねない状況がつくり出されているからこそ、「差異のない」ことが差別のないことにつながるのか、ということを徹底して問うた。中上にとって「被差別部落の問題」は「文化の問題」であり、したがって「政治的解決」ではなく、既成の「政治」運動にとらわれない独自の文化運動が求められた。日本の文学思想・文化思想は差別―被差別の構造から成り立っていると考える中上は、被差別の側にある「賤なる者」こそを文化の発信者においた。中上にとっては、「「差別」なる物の怪は、市民のおびえがつくり出し行政当局が利用するもの」であった(『紀州――木の国・根の国物語』朝日新聞社、一九七八年、二八四頁)。

小説『千年の愉楽』(河出書房新社、一九八二年)では、「路地」に生まれ育ち「路地」の人々の生を見つめてきたオリュウノオバをして、差別する大衆の冷酷さと、そしてそれに立ち向かうことなく卑屈なまでに媚びて「市民社会」に迎え入れてもらおうとする「路地」の青年たちの〝ドレイ根性〟に対する憤怒と苛立ちを語らしめている。中上が言いたかったのは、被差別部落の人々が同和対策事業を勝ちとって「市民」の仲間入りをしても、それが即、被差別部落の人々の自立につながるわけではないということであった。「市民」になることで差別は克服できるのか、そのことの是非を問うたのが中上であった。

中上は、「大江健三郎の影響をものすごく受けていて、戦後民主主義の路線にとらわれていた」ことをのちに自己批判している(「日本を根こそぎ否定する」初出一九八六年『談話/インタビュー 中上健次発言集成5』第三文明社、一九九六年、一三九頁)。中上にとっては、大江に象徴される「戦後民主主義」は「超える」対象であり、おそらくは丸山眞男もそれと同列にあるものとして否定すべき対象であったにちがいない。しかし丸山もまた、木下順二の作品『沖縄』の観劇をとおして、「自己否定によってしか歴史は進歩しない」というテーマを読みとり、木下が「政治的に成功して沖縄が独立しても、それは沖縄の人間が自立したことにはなら」ず、「政治的次元のさらに奥にある、精神的自立の問題を出している」ことに注目している（「点の軌跡――『沖縄』観劇所感」初出一九六三年『丸山眞男集』第九巻、岩波書店、一九九六年、一三五頁）。それは、提示している方法も回路も異なるが、実は中上が提出した前述の問題と奥深くで通底しているのではなかろうか[3]。丸山はいう。

> もっとも、望蜀の感を言わしてもらえば、『沖縄』は、近代日本と沖縄の連帯という問題――それは、アジアの民族との連帯ということでもいいが――を提出しているんですが、実は、日本人の日本のなかにおける隣人との連帯の問題が重要なのです。（中略）それがすぐに、日本人の問題が日本対沖縄といったような問題にだけとどまると、それは別の意味における局地主義というか地方主義に陥ってしまう。世界的な展望を持たなくなる。日本対沖縄という問題が、政治的問題としてあるにしても、それを更につっこんで行けば、国内における連帯の問題にもなると思うのです。それは、内《うち》と外《そと》という問題です。内と外とか、部落民対われわれ、われわれ対沖縄人、あるいは朝鮮人という形をとって、内と外の論理＝思考様式というものが、日本人の相手同士にある（前掲「点の軌跡」一三三頁）。

さらにこのようにも問う。「日本人のなかで連帯が実現できないで、どうして日本対沖縄とか、日本対アメリカとか言えますか」。そして、「日本人」と「日本」を同一化して「無限にナカの問題」に転化させてしまうのではなく、沖縄対日本の問題も「われわれとわれわれ隣人の問題」(傍点、原文)にしていかねばならないと説く。そうした「内と外」の弁別の論理、すなわち土着主義を乗り越えるところに、丸山が希求する近代が展望されるのである(前掲「点の軌跡」一三七頁)[4]。中上の晩年の作品『異族』(講談社、一九九三年)は、大日本帝国の「体制」に属した「日本人」に、「路地」出身者、在日韓国人、アイヌ民族の「異族」を対置させ、「汎アジア」を構想したものであった。

部落問題の「無化」

なるほど「市民社会」への包摂は差別を見えにくくした。しかしその一方で、中上が危惧したように、不可視の「血筋」「身の素性」によって「部落民」をあぶり出す行為もあとを絶たない。麻生太郎が二〇〇一年の自由民主党総務会において野中広務のような部落出身者を総理にはできないと発言したことを、二〇〇三年、野中自身が問い糾すという一件があった(魚住昭『野中広務　差別と権力』講談社、二〇〇四年)。また、『週刊朝日』(二〇一二年一〇月二六日号)による当時の大阪市長橋下徹の「素性」を報じた特集記事も記憶に新しい。さらには現在、被差別部落の地名がインターネット上で公開されるという事態にもいたっている。前述の「部落地名総鑑」の存在が発覚した際には、部落解放同盟は総力をあげて購入者を糾弾した。それは就職差別の問題を大きく好転させるだけの衝撃力があり、企業のみならず社会の構成員にも、被差別部落の地名を明るみに出すことには慎重でなければならないことを再認識させることにもなったはずで、インターネット上に地名一覧が掲載されるというような事態は想像だにできないことであった。

他方で、それらはあたかも突出した別世界のことであるかのように、あるいはそうした差別が起こっていることすら知らない人たちがむしろ多数派を占めており、そうした人々が部落問題の「無化」に拍車をかける。私が日々授業などを通して接する学生たちは、そもそも部落問題を「知らない」者も多く、また知識として知ってはいても「私たちは部落問題を何も気にしていない」「なぜそのような差別があるのか不思議だ」という。そしてことさら伝えさえしなければそのうち差別は消失するだろうという、まさしく「寝た子を起こすな」に該当する意見も少なくない。それに対しては、そもそも部落問題は教科書などにも記載される歴史的事実であり、歴史を改竄しないかぎり、部落問題を消し去ることはできないと反論するのだが、毎年そのような意見は一定数存在する。そして問題は、そのような若者たちがひとたび部落問題に「関心」を持つと、インターネット上に氾濫するステレオタイプの差別的言説を鵜呑みにし、自分の親・祖父母ら近親者の差別意識を無批判に摂取することが多い点にある。

メディアなどの部落問題の取り上げ方も、部落問題を顕在化させない「無化」の傾向が顕著であり、先に述べた中上の論じられ方、映画・演劇などでの描かれ方にしてしかりである。また部落問題を描いた映画作品として注目を集めた「ある精肉店のはなし」(監督　纐纈《はなぶさ》あや、二〇一三年)も、纐纈のそもそもの関心は「屠場の仕事を知らないために、差別や偏見が生まれている」ことにあった（「インタビュー／纐纈あや「「食べる」ことは、人が「生きる」こと――映画『ある精肉店のはなし』」『ＴＯＫＹＯ人権』第六一号、二〇一四年）。そして当時の大学生が多摩市の映画祭で上映したことを報じた新聞記事においても、学生をつうじて語られているのは「と畜産業」への差別のみであった（『朝日新聞』二〇一四年五月三日）。しかし纐纈が、取材をした「北出さん一家」から部落問題を理解してもらうことを求められ、そしてそれに応じたように、そこには確実に部落問題が存在しているのである。

しかし、部落問題は解消に向かっているからことさら問題にする必要はない、啓発や教育の対象にすらする必要はないという見解は執拗に存在する。そしてそれは一部で先にみたような若い世代の意識とも付合する。その背後には、部落問題は封建遺制であり資本主義化・近代化によって解消されていくとする考え方があり、本書はそれに対する反論の意味も込めて書かれたものであった。今日では、部落問題を日本的近代の特殊性によって説明する議論は後景に退き、研究レベルではむしろ差別問題を近代一般のなかに位置づける近代批判のコンテキストの方が主流となっており、封建遺制論はほぼ姿を消した。しかし、相変わらず現実の対応のレベルでは影響力をもっている。

なぜ部落問題のみが解消傾向を強調され、対策不要論が横行するのか。これだけ人権の重要性が喚起されるようになるなかで、他の差別問題もまた、おおむねかつてより「解消」に向かっているといいうるはずで、そこには明らかな非対称性が存在する。部落問題は不可視であるがゆえに我々の日常世界のなかに深く入りこんでおり、それだけに部落問題と接点をもつことに怯える人々によって、いっそう「無化」が加速されるのであろう。

二〇一三年に行われた「東京都 人権に関する世論調査」によると、「かりにあなたのお子さんの結婚しようとする相手が、同和地区出身者であることがわかった場合、あなたはどうしますか」という問いに対して「子供の意志を尊重する。親が口出しすべきことではない」との回答は四六・五%にすぎず、残りは「絶対に結婚を認めない」(四・三%)も含めて強弱の差はあれ抵抗が見られる。仮に「認めて」もらったとしても、「しかたがない」と思われているること自体が当事者を傷つけることはいうまでもない。被差別部落出身者は、顕在化するかどうかは別にしても、約二分の一の確率でそうした対応を受けることになる。このことをもってしてもなお、もう差別はないといいうるのだろうか。本論で述べてきたような人種主義による境界は、いまだこうして保持されようとしているのである。

「人権」への流し込み

一九六九年に同和対策事業特別措置法としてはじまった特別措置法が、二〇〇二年三月をもって廃止され、残された問題は一般対策のなかで行われることになった。これまで「同和対策」「同和教育」が「人権」に置きかえられていったことも、部落問題のあり方に影響を及ぼした。人権問題のなかで対応するというたてまえのもと、長い歴史をもちながらも理解の難しく〝やっかいな〟部落問題はこれを機に避けられてしまう場合が少なくない。かつては教員免許取得に必須であった同和教育の授業も「人権教育」と名称が変更になったことによって、首都圏の大学などでは「人権教育論」などのなかからも部落問題はほとんど消え失せ、部落問題を何も知らないまま教員になる者が数多く生み出されている。いうまでもなく、人権全般に視野を広げることは重要である。しかし、それはともすると、耳心地のよい、誰も傷つくことのない「人権」への部落問題の流し込み、ないしは〝解消〟につながりかねない。

「他者感覚」をもつこと

丸山眞男が、「人権」は「言葉の天下り」すなわち「お説教」に陥りかねないと警告するように(「人権からみた日本」初出一九九三年一〇月、丸山眞男手帖の会編『丸山眞男話文集』続2、みすず書房、二〇一四年、一五一頁)、人権意識は、個別具体的な問題を見つめることによって獲得され陶冶されるものである。丸山が民主主義の根幹をなすものとして一貫して説くのが「他者感覚」であり(5)、丸山はこのように述べる。「日本人はとかく自分の像を相手に投影してしまうか、でなければ「関係ないや」かどちらかです。日本の明治以来の外国認識のあらゆる間違いはそこに根ざしている。中国に対する認識が根本的に誤まっていたというのも、他者感覚がないからです。同じ漢字でしょ。「同文同種」なんて言っていた」。丸山は、「他者感覚がないところには人権の感覚も育ちにくい」という(「日本思想史における「古層」の問題」初出一九七九年『丸山眞男集』第一一巻、一七五〜一七七頁)。若い世代が部落問題を「知らない」というのも、「関係ないや」による「他者感覚」の欠如であろう。丸山は、「知性の機能とは、つまるところ他者をあくまで他者としながら、しかも他者をその他在において理解することをおいてはありえない」(傍点、原文)(「現代における人間と政治」初出一九六一年『丸山眞男集』第九巻、四四頁)と述べた。普遍的人権とは、自分の所属する集団以外の、自己の利害に関わること以外のことについての他人の問題を自分事として考えられることであり、「内と外」を打破しなければならない。

日本社会の問題の「カナメ」

二〇二〇年の年明けから広がった新型コロナウイルス感染症をめぐっても、「閉じた社会」がもたらす差別が明るみに出てきている。なかでも気になったのは、感染の情報を把握していてしかるべき関係者にまでもひた隠しにしてしまうあり方であった。人権が守られるということは感染がわかっても差別されない社会をつくることであるはずだが、ひたすら感染の事実を隠蔽しようとする態度は、「部落民」であっても差別されないことを訴えてきた部落解放運動から何も学び得ていないことの証左ではないか。コロナ差別を支える社会の構造は、すでに丸山が指摘した「閉じた社会」=「部落共同体《むら》」そのものである。

二〇二〇年五月、アメリカのミネアポリスでアフリカ系米国人が警察官に殺害されたことに端を発したＢＬＭ(Black Lives Matter)の運動についても、〝よそ事〟としないで、日本社会の差別、ことに創られた「人種」としての部落差別問題を振り返ってみるきっかけになってもよかろう。

実は丸山とも普遍的近代を希求するという基本的な考え方において一致するところの多かった竹内好は、かつて、「私がなぜ部落問題に関心をもつかといえば、日本の社会の問題、日本の文化の問題、ひいては文明観そのものを考える上に、部落問題は絶対にはずしてはならぬ視点だと思うからである」(「雑誌『部落』百五十号を祝って」初出一九六二年『竹内好全集』第一二巻、筑摩書房、一九八一年、四九七頁)といい、「日本の問題を考える上にどうしても抜かしてはならぬカナメの部分」と称した(「沖縄から部落まで」初出一九五九年『竹内好全集』第九巻、一九八一年、三一六頁)[6]。非当事者が差別はないといい切ってしまうことの暴力性、「他者感覚」の欠如、そのような土壌は日々我々が生きている社会のなかにある。そして我々は、「閉じた社会」の根幹にあって自立した個と自由な議論による民主主義を妨げてきた天皇制を克服できずにいる。それは、丸山や竹内が変革を希求してやまなかったものである。

一九六三年生まれの角岡伸彦は、一九九九年、『被差別部落の青春』(講談社)と題して「新しい部落民」の登場を宣言した。それは、差別の厳しさばかりを強調するのでもなく、差別はもうなくなっているという楽観論でもない、「その間」を生きる人々であった。それから二〇余年が過ぎた今、一九七〇年代半ばから八〇年代生まれを中心とする人々が集う「BURAKU HERITAGE」というグループが、「「わたし」という主語で部落について語ること」により部落問題についての理解を促すべく活動を展開している(https://www.burakuheritage.com/)。私たちは、そうした「新しい部落民」の声にも耳を傾けつつ、今日にいたるまで部落問題を内包し続けてきた日本の近代社会を問い続けていかねばならない。

注　記

はじめに

（1）杉之原寿一『部落の現状は いま――総務庁・全国同和地区調査結果』部落問題研究所、一九九五年、二〇頁。

（2）近代社会成立期については、ひろたまさき「解説」（ひろた『〈日本近代思想大系22〉差別の諸相』岩波書店、一九九〇年）が、社会の「視線」に着目することによって、民衆自身の問題をも視野に入れて論及している。なお、従来の部落史研究に関する私なりの把握は、「近代日本と部落問題研究の状況」（小林茂・秋定嘉和編『部落史研究ハンドブック』雄山閣、一九八九年）、および「近代部落史研究の課題」（『こぺる』一二号、一九九四年三月）で述べた。

（3）たとえば藤田敬一「部落解放運動をめぐって」『社会主義と労働運動』一九九六年八月。

（4）同じく「同化」と「異化」という概念を用いたものに、沖縄のアイデンティティを探る大城立裕『同化と異化のはざまで』（潮出版社、一九七二年）や、社会学のアプローチによって「「在日」若者世代のアイデンティティ葛藤」（副題）を描き出した、福岡安則・辻山ゆき子『同化と異化のはざまで』（新幹社、一九九一年）がある。

（5）たとえば、八木晃介「部落問題の社会学」（〈講座差別の社会学2〉栗原彬編『日本社会の差別構造』弘文堂、一九九六年）は、「要するに、部落解放運動は水平社以来、ともかく〈同化〉を拒否して少数者としての自立をめざし、近代的市民としての解消に対しては否定的なスタンスを保ってきたことになり、その意味では、どちらかといえば〈文化的多元主義〉モデルに近い理想をもっていたことになるだろう」「戦後部落解放運動は、端的にいって、同化(同和)を倫理的には拒否しながら、現実的には同化(同和)路線をひたすら歩み続けてきたのである」(七四頁)と述べて、「同化」=融和=同和とし、水平社運動をそれとは一線を画するものとしてとらえている。

第1章

(1) 詳しくは、ひろた前掲「解説」を参照。
(2) 原田伴彦他監修『近代部落史資料集成』一巻、三一書房、一九八四年、史料番号三七一(以下、「資料一―三七一」のように、資料、巻数、史料番号の順で略記。なお巻によって史料番号の記載がない場合は頁を記す)。
(3) 近年の最もまとまった研究成果としては、上杉聰『明治維新と賤民廃止令』(解放出版社、一九九〇年)がある。
(4) 上杉聰「第三章 賤民廃止令の成立過程」上杉前掲書。
(5) 奥村弘「士族帰農商・戸籍制度・「解放令」――明治維新期の社会編成に関する一考察」部落問題研究所編『近代日本社会の史的分析――天皇制下の部落問題』部落問題研究所出版部、一九八九年。
(6) 丸山眞男「開国」丸山『忠誠と反逆――転形期日本の精神史的位相』筑摩書房、一九九二年、一八二頁。
(7) 網野善彦『日本の歴史をよみなおす』筑摩書房、一九九一年、一四一頁。
(8) 野間宏・沖浦和光『日本の聖と賤 近代篇』人文書院、一九九二年、九九~一〇〇頁。
(9) 丸山前掲論文、一八七頁。

（10）　三重県厚生会編『三重県部落史料集　近代篇』三一書房、一九七四年、二二二頁。

（11）　近年、近代そして現在にいたるまで部落差別の根底に「ケガレ意識」が存在しているとの指摘がなされ、それをめぐる賛否両論が展開されている（座談会「汚れとは何か」①（辻本正教・藤野豊・八木晃介）『解放新聞』一九九七年三月、藤野豊「ケガレ観を問いなおす」『解放新聞』一九九七年七月七日、等）が、重要なのはそのことの当否ではなく、「ケガレ」と称されるものも時代とともに少なくとも変質を遂げているのであり、その内実を問うことであろう。

（12）　たとえば、西川長夫「序　日本型国民国家の形成――比較史的観点から」（西川長夫・松宮秀治編『幕末・明治期の国民国家形成と文化変容』（新曜社、一九九五年）、今西一『近代日本の差別と性文化――文明開化と民衆世界』（雄山閣、一九九八年）等。

（13）　アルベール・メンミ（菊地昌実・白井成雄訳）『人種差別』法政大学出版局、一九九六年、二八頁。

（14）　詳しくは、上杉前掲書、二七七～三〇五頁を参照。なお「解放令」反対一揆については、今西一『近代日本の差別と村落』（雄山閣、一九九三年）のなかで、その研究史整理も含めて詳細な実証研究が行われている。今西は、「解放令反対一揆」という呼称を用いることは「明治政府との対決という積極性が否定され、「解放令」に反対したという側面のみが強調されて、一揆の全否定論になりかねない。また、一揆に参加した農民と被差別民との対立だけが不当に強調される」という理由から「新政反対一揆のなかの部落襲撃の問題として考えてみたいという展望」を明らかにし（同書、二〇三頁）、そのうえで、部落襲撃を、「元穢多の人々も、一般民衆にとっては「異人」であった」（一九頁）として、「異人に対する排外主義と、被差別民に対する差別意識とが結合して行くところに、新政反対一揆での被差別民襲撃という悲劇が生まれる」と説明する（一一四頁）。確かに本稿でも述べたように、すでに外国人起源説も存在していたが、「異人」という認識を前提に論を進めるには無理があり、その点で私も今西前掲書に対する三澤純の書評(『歴史評論』五六五号、一九九七年五月)に同意する。ひろたまさきも「解放令」反対一揆を、異人・異国の世界のものとして「解放令」を認識する流言的世界の異常な心理的雰囲気のなかで引き起こされたものと説明している(ひろたまさき『文明開化と民衆意識』青木書店、一九八〇年、一九八頁)。

(15) 上杉前掲書、二八九頁。
(16) 加藤祐一『文明開化』一八七三年、『明治文化全集』二〇巻、一九二九年、一七頁。
(17) 丸山前掲「開国」一九一頁。
(18) 西村兼文『開化之本』一八七四年、前掲『明治文化全集』二〇巻、四三〇頁。
(19) 横河秋濤『開化の入口』下、一八七三年、同上書、二〇巻、五八頁。
(20) 小熊英二『単一民族神話の起源――〈日本人〉の自画像の系譜』新曜社、一九九五年。

第2章

(1) 有地亨「Ⅱ 近代日本における民衆の家族観――明治初年から日清戦争頃まで」福島正夫編『家族 政策と法』〈7 近代日本の家族観〉、東京大学出版会、一九七六年。
(2) 高橋義雄『日本人種改良論』一八八四年、嘉治隆一編『明治文化資料叢書』六巻、風間書房、一九六一年、五五頁。
(3) 藤野豊「被差別部落」『岩波講座日本通史18巻 近代3』一九九四年、一四一～一四二頁。
(4) 新藤東洋男『部落解放運動の史的展開――九州地方を中心に』柏書房、一九八一年、六二～六四頁。
(5) 中江兆民「新民世界」『東雲新聞』一八八八年二月一四日、二五日(『中江兆民全集11』岩波書店、一九八四年、六四〜六六頁、七四〜七七頁）。

（6）そのうちの一つ「南予　高月平等生」による「呈大円居士足下」（一八八八年三月七日）は、兆民自身の執筆の可能性があるとされている（松永昌三「解題」、前掲『中江兆民全集』一一巻、四四〇頁）。

（7）山本武利『近代日本の新聞読者層』法政大学出版局、一九八一年、八五、および八〇頁―図1。

（8）「貧民の状態」『日出新聞』一八八八年八月一四日、資料三―一九〇頁。

（9）『柳原町史』、京都部落史研究所『京都の部落史』六巻〈史料近代一〉、阿吽社、一九八四年、二四二頁。

（10）『三重県史料　十六』一八八三年、三重県厚生会編前掲『三重県部落史料集　近代篇』三二頁。

（11）従来の研究では、被差別部落の呼称を「旧穢多・非人、新平民」→「特種部落」→「細民部落」という流れでとらえるのが定説であり、そこには「特種部落」移行以前に、コレラと結びつけての「貧民部落」という呼称があったことが抜け落ちているとの野口道彦の批判がある（野口「「部落」の呼称と問題認識の変化――身分的呼称、階層的呼称そして地域的呼称」大阪市立大学同和問題研究室『同和問題研究』一九号、一九九七年、四四頁）。野口も挙げるように、その点は小林丈広「明治期、コレラの流行と被差別部落――京都府下の事例を中心に」（『京都部落史研究所紀要』七号、一九八七年三月）や安保則夫『ミナト神戸　コレラ・ペスト・スラム――社会的差別形成史の研究』学芸出版社、一九八九年）などによって実証されてきた。しかしそれらはいずれも神戸・京都・東京などの都市の場合であり、被差別部落の大部分を占める農村部においては、被差別部落と下層の人々との居住地域を「貧民部落」という概念で一括してとらえられるような状況はほとんど現出しておらず、したがって「貧民部落」という呼称もほとんど用いられることはなかったと考えられる。私はむしろ、大多数の被差別部落では、あくまで下層民衆と「同化」することなく厳然と区別してとらえられ差別されてきたことこそが重要であると考えている。

(12) ジュリア・クセルゴン(鹿島茂訳)『自由・平等・清潔——入浴の社会史』河出書房新社、一九九二年、三三頁。

(13) 原田信男『歴史のなかの米と肉——食物と天皇・差別』平凡社選書、一九九三年、一九頁、およびのびしょうじ「近代肉食史の構想」全国部落史研究交流会編『部落史における東西——食肉と皮革』解放出版社、一九九六年、一七八〜一八二頁。

(14) 喜田貞吉「上代肉食考」『民族と歴史』二巻一号、一九一九年七月、一六二頁。

(15) 鳥居龍蔵「穢多の人類学調査」『日出新聞』一八九八年二月、資料四—一一頁。

(16) 藤井乾助「穢多は他国人なる可し」『東京人類学会報告』一〇号、一八八六年一二月、資料三—五五三頁。

(17) 脇田修『部落史に考える』部落問題研究所、一九九六年、三四頁。

(18) 「人種」という概念の含意するところやその機能については、第3章で述べる。

(19) 部落問題研究所編『部落産業の史的分析——三重県上野市八幡部落』部落問題研究所、一九五七年。

(20) クセルゴン前掲書、四三頁。

(21) 文明開化を自由民権運動まで含めてとらえる代表的な研究に、飛鳥井雅道『文明開化』(岩波新書、一九八五年)がある。

(22) 「町村分合取調書」一八八八〜八九年、『松阪市史』一四巻、史料篇・近代一、一九八二年、七一頁。

(23) 部落問題研究所編『都市部落——その歴史と現状』部落問題研究所、一九五九年、六八頁、二六表。
(24)　三重県厚生会編前掲『三重県部落史料集　近代篇』三六〜三七頁。
(25)　資料四─一四〇頁、および「故北村電三郎氏の融和事蹟」『融和事業研究』四五号、一九三七年九月。
(26)　『静岡県浜名郡吉野村事績』一九一九年、『日本庶民生活史料集成』二五巻、三一書房、一九八〇年、六六九、および六七一頁。
(27)　岡本弥『融和運動の回顧──私の小伝』光風文庫、一九四一年、六九頁。
(28)　同上、六七頁。
(29)　それらの一部は、『融和問題論叢』〈部落問題資料文献叢書　別巻一〉（世界文庫、一九七三年）に収められている。
(30)　杉浦重剛「樊噲夢物語」一八八六年、同上書、一一頁。
(31)　同上書、六〜七頁。
(32)　柳瀬勁介『社会外の社会穢多非人』一九〇一年、〈部落問題資料文献叢書　第七巻　第一〉世界文庫、一九七〇年、九三頁。
(33)　M・ボーダッシュ（上田敦子・榊原理智訳）「ナショナリズムの病、衛生学という帝国」『現代思想』一九九七年七月、三七頁。
(34)　柳瀬前掲書、九〇〜九六頁。
(35)　清水紫琴「移民学園」一八九九年、古在由重編『紫琴全集』全一巻、草土文化、一九八三年。
(36)　明治民法の性格については、布施晶子『結婚と家族』〈岩波市民大学　人間の歴史を考える⑤〉（岩波書店、一九九三年）を参照。

(37) 藤谷俊雄は早くにこの事件を紹介しており(藤谷『部落問題の歴史的研究』部落問題研究所、一九七〇年、九八頁)、ほかに川端俊英『『破戒』とその周辺――部落問題小説研究』(文理閣、一九八四年、三八頁)にも言及がある。
(38) 上野千鶴子「恋愛結婚の誕生」〈東京大学公開講座〉『結婚』東京大学出版会、一九九五年。なお、先の「婚姻取消請求控訴事件」における控訴人である男性の場合にも明らかなように、被差別部落民衆も、差別から逃れたいがゆえに、「賤」という印を消滅させて「貴」のピラミッドに連なろうとする志向から必ずしも免れていたとはいえないが、現実には「貴」に連なることから頑なに排除されている状況のなかにあって、結婚は依然その後もかなり長期間にわたって、家柄による見合いではなく自由恋愛が主流をなしたと思われる。のちに三重県水平社発祥の地となる三重県飯南郡鈴止村は、伊勢平野一帯の重要な部落産業である伊勢表(草履表)の生産地帯であったが、そこの青年たちは「ゲンサイ遊び」と称して、伊勢表を編む若い女性たちの作業場に訪ねていって恋愛を成立させていた。いわゆる「ヨバイ」の慣行が衰えることなく維持されていたのである。その範囲は、自分の部落内だけでなく、たとえば鈴止村から一志郡の部落へと、かなり離れたところまで出かけていったといい、結婚もそのなかから成立する場合が少なくなかったようである。この習慣は、戦後まで続いていたといわれている(三重県松坂市在住、田中稔氏ききとり)。
(39) 島崎藤村『破戒』岩波文庫、一九五七年、二六二~二六三頁。
(40) 島崎藤村「山国の新平民」一九〇六年、『藤村全集』六巻、筑摩書房、一九六七年、七七~八四頁。ボーダッシュ前掲論文、三二頁。
(41) 渡部直己は、『破戒』に至るまでの明治期の部落問題を扱った作品について、「ここには、きわめて明瞭な転倒がある。このジャンルの作品が一貫して、人物たちが身にまとう一連の「章《しるし》」を誇張したがるのは、その淵源のひとつに比定された異質な「血脈」というものが、そのじつ現実には目に見えぬものであるからにほかならない」(傍点、原文)と述べる(渡部『日本近代文学と〈差別〉』太田出版、一九九四年、二四頁)。

第3章

(1) 三重県における部落改善政策開始の経緯、ならびにその経過について詳しくは、拙稿「地方改良運動下の部落改善政策――三重県の場合」(部落解放研究所編『論集・近代部落問題』解放出版社、一九八六年)を参照。

(2) 『牟婁新報』一九〇六年一〇月二七日(藤井寿一氏のご教示による)。

(3) 詳しくは、工藤英一「竹葉寅一郎と三重県下の部落改善事業」『福音と世界』三四巻八号、一九七九年八月(工藤『キリスト教と部落問題――歴史への問いかけ』新教出版社、一九八三年、所収)を参照。

(4) 留岡幸助「新平民の改善」『警察協会雑誌』八一号、一九〇七年二月一五日、同志社大学人文科学研究所編『留岡幸助著作集』二巻、同朋社、一九七九年、二八七頁。

(5) 桑名市同和教育資料編集委員会編(寺木伸明・和田勉・黒川みどり監修)『同和教育資料 人権のあゆみ・桑名』史料編、一九九一年、一五一頁。

(6) 前掲「新平民の改善」二八八頁。

(7) 三重県社会課編『三重県融和事業概要』一九二九年、二三～二四頁。

(8) 「特種部落」の呼称は、三重県の政策開始以前にすでに奈良県で用いられていたことを小島達雄「被差別部落の歴史的呼称をめぐって――「特種部落」および「特殊部落」の呼称の形成過程とその時期」(領家穰編著『日本の近代化と部落問題』明石書店、一九九六年)が明らかにし、さらにそれはたんなる従来の「新平民部落」の言い換えであってそこには人種的偏見は含意されていないことを強調している。ただし、その後その呼称は、部落改善政策の展開のなかで人種起源説と重ね合わされながら広まっていったのであり、またのちに喜田貞吉が「一般社会が初めは新平民と云つて居たものを、それがよくないといふので特種部落とした。併し必ずしも、彼等の種族が違ふといふ証拠もなく、徒らに彼等をして不快の念を生ぜしむるのに省みてか、更にそれを特殊と文字を取りかへた」(「特殊部落といふことに就て」『民族と歴史』三巻七号、一九二〇年六月、資料九―四二八頁)と述べていることに明らかなように、少なくとも「特種部落」というその呼称は、当時の人々にも人種起源説を想起させるものであった。

(9) 野口前掲論文「「部落」の呼称と問題認識の変化」五二～五三頁。

(10) メンミ前掲『人種差別』一一、および一八一頁。酒井直樹もまた、「すでに多くの指摘があるように、人種という概念を「合理的」に説明することは非常に困難である。生理的あるいは生物学的な外観によってひとを区分けするために、人種は、一八―一九世紀の骨相学や人相学が科学的な学問と考えられたように、自然科学的な概念と思われることがあるが、社会的かつ審美的な判断を自然科学的に断定しようとする試みを含んでいて、それ自身は自然科学の概念とは認めがたい」と述べている(酒井『死産される日本語・日本人――「日本」の歴史-地政的配置』新曜社、一九九六年、二一五頁)。

(11) 酒井前掲書、二一六頁。

(12) この点に関連して、冨山一郎は、一八七〇年代半ばごろの人類学における「アイヌ」や「琉球人」に対する分類では、「観察される客体である「アイヌ」や「琉球人」は、自己と他者の限界をふちどる多くの徴候にまみれ、たえず言及されるのに対して、「日本人」自身は直接言及されないまま、沈黙しつづける」ことを指摘する（冨山「国民の誕生と「日本人種」」『思想』八四五号、一九九四年一一月、三九頁）。

(13) ナチ体制下のドイツに典型的に見られるように、進化論に象徴される「生物学革命」に多くを負い、「人間の遺伝的劣化を防止し、優れた遺伝形質を保護しようとする優生学」と結びついたものとして「人種主義」をとらえる場合が少なくないが（石田勇治「人種主義・戦争・ホロコースト」『岩波講座世界歴史24 解放の光と影』一九九八年、等）、ここではそのような意味には用いない。

(14) 私は、一九八四年三月提出の修士論文「近代日本における部落問題」で、当該時期の被差別部落観を「特種部落」観と称し、それがこの日露戦後の部落改善政策を通して民衆レベルに浸透していくことを明らかにしており、その後、藤野前掲論文「被差別部落」において「特殊部落」観として論じられた。本稿ではすでに述べたような意味での「人種主義」的認識を重視し、人種主義と称する。

(15) 「第二回 我国の特殊救済事業」、前掲『留岡幸助著作集』二巻、五九六〜五九七頁。

(16) 冨山前掲論文、四七頁。

(17) 小林丈広はこの点を「差別と統合」と表現し、「地方改良運動期に官僚らによって注目された「部落問題」とは、賤視された悪循環に陥った下層社会を「国民」国家の一部として組み入れていこうという問題意識であり、「特殊部落」という概念は差別と統合という二側面を同時に体現していた」と述べている（小林「日本の近代化と部落問題の形成――衛生問題を通して」全国部落史研究交流会編『部落史研究1 多様な被差別民の世界』解放出版社、一九九七年、六八頁）。

(18) 詳しくは、前掲拙稿「地方改良運動下の部落改善政策」を参照。

(19) 『朝日新聞』京都版、一九〇八年六月六日、資料四―一七八。吉村は同時期に、「吾人の見たる特種部落」(『警察協会雑誌』一〇〇〜一〇二号、一九〇八年九・一〇・一一月、資料四—一八二頁)を著している。

(20) 留岡幸助「細民部落改善の概要」『警察協会雑誌』一四五号、一九一二年六月、資料五—六二頁。

(21) 徳島県内務部『徳島県部落改善資料』一九一〇年、三六頁。

(22) 和歌山県海草郡役所「世俗「新平民」ニ対スル調査ノ件通牒」資料四—二六七頁。

(23) 内務省地方局「細民部落改善参考資料」一九一四年編輯、資料六—四五頁。

(24) 笑鵬子「経国済民/特殊部落の研究」『土陽新聞』一九一一年六月一一日、資料五—四四〇〜四四一頁。

(25) 前掲「細民部落改善参考資料」資料六—三五頁。

(26) とくに関東においては、牛よりも豚の屠畜が主流であり(のび前掲「近代肉食史の構想」一九一一頁)、岐阜県もその文化圏に属するといえよう。

(27) 楠原常治「香川県に於ける屠場に関する調査」『肉と乳』一巻一〇号、資料五—三二五頁。

(28) 屠場法施行の背景やその意図について論じたものに、のび前掲論文がある。

(29) 『神前村治績資料綴』。詳しくは拙稿「四日市市域における被差別部落の近代——今後の研究推進のための中間報告」(『四日市市史研究』六号、一九九三年三月)を参照。

(30) 藤野豊「部落問題と優生思想」『部落解放研究』一〇〇号、一九九四年一〇月、および同「「特殊部落」観克服の模索」『部落問題研究』一二八輯、一九九四年四月。

(31) 反差別国際連帯解放研究所しが編『語りのちから——被差別部落の生活史から』弘文堂、一九九五年、六六〜六七、および二〇四頁。

(32) 上野前掲「恋愛結婚の誕生」。

(33) 竹永三男「第六章　地域社会の秩序構造と部落問題――水平運動の課題をめぐって」竹永『近代日本の地域社会と部落問題』部落問題研究所出版部、一九九八年、二五二頁。
(34) 藤野前掲「部落問題と優生思想」一二六頁。
(35) 大逆事件が部落問題に与えた影響については、藤野豊『同和政策の歴史』(解放出版社、一九八四年、八〇～八三頁)を参照。
(36) 留岡に関する研究に、高瀬良夫『一路白頭ニ到ル――留岡幸助の生涯』(岩波新書、一九八二年)、室田保夫『留岡幸助の研究』(不二出版、一九九八年)などがあり、また彼の部落問題とのかかわりに焦点を絞って論じた研究に、藤野豊「留岡幸助と部落問題」(前掲『論集・近代部落問題』)がある。
(37) 『警察協会雑誌』八七号、一九〇七年八月一五日、前掲『留岡幸助著作集』二巻、二九〇～二九三頁。
(38) 賀川豊彦『貧民心理の研究』一九一五年、『賀川豊彦全集』八巻、キリスト教新聞社、一九六二年、四四頁。
(39) 万年小学校長阪本竜之輔「所謂細民教育なるものに就て」『慈善』六編三号、一九一五年一月、資料六一―一〇二頁。
(40) 北原泰作『賤民の後裔――わが屈辱と抵抗の半生』筑摩書房、一九七四年、三五頁。
(41) 『本願寺史』三巻、浄土真宗本願寺派同朋運動変遷史編纂委員会編『同朋運動史資料』一巻、浄土真宗本願寺派出版部、一九八三年、一七頁。なお「宗規綱領」の歴史的意義については、大桑斉「浄土真宗の近代化――『宗規綱領』をめぐって」(『歴史公論』九巻一号、一九八三年一一月)に詳しい。
(42) 多田覚円「本願寺教団と部落問題――教団改革の視点から」『部落問題研究』六九輯、一九八一年一一月、四〇頁。

(43) そのような教団の姿勢は、一九〇〇年前後になると、被差別部落民衆によってしばしば差別事件として告発された。一八九九年四月、奈良県磯城郡田原本(原文では俵本と表記)の浄証寺で蓮如上人四百回忌の法要が行われた際に、会奉行がそこに招かれた被差別部落僧侶三四名に宗規で定められた座席を与えなかったことに発した列座差別事件(岡本前掲『融和運動の回顧』三八〜三九頁)や、一九〇二年五月に起こった和歌山県教念寺での布教師差別事件などがよく知られており(同上、六〇〜六六頁)、とりわけ後者の事件は、同年九月の大日本同胞融和会結成の契機となったものである。

(44) 鈴木良「解説 雑誌『明治之光』とその時代」大和同志会機関誌『明治之光』(下)兵庫部落問題研究所(復製版)、一九七七年。

(45) 阪本清一郎・栗須喜一郎他「座談会 水平社創立大会をめぐって」『荊冠の友』八号、一九六七年二月、三頁、阪本清一郎発言。

(46) 帝国公道会機関誌『公道』二巻七号、一九一五年一〇月、三頁。

(47) 帝国公道会『会報』一号、一九一四年九月一五日。なお帝国公道会設立の経緯については、藤野豊「融和団体「帝国公道会」史論」(『覆刻 社会改善公道』別巻、西播地域皮多村文書研究会、一九八四年)に詳しい。

(48) 大江天也「可憐民族の来歴及現状」『会報』二号(一九一四年一一月)〜『公道』二巻六号(一九一五年九月)。

(49) 大江天也「我国旧賤族の由来」『公道』二巻一号(一九一五年四月)〜三巻二号(一九一六年三月)。

(50) 小熊前掲『単一民族神話の起源』一一三頁。

(51) 医学士山川三郎「貧民を如何に処分す可きか」『社会及国家に関する一匡社の主張及研究』二巻

一号、一九一四年一月、九七頁。
(52) 北原前掲『賤民の後裔』六〜七頁。
(53) 詳しくは、藤野前掲「融和団体「帝国公道会」史論」を参照。
(54) 広田正敏奈良県書記視察談「北海道殖民地並に移住民状況一斑　附移住者其後の情報」一九一四年、資料六―八一〜八二頁。
(55) 中央社会事業協会地方改善部『北海道移民実状調査』（部落問題研究所三好文庫蔵）。
(56) 「特殊部落の激昂／一千の団衆市長を囲む」『朝日新聞』大阪版、一九一三年三月三〇日、資料六―一八二頁。
(57) 「細民部落改善の困難」『中外日報』一九一三年三月一六日、資料六―一九二頁。
(58) 島根県簸川郡農会講師藤原智旭「模範的の特殊部落」『斯民』一一編七号、一九一六年一〇月、資料六―二二五頁。
(59) 「細民窟の改善／原天随氏の美徳」『中外日報』一九一三年八月二五日、資料六―一二八頁。
(60) たとえば、奈良県「第一回　管外矯風事務視察報告書（抄）」『明治之光』六巻八号、一九一七年八月、一四頁。
(61) 本会特別賛助員広島県佐伯郡長山根蕭「細民部落改善の三則」『斯民』八編一二号、一九一四年三月、資料六―二三八頁。
(62) 「宇津呂村の陳情」『朝日新聞』京都版、一九一六年二月二四日、資料六―一五二〜一五三頁。
(63) 「郡市長会議に於ける大久保知事の訓示及諮問」『救済研究』一巻一号、一九一三年八月、資料六―一六四頁。
(64) 新田帯革製造所々主新田長次郎「新田製革工場の衛生状態に就て」『救済研究』四巻九号、一九一六年九月、資料六—一七五頁。

(65) 大阪府監察官中村三徳「下層民の生活状態に就て」『救済研究』四巻一〇号、一九一六年一〇月、資料六—一八〇頁。

(66) 奈良県「矯風事業現況一斑」一九一四年、資料六—二〇三頁。

第4章

(1) 拙稿「第五章 米騒動と水平運動の形成——三重県の場合」藤野豊・徳永高志・黒川みどり『米騒動と被差別部落』雄山閣、一九八八年。

(2) 近年、米騒動が魚津で起こったのは七月一八日であるとする説が出されている(田村昌夫・玉川信明・井本三夫『いま、よみがえる米騒動——特高資料発見』新興出版社、一九八八年)。

(3) 「米騒動日表・統計」井上清・渡部徹編『米騒動の研究』五巻、有斐閣、一九六二年、四五五～四九五頁。

(4) 松尾尊兊「シベリア出兵と米騒動」『週刊朝日百科 日本の歴史』一一一号、一九八八年六月五日、一一～一四頁。

(5) 井上・渡部編前掲書、一巻、一九五九年、一一二頁、および藤野豊「第二章 米騒動における被差別部落主導論の成立」前掲『米騒動と被差別部落』等。

(6) 雲林院村の米騒動について詳しくは、前掲拙稿「米騒動と水平運動の形成」を参照。

(7) そこには「某高官談」とあるが、内容が『新愛知』一九一八年八月二二日(資料七—二四一頁)に掲載された小橋一太次官の談話とほぼ同じであることから、これも小橋のものと思われる。

(8) 天野藤男は処女会中央部を組織し、青年団・処女会の指導者を務めたが、それから間もない一九二〇年には内務省を辞し、翌二一年一〇月には病のため三四歳で亡くなった。

(9) 米騒動について「差別裁判の性格があった」との指摘は、「三　米騒動「事件」と裁判」（吉田樹美子執筆、井上・渡部編前掲書、五巻、二一三頁）においてなされている。三重県の場合における検挙から起訴にいたる間の差別性については、前掲拙稿「米騒動と水平運動の形成」を参照。

(10) 法学士大井静雄「騒擾原因の探求」『雄弁』一九一八年一一月、資料八―三七九～三八〇頁。

(11) 大木遠吉「穢多解放論」『実業之世界』一九一八年一二月、資料七―三七九頁。

(12) 後述の全水青年同盟の指導者であり、『特殊部落一千年史――水平運動の境界標』の著者として知られる高橋貞樹は、その著書のなかで、「屠夫は其の職業の性質上極めて戦闘的である。西班牙《スペイン》の闘牛士のごとき精悍なる意気と不屈の精神を有する。（中略）この屠夫が産業的に団結するのは難いが、一度結束すれば大いなる力となり得る」（高橋『特殊部落一千年史』一九二四年、〈部落問題資料文献叢書　第一巻〉世界文庫、一九六八年、三二九頁）と記しており、高橋自身は、そこに近代的労働者としての団結の力を発揮しうる可能性を見いだすものであったが、そのような認識がひとたび差別意識と結合すれば、それはたちまちにして強い恐怖意識に転化することとなろう。

(13) 大木遠吉「米騒動と特殊部落」『大観』一九一八年一〇月、資料七―三六二頁。

(14) たとえば「特種部落民と騒擾」『読売新聞』一九一八年八月二〇日、資料八―二六四頁。

(15) 米騒動時の新聞報道、その直後の評論のほとんどがそれらの呼称を使用していたことは、資料八―二六三～三八九頁に明らかである。

(16) 文学博士遠藤隆吉「全国の米騒動と婦人(一)　中流の婦人の生活難と不平」『婦人世界』一九一八年一〇月、資料八―三五八頁。

(17) 大沼保昭「遥かなる人種平等の理想――国際連盟規約への人種平等条項提案と日本の国際法規」

大沼編『国際法、国際連合と日本』弘文堂、一九八七年。ほかに、部落問題とのかかわりについても論じた林宥一「五　民族解放と差別撤廃の動き」(金原左門編『大正デモクラシー』〈近代日本の軌跡四〉、吉川弘文館、一九九四年)がある。

(18) 小熊英二は、日本は「国民」内部に差別が存在することに比較的無頓着であったというが(小熊「「国民」化という支配――多民族帝国としての「日本国民」概念」『歴史学研究』増刊号、六九〇号、一九九六年一〇月)、部落問題の存在は、少なくとも米騒動以後は、差別を内包していることに「無頓着」ではいられないだけの衝撃力をもって立ち現れたと考えられる。

(19) 赤澤史朗『近代日本の思想動員と宗教統制』校倉書房、一九八五年、五六頁。

(20) 内務省地方局長添田敬一郎「部落の現況と改善に関する施設概観」『民族と歴史』二巻一号、一九一九年七月、二五二頁。

(21) 山田野理夫『古代史の先駆者喜田貞吉』農山漁村文化協会、一九八一年、八四頁。

(22) 鹿野政直『近代日本の民間学』岩波新書、一九八三年、および小熊前掲『単一民族神話の起源』。

(23) 喜田貞吉「特殊民構成の三大要素――「古代社会組織の研究」序論」一九二〇年四月、『喜田貞吉著作集』一〇巻、平凡社、一九八二年、三一六頁。

(24) 「特殊部落解放運動」『学窓日誌』一九二一年、『喜田貞吉著作集』一三巻、平凡社、一九七九年、および鹿野前掲『近代日本の民間学』一六五頁。

(25) 広島県共鳴会趣意書『広島県融和事業概況』一九三七年、渡部徹・秋定嘉和編『部落問題・水平運動資料集成』三巻、三一書房、一九七四年、九〇〇頁(以下『集成』と略記、巻数、頁の順に記載)。

(26) 成澤伍一郎「信濃同仁会の十八年を顧みて――主として創立時代の思出」『融和事業研究』四四号、一九三七年七月、一六二頁。

(27) 林前掲「五 民族解放と差別撤廃の動き」一一一頁。
(28) 大島不尽「誤まられたる部落問題」『中国民報』一九一九年七月、『融和問題論叢』〈部落問題資料文献叢書 別巻二〉、世界文庫、一九七三年、二〇四〜二〇六、および二〇九頁。
(29) 前田の部落解放論の主な軌跡は、天野卓郎編『前田三遊論集』〈部落問題資料文献叢書 第七巻第二〉世界文庫、一九六九年）にまとめられており、彼の経歴も同書所収「三遊・前田貞次郎年譜抄」から知りうる。
(30) 前田三遊「同胞相愛の涙を掬ふて」『表現』二巻六号、一九二二年六月一日、資料一〇―四六八頁。
(31) 詳しくは秋定嘉和「融和団体同愛会試論」（大阪府立大学『部落問題論集』二号、一九七八年三月）、藤野豊「融和団体「同愛会」史論」（『歴史学研究』四八五号、一九八〇年一〇月）、を参照。
(32) 柳田毅三「一般の皆様に」『愛に満てる世を望みて』一号、一九二二年二月、三九頁。
(33) 岡田鉄拳「死生の巷より」同上、二五、および三〇頁。
(34) 「有馬頼寧日記」一九二二年一月一日、（八）『部落問題研究』一〇四号、八五頁（有馬の日記の一部を、藤野豊・黒川みどり〈史料紹介〉「有馬頼寧日記」（一）〜（一〇）（『部落問題研究』八六〜一〇八輯、一九八六年二月〜九〇年一一月）として翻刻しており、以下有馬の日記は総てそれからの引用であり、「日記」と略記し、連載回数と『部落問題研究』輯数、頁数を記す）。
(35) 帝国公道会の勢力が後退してく過程については詳しくは、藤野前掲「融和団体「帝国公道会」史論」を参照。
(36) たとえば「日記」（一九二一年三月三一日）では、「私ハ学習院は好きだし又よい学校だとも思ふけれどやはり廃止するのを最良と思ふし若し置くなら根本的の改良が必要だ」（（八）一〇四号、九八頁）

と述べる。

(37) 長野県上田市輝外生「部落民の叫び」『愛に満てる世を望みて』一九二二年二月、三七〜三八頁。

(38)「応問・問(特殊部落の女との結婚)」『丁酉倫理講演集』一九三号、一九一八年九月、資料九—三八三〜三八五頁。

(39) 上野千鶴子によれば、庶民の間に長く行われてきたヨバイ習俗が崩れて恋愛結婚から見合い結婚にとって代わるのは明治末から大正期にかけてのことであり、さらにその後に見合い結婚が恋愛結婚にとって代わるプロセスがもう一度起きて今日につながるというが(上野前掲論文、六九頁)、私は当該時期には、庶民への見合い結婚の普及の時期と一部重なり合う形で、それに抗する恋愛結婚の機運が起こってきていたとみる。

(40) 島崎藤村『文化生活の基礎』一九二三年五月、部落問題研究所編『水平運動史の研究　資料篇上』二巻、部落問題研究所出版部、一九七七年、四七一頁(以下『研究』と略記し、巻数、頁数の順に記す)。

(41) 報知新聞記者野田兵一「小作組合と水平社　無産者運動の一考察」『農政研究』三巻七号、一九二四年七月一日、『研究』二—四七五頁。

(42)「部落の人人に代りて(HS生)」『民族と歴史』六巻三号、一九二一年九月、資料一〇—四四一頁。

(43) 部落解放研究所編『部落解放史——熱と光を』中巻、解放出版社、一九八九年、一四一〜一四三頁。

(44) 喜田前掲「上代肉食考」一六九頁。

(45) 大門正克『近代日本と農村社会——農民世界の変容と国家』日本経済評論社、一九九四年、五三、および七三〜七四頁。

(46)　三重県阿山郡東拓植村の被差別部落では、部落住民全員の姓に特定の漢字が入れられており、そのような部落民であるという「印」から解放されるために改姓は部落住民の悲願であったが、それが実現したのは一九二五年のことであった（伊賀地区同和教育研究協議会部落史研究専門委員会のご教示による）。
(47)　「北海道植民に関する件通牒」一九一八年七月二四日、資料九―一四二頁。
(48)　喜田貞吉「学窓日誌」『民族と歴史』七巻四号、一九二二年四月、資料一〇―四七六頁。
(49)　松尾尊兊「第七章　部落改善より部落解放へ」松尾『大正デモクラシー』岩波書店、一九七四年。
(50)　松尾前掲書、一九〇頁。
(51)　玉井小次郎「部落出身の先輩諸公へ」『愛に満てる世を望みて』一九二二年二月再版、四九～五一頁。
(52)　上田音市の後年の回想では、「徹心同志会」や「鉄心同志会」とするなど名称が一定していないが、当時の差別撤廃演説会を報じる『大阪朝日新聞』（東海版、一九二二年四月一三日・二三日）には、一貫して「徹真同志社」が用いられていることから、この名称をとった（新聞記事は、西川洋氏のご教示による）。
(53)　上田音市「水平運動・農民運動と共に歩んで」『歴史評論』三九九号、一九七八年七月、五頁。
(54)　この事件について詳しくは、拙稿「三重県における水平運動の成立」（『地方史研究』一七七号、一九八二年六月）を参照。
(55)　詳しくは、同上論文、および前掲拙稿「米騒動と水平運動の形成」を参照。
(56)　記念講演　阪本清一郎「水平社の思い出」『荊冠の友』五号、一九六六年一一月一日。
(57)　西光万吉「水平社が生まれるまで」『西光万吉著作集』一巻、濤書房、一九七一年、四九頁。

(58) 阪本前掲「水平社の思い出」。
(59) 同上。
(60) 「座談会 水平社創立大会をめぐって」栗須喜一郎発言、『荊冠の友』八号、一九六七年二月、五頁。
(61) 全国水平社機関誌『水平』一巻一号、一九二二年七月、三一～三三頁。
(62) 西光万吉「人間は尊敬すべきものだ――『表現』六月号の部落問題を読んで」『水平』二号、一九二二年一一月、前掲『西光万吉著作集』一巻、二四頁。
(63) アルベール・メンミは、「第一段階では、支配者が被支配者に対して己れの差異を主張し、第二段階では、被支配者が支配者に対して己れの差異の権利回復要求」をするが、そのような「振り子の揺れ戻し」の際に、「自己拒否から過大評価へ」、「過小評価されたから、今度は過大評価する」という過ちを犯す危険性を指摘する(メンミ前掲『人種差別』五二～五三頁)。
(64) その点を指摘した早いものとしては、渡部徹「部落解放運動史の研究視角」(『部落解放研究』創刊号、一九七二年一〇月)がある。
(65) 福岡地方裁判所検事長谷川寧「水平運動並に之に関する犯罪の研究」司法省調査課『司法研究』第五輯報告書集四、一九二七年(以下『司法研究』と略記)、水平運動編、五一頁。
(66) 阪本清一郎談、前掲「水平社の思い出」四頁。なお天皇を京都に迎えるとあるのは阪本の記憶の誤りで、実際には奈良の計画であった。
(67) 全九州水平社『水平月報』二号、一九二四年七月一日、福岡部落史研究会発行復刻版、部落解放史史料叢書四、一九八五年。
(68) 三重県青年水平社については、詳しくは前掲拙稿「三重県における水平運動の成立」九二～九三頁、を参照。

(69) 前掲『西光万吉著作集』一巻、一二二頁。なおこの戯曲は、藤範晃「部落解放問題と文芸」(『融和事業研究』三号、一九二九年一月)にも紹介されている。

(70) 野口義明「世良田村水平社襲撃事件顚末」『青年』一九二五年四月、『研究』二―二八一頁。

(71) 時事新報記者吉井浩存・水平社同人平野小剣纂著『この差別を見よ』一九二五年五月、『集成』補一―二二五頁。

(72) 丸山眞男「一　超国家主義の論理と心理」『増補版　現代政治の思想と行動』未来社、一九六四年、二六頁。

(73) メンミ前掲書、二頁。

(74) 一九二四年一二月、山口県深川水平社差別糾弾事件『思想調査』一九二八年二月、『研究』二―三五三頁。

(75) 一九二四年六月、熊本県鹿本郡三玉村民差別事件『思想調査』一九二八年二月、『研究』二―三四七頁。

(76) 中川誠三第一回検事聴取書、一九二九年三月八日、「日本共産党検挙(三・一五、四・一六)事件、水平社関係被告人訊問調書」『集成』二―一〇九頁。

(77) 高橋幸春『絶望の移民史――満州へ送られた「被差別部落」の記録』毎日新聞社、一九九五年、七六〜七八頁。

(78) 内在的理解という点では、むしろ次の二者の方が優れていたといえよう。土田杏村「水平社中学の設立」(『文化運動』一九二四年七月、『研究』二―四七六〜四七九頁)。生田長江「水平運動について」(『防長水平』一九二四年九月、同上、四八三頁)。後者は次のようにいう。「水平社の諸君が諸君自身を反省し訓戒する言葉としてならば格別、所謂「君子の態度」や「紳士的境域」などを今日の一般民から要求してよいものであらうか。(中略)我々は水平社諸君に対して冷静の態度を要求するに先だち、我々自らいかなる態度に出たならば、諸君をして冷静ならしめ得べきを、真剣に考へて見るべきではあるまいか」。

(79) 中村孝太郎「賤視観念除去を目標とせる階級闘争論の批判」『融和事業研究』九号、一九三〇年二月、五八頁。

(80) 『愛国新聞』ならびに三重県水平社の人々が無産階級運動に進出していく過程について詳しくは、拙稿「解説」『復刻 愛国新聞』不二出版、一九九〇年一一月、を参照。

(81) 「全関東青年連盟大会 革新の旗高く翻る」『自由』二巻六号、一九二五年六月。

(82) 藤野前掲『同和政策の歴史』一七二〜一七四頁。

(83) 楠本寛「部落問題に於ける融和運動の立場と使命」中央融和事業協会機関紙『融和時報』二巻一〇号、一九二七年一二月。

(84) ただし日本共産党の指導の影響を受けることについては、「水平運動がそのことによつて他の運動に利用されざらんことであるが、この点は指導者の自重と戒心に待つより外はないであらう」(前掲「部落解放運動としての融和運動」八三頁)と述べている。

(85) 藤範晃「青年期と融和運動」『融和事業研究』一号、一九二八年七月、九三頁。

(86) 山本正男「水平運動の凋落過程と新展開の正否」『融和事業研究』三号、一九二九年一月。

(87) 内海正名「新自覚運動の提唱」『融和事業研究』五号、一九二九年六月、四一頁。

(88) 山本は、「私が部落の経済問題に特に深い関心を持つようになった」のは世界的経済恐慌以来のことであったと後年述べている(山本政夫(山本正男の本名)『我が部落の歩み』和光クラブ、一九七八年、一七〇頁）。

第5章

（1）　酒井は次のように述べる。「差別され冷遇されるかもしれないという潜在的な恐れをもたざるをえない立場にある人びとが、「自己憐愍《れんびん》」を共同体全体に投射し、共同体との暴力的かつスケープゴートを伴う自己同一化を企てることになるのである。自らを「かわいそう」だと思う国民は、共同体の全体に対して「憐愍」を要求し、全体性との関係で「憐れみ」を要求する、自己顕示的主体として自らを構成することになる。まさに自らを被害者として規定するために、共同体への自己同一化の身振りとして、「共同体の敵」に対して気楽に残酷になれる。そして統制的実体性は、こうした擬制的共感の共同体が紡ぎだされるときの枠組みとしても機能する。これは、天皇がこうした共感の共同体の想像的保証者として表象され、戦前の「一視同仁」「無限抱擁」といった決まり文句が、密かに自己憐愍の主体としての個人としての国民を誘惑した理由のひとつではないだろうか」（酒井前掲『死産される日本語・日本人』一四四〜一四五頁）。

（2）　衡平社に関する研究の一つに、金永大（翻訳編集委員会編訳）『朝鮮の被差別民衆――「白丁」と衡平運動』（解放出版社、一九八八年）があり、その巻末に研究文献一覧が紹介されているため、ここでは本書を挙げるにとどめる。

（3）　藤野豊『水平運動の社会思想史的研究』雄山閣、一九八九年、五三〜五五頁。

（4）　中央融和事業協会『経済更生への道』一九三二年九月、『集成』三―七八頁。

（5）　中央融和事業協会『部落産業経済概況』一九三二年、『集成』補二―一一五五〜一一五六頁。

（6）　西成田豊『在日朝鮮人の「世界」と「帝国」国家』東京大学出版会、一九九七年、四一〜四二頁。

(7) 中央融和事業協会編『融和事業関係地区人口・資源其他の概況』一九三九年、一五頁。
(8) 三原容子「水平社創立後の仕事と生活」「大阪の部落史」編纂委員会編『新修大阪の部落史』下巻、解放出版社、一九九六年、一七六～一七九頁。
(9) 河明生『韓人日本移民社会経済史 戦前篇』明石書店、一九九七年、六五～九九頁。
(10) 河上正雄「青年を中心とする融和運動の趨勢」『融和事業研究』一二号、一九三〇年九月、一二四～一二六頁。
(11) 成澤英雄「内部青年カルトに就て 附、青年融和運動の立場」同上、八八頁。
(12) 同上、八八～九三頁。
(13) 「内部自覚運動」から部落経済更生運動への変質については、「自覚の内容を経済的自覚というものに還元してしまう危険性を孕」んでおり、「如何なるイデオロギーであれ受け入れ、利用するというプラグマティックな対応を示した」結果、協同組合主義的運動もしくはファシズム運動の方向性をもつにいたった、との中村福治の評価がある(中村福治『融和運動史研究』〈立命館大学経営学部研究叢書三〉、部落問題研究所、一九八八年、一七三～一七四頁)。
(14) 「時局匡救事業『地方改善応急施設』の実施成績概要と今後の融和事業施設に関する希望意見」『集成』三一九六頁。
(15) 大山峻峰『三重県水平社労農運動史』(三一書房、一九七七年)、拙稿「水平社の無産階級運動への進出(一九二四～五年)——三重県の場合」(『三重県史研究』三号、一九八七年三月)、奈良県水平運動史研究会『奈良県水平運動史』(部落問題研究所出版部、一九七二年)、「Ⅵ 和歌山県日高郡御坊平野小作争議」(農地制度資料集成編纂委員会編『農地制度資料集成』二巻、御茶の水書房、一九六九年)、中村政則「荊冠旗」(中村『労働者と農民』〈日本の歴史〉二九巻、小学館、一九七六年)、新藤前掲『部落解放運動の史的展開』等を参照。
(16) 中央融和事業協会編『融和事業年鑑』一九三四年版、三九四頁。
(17) 一九三三年八月八日の社会局長官訓辞では「一部同胞」という語も用いられている（「彙報」『融和事業研究』二七号、一九三三年九月、一四七頁）。
(18) 長浜庫一「融和教育の一断片」『融和事業研究』二七号、一九三三年九月、九四頁。
(19) 小熊前掲『単一民族神話の起源』三二九〜三三〇、および三三七〜三三八頁。
(20) 溝口前掲『差別感情とタブー』二〇一頁。同様に、「伝統的な門閥や家系の見地から旧慣に従つて他を卑視し侮蔑する弊風が今日に於いても尚多少残つてゐることは甚だ遺憾とする所である」（文部省青年教育課長小尾範治「融和事業と社会教育」『融和事業研究』二六号、一九三三年六月、五六頁）との指摘もある。
(21) 下地寛令（東京府立高等学校教授）「融和問題の社会心理学的研究」（一）『融和事業研究』九号、一九三〇年二月、一五頁。
(22) 國學院大學教授河野省三「国民意識と正義感——所謂融和の基礎」『融和事業研究』一七号、一九三一年七月、二頁。
(23) 融和教育成立にいたる過程については、川向秀武「解説」（全国解放教育研究会編『部落解放教育資料集成』五巻、明治図書、一九七九年）に詳しい。
(24) 同上書、一八八頁。
(25)『融和事業研究』三〇号、一九三四年六月、一〇七頁、および『集成』三一四三七頁。
(26) 東京女子高等師範学校教授倉橋惣三「融和の教育的考察」『融和事業研究』三一号、一九三四年九月、三八頁。

(27) 植木俊助について詳しくは、藤野豊「植木俊助・融和教育における「日本精神」」(解放教育史研究会編『被差別部落と教員』明石書店、一九八六年)を参照。
(28) 中村福治前掲『融和運動史研究』八二頁、および九七頁注(一七七)。
(29) 前掲『部落解放史』二七六頁。
(30) 西光万吉「略歴と感想」前掲『西光万吉著作集』一巻、八八〜八九頁。
(31) 一九三一年四月に組織された三重県伊勢表生産組合連合会もその一つであり、それについて詳しくは、河村数栄「三重県下の協同組合運動」(『融和事業研究』二七号、一九三三年九月)参照。
(32) 藤野豊「一九三〇年代の水平運動」民衆史研究会編『民衆運動と差別・女性――民衆史研究会25周年記念論集2』雄山閣、一九八五年、一一九〜一二二頁(藤野前掲『水平運動の社会思想史的研究』に収録)。
(33) このときすでに泉野は国家主義に転じていたが、中央委員の一人として行った発言として、水平社の動向を考えるうえに意味をもっているといえよう。
(34) 「融和事業の指導方針」『融和事業研究』三六号、一九三五年一二月、二一〜二二、および二四頁。
(35) 『融和事業研究』四〇号、一九三六年一一月、九二頁、『融和事業研究』四二号、一九三七年三月、七八頁、等。
(36) 松尾長造「社会教育と融和問題」『融和事業研究』四二号、一九三七年三月、一二頁。
(37) 当時、部落出身者に赤丸の印を付けて「赤玉ポートワイン」の符号を使って差別することが行われていた。全水第一三回大会でも、全水福岡県連合会から、東西両本願寺の本山が自ら、部落の寺や檀信徒にそのような符号をつけて差別していたとの訴えが出されている(前掲『融和事業年鑑』一九三五年版、二六四頁)。

(38)「第一回融和教育研究協議会概況」『融和事業研究』四四号、一九三七年七月、二二一～二二五頁。
(39) 西光前掲「略歴と感想」八八頁。
(40)〈彙報〉「資源調整事業に関し拓務省より牒発せらる」『融和事業研究』六一号、一九四一年七月、一一七頁。なお中央融和事業協会は、一九三七年九月に行った被差別部落の戸口・職業・資源状況に関する調査を経て、被差別部落は人口の過大に比例して資源が不足し、かつ所得の源泉たるべき職業も不足・欠乏しているとの結論を導き出しており（前掲『融和事業関係地区人口・資源其他の概況』四五頁）、その結論にもとづいて以後の「資源調整事業」へとつながる政策が行われていった。
(41) 泉野利喜蔵発言、「同和奉公会第一回全国協議会会議録」『集成』三―八〇三頁。
(42) 玉井勝「融和事業と満洲移民」『融和事業研究』五三号、一九三九年一月、四〇頁。
(43) 小山三郎「族称廃止の経過」『融和事業研究』五一号、一九三八年九月、三〇～三一頁。
(44) 詳しくは、川向秀武「解説」（前掲『部落解放教育資料集成』六巻）を参照。
(45) 文部省『融和教育施設等概要』同上書、四三頁。
(46) 同上、五五六頁。
(47) 藤野豊「第八章　戦時下水平運動と部落厚生皇民運動の思想」「第九章　大和報国運動の思想」藤野前掲『水平運動の社会思想史的研究』。
(48) 北原は、一九三八年九月より大日本青年団本部拓殖部に嘱託として勤務していた（『集成』三―六八九頁）。
(49)『思想月報』七四号、一九四〇年八月、七八号、同年一二月、『集成』三―六八九～六九〇頁。
(50) 前掲「同和奉公会第一回中央協議会会議録」（『集成』三―八三五頁）、「上田嘱託帰県」中央融和事業協会機関紙『融和時報』一五二号〈三重県厚生会版〉、一九三九年七月。

(51) 前掲「同和奉公会第一回中央協議会会議録」(『集成』三—八二四頁)、および『特高月報』一九三九年四月(『集成』三—五九六頁)。

(52) 新田彦蔵は、一九四〇年八月二八日の全水第一六回大会にも出席して中央委員に選出されており(『特高月報』一九四〇年八月、一三〇頁)、また大和報国運動が一九四一年八月三日に大和報国会と名称を変更して以後、全水三重県連合会から新田と小林勝五郎が、それに参加している(『思想月報』九三号、一九四二年四月、『集成』補二—二〇二頁)。

(53) 皇民運動派と松本ら全水に対して、藤野豊は、「皇民運動派が協同主義国家の建設を目指し、その国家改造に被差別部落大衆を動員しようとしたのに対し、松本はあくまで被差別部落大衆の生活権利の防衛を主眼とし、戦時体制をそのために利用しようとさえしたのではないか。かつては、社会主義革命に被差別部落大衆を動員するため全水の解消を求めたこともある皇民運動派に対し、松本は終始、大衆に依拠した運動を求めてきた」(前掲『水平運動の社会思想史的研究』三三七頁)との評価を与える。前者が協同主義国家の建設を、後者が被差別部落民衆の生活利害を前面に掲げたという点においては、その評価に同意しうるが、皇民運動派は、戦時下においても、そしてかつての水平社解消論のときでさえ、けっして差別からの解放という目的を見失ったわけではなかったことに留意すべきである。これまでにも繰り返し述べてきたように、彼らには、その目的を後景に退かせることこそが部落解放を達成する途であると考えられていたのであり、皇民運動派の運動を「国家改造」や「社会主義革命」のための被差別部落大衆の動員というだけでとらえることはできず、両者は部落解放という目的を共有しつつも、そのプロセスの判断に違いがあったのであり、そこからファシズムに対する位置や役割も自ずと異なってきたと考えられる。

(54) 松浦勉は、藤野前掲『水平運動の社会思想史的研究』における松本治一郎ら全水の評価に対する金静美の批判（金『水平運動史研究——民族差別批判』現代企画室、一九九四年）を、「全水・松本の戦争加担＝戦争責任の例証となるあらたな諸事実の発掘をとおして、ほぼ完全に論証しえたといってよい」として全面的に支持したうえで、松本らに対して次のような評価をくだしている。「松本治一郎を領袖とする全水指導部は、日中全面戦争開始以降一貫して、日本の中国侵略と天皇制支配体制のファッショ的再編の進展に対応して、それを合理化する思想の構築と運動の展開を図った。（中略）つまり、結果として全水指導部は、部落解放＝「よき日」実現の課題を放棄したうえで、部落問題の提起する課題を、戦争指導とファシズムの政策課題に従属させたのである。通説とは異なり、全水指導部は、部落民衆の生活と権利保障の課題を放棄したまま、アジア侵略とウルトラ・ナショナリズムにもとづく「国民融和の完成」の道をつきすすんだ」（第四章「第一節　アジア太平洋戦争と被差別部落——全国水平社・松本治一郎の転向・戦争協力とその論理」安川寿之輔編著『日本近代教育と差別——部落問題の教育史的研究』明石書店、一九九八年、四八三頁）。そうして松浦の論証は、一貫して「アジア民衆の視点」から全水指導部の戦争責任を問うことに費やされる。本稿でも触れているように、松本はじめ全水の侵略主義的・国家主義的性格を指摘することはある意味で容易である。とはいえ金静美の研究が発表される以前は、確かにその点の解明が十分ではなく、金の提起は一定の衝撃力をもっていた。しかしその後も、部落問題に正面から向き合う研究者がそれを追認し、当該時期の水平運動をその物差しによって全否定していくことには疑問を感じる。なぜならば一つには、松浦のいう「アジア民衆の視点」からすべて水平運動を評価し、その侵略性を断罪していくことは、被差別部落民衆にとって外在的批判とならざるをえず、いまだ部落問題が存在し、部落民衆がマイノリティとしての存在意味を失っていないとするならば、そのような批判のあり方で事足りうるのかという問題に突き当たるからである。それは、大多数の国民が侵略を批判できず、それに駆り立てられていったなかで、松本や全水にひとり侵略に抗する役割を見いだしうるかという問題にもつながる。二つには、分析の方法として、そのようなある種の本質顕現論的発想ですべて切り捨ててしまうことは、運動が徐々に後退していった段階的変化を見えにくくするのではないかと考えるからである。

(55) 詳しくは、藤野前掲『水平運動の社会思想史的研究』三〇二〜三〇九頁。
(56) 『特高月報』一九四一年一月、四六頁。
(57) 『集成』三—九二二頁。詳しくは、藤野前掲『水平運動の社会思想史的研究』三三一〜三三四頁。
(58) 詳しくは、藤野前掲『同和政策の歴史』二八八頁以下を参照。
(59) 財団法人同和奉公会機関誌『資源調整月報 更生』三九号、一九四一年七月、九頁。
(60) 同和奉公会もまた対立を封じられた国民一体のたてまえのもとで無力化したが、同和奉公会内部に政府・大政翼賛会への批判が存在したことは、他の当該時期の団体に比して、権力から距離を保った一定の自主性が見られるとの、赤澤史朗の指摘がある(赤澤「V 太平洋戦争下の社会」藤原彰・今井清一編『十五年戦争史』第三巻、青木書店、一九八九年、一六〇〜一六三頁)。
(61) 朝田善之助『新版 差別と闘いつづけて』朝日新聞社、一九七九年、一五五頁。
(62) 山之内靖「方法的序論——総力戦とシステム統合」山之内靖・ヴィクター・コシュマン・成田龍一編『総力戦と現代化』柏書房、一九九五年、一一頁。山之内は、第二次世界大戦の主役となった、ニューディール型諸国を含む凡ての諸国では、総力戦遂行に障害となる劣位の市民を排除する一方、それ以外の集団内部については社会的身分差別の撤廃に取り組むという、二段構えの「強制的均質化」(Gleichschalutung)が行われたことを指摘している。
(63) 今井ひろ子〈研究ノート〉「戦時経済統制と皮革産業」『部落解放研究』五六号、一九八七年六月。
(64) 日本皮革工業組合連合会『皮革企業整備関係参考資料』一九四一年八月、『集成』三—七七二頁。

(65)　『特高月報』一九四一年八月、四五頁、および『国策に沿う犬皮革の資源擁護』（朝倉重吉資料、友常勉氏のご提供による）。
(66)　赤澤前掲論文、一八七〜一八八頁。

第6章

(1)　「志摩会談の真相」（語り手上田音市・助言者早川章・聞き手渡辺俊雄）『部落解放』四二一号、一九九七年五月。
(2)　同上、一二一頁。
(3)　「無産政党結成準備に対する元関係者の動向に関する件　三重県知事（一九四五・九・二六）」『資料日本現代史』三巻「敗戦直後の政治と社会」②、大月書店、一九八一年、一二八〜一二九頁。
(4)　前掲「志摩会談の真相」一二六頁。ただし上田は公職追放の対象となったため、結成大会には参加できなかった。
(5)　京都部落史研究所編『復刻　部落解放人民大会速記録』部落解放同盟京都府連合会、一九八二年、一六〜一八、および三〇〜四〇頁。
(6)　同上、九九、および四七頁。
(7)　当該時期の天皇制をめぐる議論については、宮村治雄「1　戦後天皇制論の諸相――「自由」の内面化をめぐって」（〈戦後日本　占領と戦後改革〉三巻『戦後思想と社会意識』岩波書店、一九九五年）を参照。
(8)　和辻哲郎『国民統合の象徴』勁草書房、一九四八年、八七頁、および南原繁「日本の理想」『南原繁著作集』九巻、岩波書店、一九七三年、一〇七頁。

(9) 丸山前掲「一 超国家主義の論理と心理」二七、および二一頁。
(10) 民間諜報局「七六、天皇制廃止のために絶え間なく闘う松本治一郎」一九四八年八月一一日通信書簡、部落解放研究所編『資料 占領期の部落問題』解放出版社、一九九三年、六八頁。
(11) 松本治一郎『部落解放への三十年』近代思想社、一九四八年、二一九〜二二三頁。
(12) 部落解放全国委員会「宣言」一九四六年二月一九日、部落問題研究所編『資料戦後部落解放運動史』(以下『運動史』と略記)、部落問題研究所、一九七九年、三〇頁。
(13) 「資料 和歌山県に於ける責善教育」『部落問題研究』一巻五号、一九四九年七月、二四頁。
(14) 〈聞き取り〉「占領期の部落問題について —— ハーバート・パッシンさんに聞く」『部落解放研究』五六号、一九八七年六月、八六頁。
(15) 法政大学経済学部学術研究部農業問題研究会編『〈調査報告書〉三重県農民運動史』一九五五年、一二一〜一二二頁。
(16) 「青年と解放運動について」『部落問題研究』一巻五号、一九四九年七月、一八頁。
(17) 北原泰作「集中生産と部落産業の将来」『部落問題研究』一巻六号、一九四九年八月、一九頁。
(18) 部落問題研究所編『資料戦後同和行政史』部落問題研究所、一九七九年(以下『行政史』と略記)、二九〜三〇頁。
(19) 一九五一年九月一九日日本政府法務府人権擁護局作成「日本のマイノリティ」前掲『資料 占領期の部落問題』一七〇頁。
(20) 尹健次『日本国民論 —— 近代日本のアイデンティティ』筑摩書房、一九九七年、一二四頁。
(21) 前掲「青年と解放運動について」一六頁。
(22) 反差別国際連帯解放研究所しが編前掲書、二〇四頁。

(23)「福山地裁差別裁判事件」『部落』六一号、一九五五年二月。
(24) 落合恵美子『二一世紀家族へ〈新版〉』有斐閣選書、一九九七年、二〇二〜二〇六頁。
(25) 上野千鶴子『近代家族の成立と終焉』岩波書店、一九九四年、八三頁。
(26) 森岡清美は、そこに、「五三年段階の「尊ぶ」はだいたい家に即した先祖であろうが、最近段階の「尊ぶ」は家に即した先祖というよりは父方母方双方の比較的近い先祖、あるいはもっと漠然とした先祖ではないだろうか」と述べて、「崇敬の観念はあいかわらず高率でも、対象になる先祖の内容に変化が生じている」ことを指摘している（森岡「戦後の家族構成の変化と家意識の崩壊」『歴史公論』五〇号〈日本人と家〉、一九八〇年一月、二二七頁）。
(27) 前掲「青年と解放運動について」一七頁。
(28) 藤野豊「部落問題と優生思想」（『部落解放研究』一〇〇号、一九九四年一〇月）、「「特殊部落」観克服の模索」（『部落問題研究』一二八輯、一九九四年四月）、等。なおそれについての私の見解は、拙稿「近代社会と部落差別」（朝治武・灘本昌久・畑中敏之編『脱常識の部落問題』かもがわ出版、一九九八年）で述べた。
(29) 小林綾『部落の女医』岩波新書、一九六二年、九三頁。
(30) 部落解放全国委員会「松阪職安弾圧事件にたいして兄弟諸君に訴う」一九五二年二月一日、『運動史』一一二〜一一三頁。
(31)「ルポルタージュ　ある部落の二十四時間――京都市T地区から」『部落問題』一八号、一九五〇年一〇月、一七〜一八頁。
(32) 拙稿「水平社運動における階級的連帯の再検討――「異化」と「同化」の視角から」（『部落問題研究』一四四輯、一九九八年六月）を参照。

(33) 詳しくは、師岡佑行『戦後部落解放論争史』一巻、柘植書房、一九八〇年、一六九〜一八五頁を参照。
(34) 詳しくは、『広同教三十年史』(上下)(広島県同和教育研究協議会、一九八四年)、広島県部落解放研究所編『実践 同和教育論』(亜紀書房、一九七七年)を参照。
(35) 盛田嘉徳「同和教育について」『部落問題研究』一巻五号、一九四九年七月、四〜六頁。
(36) 全国同和教育研究協議会結成趣意書、部落問題研究所編『資料戦後同和教育史』部落問題研究所、一九七八年、五〇頁。
(37) 部落問題研究所編『講座部落』三巻〈部落の現状〉、三一書房、一九六〇年、一〇、および九七頁。
(38) 座談会「「人間みな兄弟」をみて」『部落』一二五号、一九六〇年六月、六二頁。
(39) 井上清「部落問題と労働者階級」『部落』一三六号、一九六一年五月、一五頁。これは「資本の側に意識して部落差別を再生産してゆかなければならない必然性は今やないものになった」とする奈良本辰也の新たな提起(「部落解放の展望――部落問題の新らしい展開についての試論」『部落』一三二号、一九六一年一月、五頁)に対する反論として出されたもので、多くは井上と同様の見解を示した。
(40) 杉之原寿一『現代部落差別の研究』部落問題研究所出版部、一九八三年、二八五、および二八七頁。
(41) 鹿野政直『「鳥島」は入っているか 歴史意識の現在と歴史学』岩波書店、一九八八年、八二頁。
(42) 野間宏は鼎談のなかで、部落解放について「その答えの出し方が、非常にたくさんあると思うんだけど、わりあいに単調にこれだと決めてしまってるところがあるのではないかというところへ、ようやくき始めている」と述べている(前掲『差別 その根源を問う』(下)四四頁)。

(43) たとえば、栗原編前掲『日本社会の差別構造』、『岩波講座現代社会学15 差別と共生の社会学』（岩波書店、一九九六年）等。

(44) 一九七〇年代以降の「人権」意識の浮上については、鹿野前掲『「鳥島」は入っているか』一四七～一七二頁を参照。

(45) 藤田敬一編『被差別の陰の貌《かお》』阿吽社、一九九四年、一七～一八頁。初出は〈座談会〉金時鐘・土方鉄・藤田敬一「被差別の陰の貌」（『こぺる』一〇四～一〇六号、一九八六年八～一〇月）。

補　章

(1) 拙著『描かれた被差別部落――映画の中の自画像と他者像』（岩波書店、二〇一一年）第四章を参照。

(2) 拙稿「「市民」になる／「市民」をつくる」（樋口映美・貴堂嘉之・日暮美奈子編『〈近代規範〉の社会史――都市・身体・国家』彩流社、二〇一三年）、「第四章「人種」という語りの「消滅」／その後」（『創られた「人種」――部落差別と人種主義《レイシズム》』有志舎、二〇一六年）を参照。

(3) 中上について詳しくは、前掲拙稿「第四章「人種」という語りの「消滅」／その後」で述べた。

(4) 拙稿「丸山眞男における「開かれた社会」――竹内好との対話をとおして」（『思想』二〇一七年三月）、「「部落《むら》共同体」との対峙――丸山眞男における一九五〇年代後半から六〇年代」（北河賢三・黒川みどり編著『戦中・戦後の経験と戦後思想――一九三〇―一九六〇年代』現代史料出版、二〇二〇年）を参照。

(5) 石田雄「丸山眞男との未完の対話を持続するために――「他者感覚」の意味を中心に」（『丸山眞男との対話』みすず書房、二〇〇五年）がこの点を論じている。

（6）拙稿「部落問題を普遍的課題に——竹内好を手がかりに」（『季報唯物論研究』第一四四号、二〇一八年八月）、黒川みどり・山田智『評伝 竹内好——その思想と生涯』（有志舎、二〇二〇年）を参照。

あとがき

本書は書き下ろしによるものであるが、一部分、次の論文がもとになっている。
「異化」と「同化」の視角――近代社会における部落差別問題」（岡村遼司・今野敏彦編『人権問題とは何か―偏見と差別の所在を探る』明石書店、一九九七年四月）……全体の概要を提示
「水平社運動における階級的連帯の再検討――「異化」と「同化」の視角から」（第三五回部落問題研究者全国集会報告（一九九七年一〇月）、『部落問題研究』一四四号、一九九八年六月）……一部手を加えたものが第4・5章の一部分を構成
「戦後民主主義と部落問題」（早稲田大学アジア太平洋研究センター『社会科学討究』一二七号、一九九八年三月）……改稿のうえ、第6章を構成
部落問題は私の学部学生のときからの研究テーマであったが、今日にいたるまでご指導をいただいている由井正臣、鹿野政直、安在邦夫の各氏から受けた学恩ははかり知れない。一橋大学の中村政則氏にも、修士論文の指導をいただいた。ここにようやく修士論文執筆以来抱えていた課題を私なりに果たしえたとの感がある。大学院の先輩である藤野豊氏には、私が学部二年生のころから研究の手ほどきをいただき、氏から多くのことを学ばせていただいた。また、三重大学の西川洋氏には、学部の卒業論文作成のときから、史料調査の方法等を教えていただいた。

本書の多くは、一九九四年度以来、早稲田大学教育学部において岡村遼司氏の企画する総合講座「人権への視座」で私が担当した授業の草案にもとづいており、同氏には貴重な機会を与えていただいた。

赤澤史朗、秋定嘉和、今西一、北河賢三、竹永三男、松沢弘陽の各氏、ならびに近代部落史研究会、日本現代思想史研究会、内務省史研究会、静岡県近代史研究会、三重県部落史研究会のメンバーの方々をはじめ、多くの方々からご支援やご指導、史料のご提供を賜った。

以上の方々に、心より御礼を申し上げたい。

また、本書のほぼすべては、静岡大学の研究室で執筆した。本書をまとめ上げることができたのも、小和田哲男氏をはじめとする同大学教育学部社会科教育講座ならびに同学部のスタッフの方々のあたたかい励ましと、夢のような研究環境のおかげである。

最後になったが、本研究会のメンバーの各氏からは、執筆の過程で、近代史全般にわたる幅広い視野からのたくさんの貴重なご教示をいただき、それらは本書のなかに生かさせていただいた。青木書店編集部の島田泉氏も、毎回研究会におつき合いくださり、丁寧に原稿をお読みいただいて、ご教示を与えてくださった。本書執筆の機会をお与えいただいたこととともに、改めて感謝申し上げる。

一九九八年一二月一七日　静岡大学の研究室にて

著　者

岩波現代文庫版あとがき

岩波書店編集部の吉田浩一氏のご尽力により、二〇余年前に書いた本が、新たな装いで世に出ることとなった。本書は私の博士論文であり、学部の卒業論文以来とりくんできたことの一つの集大成であると同時に、その後の私の研究の新たな出発点ともなったものである。二〇余年の歳月を経た今読み返して、こなれない文章表現など書き改めたい箇所もないわけではないが、同対審答申以後については補章で論じ、最小限の訂正にとどめた。

近代部落史研究は、一九七〇年代から八〇年代にかけて資料集の刊行が飛躍的に進み、研究の条件が整った。本書は、その成果をも最大限活用し、全国レベルの機関紙誌や公刊された資料集等を悉皆《しっかい》的に読んで書き上げたものである。表題に被差別部落認識を掲げているが、被差別部落内部の実態、運動・政策も論じた近代部落問題の〝通史〟を意図している。

従来の部落史は、差別をつくり出している社会の側を十分に描いてこなかった。しかし、差別は社会がつくり出してきたものであり、それゆえにこそそれを正面に据えて論じたいとの思いが、修士論文を執筆していた一九八〇年代前半ごろから湧いてきていた。本論でも言及したひろたまさきが『〈日本近代思想大系22〉差別の諸相』(岩波書店、一九九〇年)の「近代日本の差別構造」と題する「解説」で、「差別の「個別史」」から「差別の「全体史」」へと途を開き一連の差別を生み出している〝近代〟を俎上に載せたことは、私が本書に結実する研究に踏み出す契機となった。一九九〇年前後から〝近代〟を問う研究が盛行し、そのなかでマイノリティや差別の問題への関心が高まった。社会学を中心にアイデンティティをめぐる議論も活発となっていた。部落差別は封建的残滓なのか、資本主義のもとで拡大再生産されているものなのかという二者択一的な逼塞《ひっそく》した議論からの突破口をいかに見出すかに苦しんでいた私に、それらはそこからの脱出の糸口を与えてくれるものだった。

「異化と同化」の意味するところについては「はじめに」で述べたのでここではくり返さないが、従来の研究が、運動史にはじまって主として被差別部落を対象としてきたのに対して、差別をつくり出している社会をも対象に据えたという点で新たな一歩を踏み出したといえるのではないかと思う(近代部落史の研究史については、「近代部落史研究のメタ・ヒストリー」『静岡県近代史研究』三四号、二〇〇九年一〇月、を参照)。

すでに本書のなかで、排除を意味する「異化」の極致である人種主義を論じている。部落問題のその局面をとり出して論じたのが「人種主義と部落差別」(竹沢泰子編『人種概念の普遍性を問う――西洋的パラダイムを超えて』人文書院、二〇〇五年)であり、それを全面展開したのが『創られた「人種」――部落差別と人種主義』(有志舎、二〇一六年)であった。そのことによって、文化人類学やアメリカ史等、人種主義の問題に取り組む研究者から関心を寄せていただいて対話ができたことは有意義だった。人種主義という土俵で部落問題を論じることについて、部落史研究者はどちらかというと理解が乏しかったというのが私の感触である。おそらくそれは、陰惨な部落差別の実態はことさら分析するに値しないものとして、無意識のうちに差別の実態と正面から向き合うことを避けてきたからではなかろうか。しかし、生物学的差異までをも言い立てる人種主義が存在してきたこと、そしてそれが形を変えて今日も生き続けていることを直視せずして部落問題をとらえることはできないと私は考えた。

部落問題を人種主義として位置づけたことは、もとより部落問題を他の差別問題と共通の土俵で論じる必要があると考えるがゆえのことである。しかしながらそれは、天皇制のもと、「家」や「血筋」の意識を抱え込んできた日本社会の固有性を捨象してしまうことではない。部落差別は、そうした日本の近代社会のなかでつくり出され保持されてきたものであり、その日本近代のありようを見ずして部落問題を論じることはできない。部落問題を近代一般に還元してとらえるならば、その位置づけは単純化の嫌いを免れないであろう。

また、部落問題を見据えることによって、日本近代社会の病理も見えてくる。部落差別は、ほかならぬ日本近代がつくり出してきた病理そのものであり、近代に共通の側面と日本近代固有の側面との双方を有している。ちなみに、それは女性差別についても同様である。一九一〇年代から新中間層に見られる性別役割分業は「近代家族」の問題として説明できるが、高度経済成長期まで残る農村女性の置かれた問題は、日本的近代ないしは「家」という視点を抜きに理解することはできないであろう。

ところが、「補章」で述べたような特措法が廃止されてからの状況も追い風になって、部落問題自体が人権問題のなかで顧みられることが少なくなった。ひろたは差別史研究を個々の「特殊性」から解き放とうとしたが、先に述べたような日本近代ではなく近代一般と差別を結びつける研究の広がり——それは戦後歴史学の柱を形づくってきた講座派の退潮とも関わっている——と、補章でも述べたような部落問題をめぐる社会状況とが重なり、そうした事態に立ちいたっているといえよう。アメリカのＢＬＭに関連して日本における人種主義が問われても、そこで部落問題に言及されることはほとんどない。

部落史を日本史のなかに位置づけることの必要性はかつて盛んに強調されもし、長年の部落史研究者の悲願であったが、果たしてそこから前進しえたのだろうか。封建遺制論のもとに行われた「天皇制と部落問題」と題した研究は、すでに部落差別解消論に立って部落問題研究から撤退するにいたり、そのあとには部落解放運動と結びつきながら部落問題に特化する研究が行われてきた。しかしそれすらも、歴史研究から現実の運動や政策への示唆を引き出すには迂遠と見なされて、部落史が取り上げられることは少なくなっている。

そのような状況だからこそ、本書が改めて世に出る意味もあるのではないかと思う。本書が提起した異化と同化、人種主義という視点に加えて、運動や政策・実態等の実証研究についても、部落史研究には十分に受けとめられておらずいささか残念に思っていたが、これを機にまた本書が読まれ受けとめられていくことを願う。そうして部落問題が、歴史研究者のみならずより広い読者が関心を深める機会となれば幸いに思う。繰り返すが、それはほかならぬ日本社会を問うことだからである。

二〇二〇年一二月

黒川みどり

『異化と同化の間——被差別部落認識の軌跡』は「シリーズ日本近代からの問い」の一冊として一九九九年に青木書店より刊行された。岩波現代文庫への収録に際し、「補章 部落問題の〝いま〟——その後の二〇年」を加え、書名を『被差別部落認識の歴史——異化と同化の間』とした。

被差別部落認識の歴史 ── 異化と同化の間

2021 年 2 月 16 日　第 1 刷発行
2023 年 5 月 15 日　第 3 刷発行

著　者　黒川《くろかわ》みどり

発行者　坂本政謙

発行所　株式会社 岩波書店
〒101-8002 東京都千代田区一ツ橋 2-5-5

案内 03-5210-4000　営業部 03-5210-4111
https://www.iwanami.co.jp/

印刷・精興社　製本・中永製本

ISBN 978-4-00-600430-9　Printed in Japan

岩波現代文庫創刊二〇年に際して

二一世紀が始まってからすでに二〇年が経とうとしています。この間のグローバル化の急激な進行は世界のあり方を大きく変えました。世界規模で経済や情報の結びつきが強まるとともに、国境を越えた人の移動は日常の光景となり、今やどこに住んでいても、私たちの暮らしは世界中の様々な出来事と無関係ではいられません。しかし、グローバル化の中で否応なくもたらされる「他者」との出会いや交流は、新たな文化や価値観だけではなく、摩擦や衝突、そしてしばしば憎悪までをも生み出しています。グローバル化にともなう副作用は、その恩恵を遥かにこえていると言わざるを得ません。

今私たちに求められているのは、国内、国外にかかわらず、異なる歴史や経験、文化を持つ「他者」と向き合い、よりよい関係を結び直してゆくための想像力、構想力ではないでしょうか。

新世紀の到来を目前にした二〇〇〇年一月に創刊された岩波現代文庫は、この二〇年を通して、哲学や歴史、経済、自然科学から、小説やエッセイ、ルポルタージュにいたるまで幅広いジャンルの書目を刊行してきました。一〇〇〇点を超える書目には、人類が直面してきた様々な課題と、試行錯誤の営みが刻まれています。読書を通した過去の「他者」との出会いから得られる知識や経験は、私たちがよりよい社会を作り上げてゆくために大きな示唆を与えてくれるはずです。

一冊の本が世界を変える大きな力を持つことを信じ、岩波現代文庫はこれからもさらなるラインナップの充実をめざしてゆきます。

(二〇二〇年一月)

岩波現代文庫[学術]

G425
岡本太郎の見た日本
赤坂憲雄

東北、沖縄、そして韓国へ。旅する太郎が見出した日本とは。その道行きを鮮やかに読み解き、思想家としての本質に迫る。

G426
政治と複数性
―民主的な公共性にむけて―
齋藤純一

「余計者」を見棄てようとする脱-実在化の暴力に抗し、一人ひとりの現われを保障する。開かれた社会統合の可能性を探究する書。

G427
増補 エル・チチョンの怒り
―メキシコ近代とインディオの村―
清水透

メキシコ南端のインディオの村に生きる人びとにとって、国家とは、近代とは何だったのか。近現代メキシコの激動をマヤの末裔たちの視点に寄り添いながら描き出す。

G428
哲おじさんと学くん
―世の中では隠されているいちばん大切なことについて―
永井均

自分は今、なぜこの世に存在しているのか？友だちや先生にわかってもらえない学くんの疑問に哲おじさんが答え、哲学的議論へと発展していく、対話形式の哲学入門。

G429
マインド・タイム
―脳と意識の時間―
ベンジャミン・リベット
下條信輔
安納令奈 訳

実験に裏づけられた驚愕の発見を提示し、脳と心や意識をめぐる深い洞察を展開する。脳神経科学の歴史に残る研究をまとめた一冊。〈解説〉下條信輔

岩波現代文庫［学術］

G430
被差別部落認識の歴史
―異化と同化の間―
黒川みどり
差別する側、差別を受ける側の双方は部落差別をどのように認識してきたのか――明治から現代に至る軌跡をたどった初めての通史。

G431
文化としての科学／技術
村上陽一郎
近現代に大きく変貌した科学／技術。その質的な変遷を科学史の泰斗がわかりやすく解説、望ましい科学研究や教育のあり方を提言する。

G432
方法としての史学史
―歴史論集1―
成田龍一
歴史学は「なにを」「いかに」論じてきたのか。史学史的な視点から、歴史学のアイデンティティを確認し、可能性を問い直す。現代文庫オリジナル版。〈解説〉戸邉秀明

G433
〈戦後知〉を歴史化する
―歴史論集2―
成田龍一
〈戦後知〉を体現する文学・思想の読解を通じて、歴史学を専門知の閉域から解き放つ試み。現代文庫オリジナル版。〈解説〉戸邉秀明

G434
危機の時代の歴史学のために
―歴史論集3―
成田龍一
時代の危機に立ち向かいながら、自己変革を続ける歴史学。その社会との関係を改めて問い直す「歴史批評」を集成する。〈解説〉戸邉秀明

2023. 5